Bauwelt Fundamente 120

Herausgegeben von
Ulrich Conrads und Peter Neitzke

Beirat:
Gerd Albers
Hansmartin Bruckmann
Lucius Burckhardt
Gerhard Fehl
Thomas Sieverts

Peter Bienz

Le Corbusier
und die Musik

Die Deutsche Bibliothek - CIP-Einheitsaufnahme

Bienz, Peter:
LeCorbusier und die Musik / Peter Bienz. – Braunschweig ;
Wiesbaden : Vieweg, 1998
  (Bauwelt-Fundamente ; 120)
  Zugl.: Zürich, Univ., Diss., 1998
  ISBN 3-528-06120-0

Umschlagvorderseite: Le Corbusier, Kloster La Tourette (1956–1959),
Hauptfassade (Ausschnitt)
Umschlagrückseite: Der Komponist Edgard Varèse im Philips-Tonstudio,
Eindhoven, 1957. Philips International B. V., Eindhoven

Die vorliegende Arbeit wurde von der Philosophischen Fakultät I der Universität
Zürich im Wintersemester 1997/1998 auf Antrag von Prof. Dr. Stanislaus von Moos
als Dissertation angenommen.

Alle Rechte vorbehalten
© Friedr. Vieweg & Sohn Verlagsgesellschaft mbH, Braunschweig/Wiesbaden 1999

Der Verlag Vieweg ist ein Unternehmen der Bertelsmann Fachinformation GmbH.

Das Werk einschließlich aller seiner Teile ist urheberrechtlich geschützt. Jede Verwertung außerhalb der engen Grenzen des Urheberrechtsgesetzes ist ohne Zustimmung des Verlages unzulässig und strafbar. Das gilt insbesondere für Vervielfältigungen, Übersetzungen, Mikroverfilmungen und die Einspeicherung und Verarbeitung in elektronischen Systemen.

http://www.vieweg.de

Umschlagsentwurf: Helmut Lortz
Satz: ITS Text und Satz GmbH, Herford
Druck und Buchbinder: Lengericher Handelsdruckerei, Lengerich
Gedruckt auf säurefreiem Papier

Printed in Germany

ISBN 3-528-06120-0   ISSN 0522-5094

Inhalt

Dank 7

Einleitung 9

Biographischer Teil. 11

1 Le Corbusiers Herkunft: Portrait einer Musikerfamilie 13
    Vom Klavierschüler zum Musikkritiker 13
    Die Mutter Marie Charlotte Amélie Jeanneret-Perret 20
    Der Bruder Albert Jeanneret 23
        Curriculum Vitae 23
        Sous la direction de Le Corbusier 28

2 Stationen einer musikalischen Biographie 33
    Charles Eplattenier 33
    Romain Rolland 36
    William Ritter 38
    Emile Jaques-Dalcroze 45

3 Die Musikästhetik des *Esprit Nouveau* 55
    Autoren von Musikartikeln im *Esprit Nouveau* 55
    Erik Satie und die Musikästhetik des *Esprit Nouveau* 66
    Weitere Kriterien der Musikbewertung im *Esprit Nouveau* ... 74

4 Das *Poème électronique* – ein musikalisches Testament? ... 81
    Le Corbusier und Edgard Varèse 81
    Edgard Varèse: die Befreiung des Klangs 90

Das *Poème électronique* 97
   Inhalt und Aufbau 97
   Die Musik 102
   Akustische Form – unaussprechlicher Raum:
   Zur Architektur des Philips-Pavillons 107
   Hyperbolisch-paraboloide Flächen und Glissandi 114
   Das *Poème électronique* und die musikalischen Folgen 117

Theoretischer Teil 121

**5 Der Modulor –
ein Proportionssystem aus dem Geiste der Musik?** 121

   Musikalische Sachverhalte 124
   Harmonik als Lehre von Proportion und Entsprechung 126
   Lineare Tonfortschreitung versus harmonikale Quantelung . . 129
   Zum quadrivialen Musikbegriff 135
   Musikalische Harmonie und geometrische Proportionsfigur . . 138

**6 Musikalische Analogien
Vom Auge des Architekten über das Ohr des Musikers
zum Munde eines Dichters** 145

   Le Corbusier – ein Dichter? 145
   Die Bedeutung akustischer Analogien 151
   Der Einfluß von Edouard Schurés *Les grands initiés* 156
   Eine musisch-poetische Kosmologie 159

Anmerkungen 165

Bibliographie 198

Bildquellen 205

Dank

Die vorliegende Arbeit ist als Dissertation an der Universität Zürich bei Stanislaus von Moos zwischen 1992 und 1997 entstanden. Von der Musikwissenschaft herkommend, war ich zunächst mit dem gängigen kunstgeschichtlichen Diskurs wenig vertraut, bin jedoch von Anfang an mit aufrichtigem Interesse unterstützt worden. Besonderen Dank schulde ich der Konservatorin des Fonds Le Corbusier der Bibliothèque de la Ville in La Chaux-de-Fonds, Françoise Frey. Sie hat mir ihre Abschriften der Briefe von Le Corbusier aus den Jahren 1909 bis 1912 sowie diejenigen des Tagebuches seines Vaters zur Verfügung gestellt und mir so das Transkribieren der Manuskripte wesentlich erleichtert. Danken möchte ich Marius Michaud (Fondation William Ritter, Literaturarchiv Bern), den Mitarbeiterinnen in der Bibliothek der Fondation Le Corbusier (Paris), Peter Gustav und Gerti Bienz- Buchner (Fällanden), Theodor Käser (Schaffhausen), Ernst Lichtenhahn (Universität Zürich), Robert Markwalder (St. Gallen), Mike Richter (Zürich) und Peter Neitzke (Zürich).

Einleitung

Le Corbusier und die Musik? Ob es denn Noten gebe von Le Corbusier, die man drucken könne. Ob Le Corbusier komponiert habe, ob denn die Akustik so wichtig gewesen sei in seinen Bauwerken, ob er vielleicht das Design zu einem Klavier geliefert hätte. Nein, es gibt keine Kompositionen, keine Noten und keine Klaviere. Auch die Akustik, mit der sich Le Corbusier anläßlich verschiedener Bauprojekte außergewöhnlich intensiv beschäftigte[1], ist nicht Ausgangspunkt dieser Untersuchung, ebensowenig das Musikzimmer, das sich als Schnittstelle vom Architekten zum Musikliebhaber anbieten würde – Le Corbusier hatte sich verschiedentlich für Musikzimmer ganz besonders interessiert.[2] Meinen wichtigsten Zugang bildete eine Reihe von Hinweisen in Le Corbusiers Texten.

Unabhängig davon gibt es zwischen Architektur und Musik Wechselwirkungen, die in der Kulturgeschichte eine lange und ebenso bedeutende wie faszinierende Tradition haben. Es bedarf keiner besonderen Quellenstudien, um herauszufinden, daß sich Le Corbusier mit dieser Tradition intensiv auseinandersetzte. Dennoch war es einigermaßen überraschend festzustellen, wie hoch Le Corbusier die Musik einschätzte, und daß er sich in seinen theoretischen Schriften an prominentester Stelle auf musikalische Angelegenheiten bezogen hatte – was Christopher Pearson unlängst dazu bewogen hat, bei Le Corbusier von einem ‚acoustical trope' zu sprechen.[3] Mit diesem Begriff hat Pearson die Bedeutung einer akustischen Begrifflichkeit unterstrichen, die Le Corbusier in symbolischer Art verwendet. Wobei der ‚acoustical trope' eingebettet ist in eine ganze musikalische Terminologie, zu deren Entschlüsselung ich weiter unten beizutragen hoffe.

Schließlich gibt es auch eine architektonische Arbeit Le Corbusiers, die mit Musik in engster Verbindung steht. Die Rede ist vom *Poème électronique*, jenem ‚Multi-Media-Spektakel', das Le Corbusier zusammen mit Edgard Varèse im Philips-Pavillon an der Brüsseler Weltausstellung im Jahre 1958 inszeniert hatte. Mit der Aufforderung von Stanislaus von Moos, die Hintergründe jener Zusammenarbeit im Rahmen einer Arbeit näher zu beleuchten und die diesbezüglichen Untersuchungen von Karen Michels auf ihre musikalischen Aspekte hin zu überprüfen, kam der Stein ins Rollen. Im Verlaufe der Untersuchung zeigte sich, daß die Materialfülle, die unter diesem Aspekt zu Tage gefördert werden könnte, Einschränkungen erforderlich macht. Nicht nur die Menge des Materials, vielmehr die Bedeutung, die diesem für das Verständnis von Le Corbusiers Lebensgeschichte, aber auch für dasjenige seiner Architekturtheorie und seines Weltbildes zukommt, hat die anfänglichen Zweifel schnell beseitigt. Die Frage, die sich stellte, war diejenige nach dem Ausschnitt – oder besser – ‚Objektiv', das für diese Betrachtungen am geeignetsten sein würde.

Da bisher in der Le Corbusier-Rezeption die fundamentale Bedeutung der Musik kaum thematisiert wurde, habe ich mich entschieden, die Thematik zunächst mit dem ‚Weitwinkelobjektiv' anzugehen. Im ersten, chronologischen Teil wird gezeigt, daß sich Le Corbusier sein ganzes Leben lang mit Musik beschäftigte.

Da Le Corbusier als Sohn einer Pianistin und als jüngerer Bruder eines angehenden Geigenvirtuosen aufgewachsen war, führen begreiflicherweise die Nachforschungen über musikalische Beeinflussungen zunächst in die innersten Angelegenheiten der Familie Jeanneret, zumal sich in Le Corbusiers Briefen an die Familie eine Fülle von musikalisch relevanten Textstellen finden läßt. Mit der Besprechung von Charles L'Eplattenier, Romain Rolland, William Ritter und Emile Jaques-Dalcroze – Persönlichkeiten, die auf den jungen Charles-Edouard Jeanneret einen nicht unbedeutenden Einfluß genommen haben – sollen exemplarisch einige weitere Stationen einer musikalischen Biographie vorgestellt werden.

Albert Jeanneret, Henri Collet, Georges Migot, Darius Milhaud, Adolf Weissmann, Henry Prunières und Erik Satie geben im *Esprit Nouveau* ein beredtes Zeugnis jenes musikalischen Milieus, in welchem sich Le Corbusier bis ins Jahr 1925 bewegt hatte. Mit der Besprechung von Autoren und deren Texten sei die entsprechende Musikästhetik gewürdigt, womit sich vermutlich auch Le Corbusiers musikalische Standpunkte weitgehend bestimmen lassen. So weit ich es überblicken kann, blieben sie auch für sein weiteres Leben maßgebend.

Lediglich zwei Musikerpersönlichkeiten haben später deutliche Spuren in Le Corbusiers Musikverständnis hinterlassen: die Komponisten Edgard Varèse und Iannis Xenakis, wobei freilich der Einfluß von Varèse ungleich höher einzuschätzen ist, nicht zuletzt weil Xenakis (geboren 1922) zur Zeit seiner Mitarbeit als Architekt in Le Corbusiers Büro noch vergleichsweise jung gewesen ist (Varèse war immerhin 40 Jahre älter). Varèse und Xenakis treffen sich in Le Corbusiers Biographie als Mitarbeiter des *Poème électronique*, das 1958 im Philips Pavillon an der Weltausstellung in Brüssel einer breiten Öffentlichkeit präsentiert worden war, Varèse als Komponist der Musik, Xenakis als Erbauer des Pavillons. Ausgehend von dieser Zusammenarbeit läßt sich die Musikästhetik des gereiften Le Corbusier reflektieren.

Der zweite Teil der Arbeit bedient sich eines anderen Objektivs. Hier geht es darum, die Bedeutung der Musik in Le Corbusiers Architektur- oder Kunsttheorie am Beispiel des Modulor gleichsam mit dem Teleobjektiv zu erfassen. Ausgangspunkt sind Le Corbusiers Bemühungen, Fragen der räumlichen Gestaltung aus der Analogie mit musikalischen Sachverhalten zu beantworten. Eine Einschätzung von Le Corbusiers Interpretationen der entsprechenden musikalischen Phänomene kann begreiflicherweise erst erfolgen, wenn dem Leser die Sachverhalte einigermaßen vertraut sind. So hoffe ich, an dieser Stelle mit musikalischen Begriffen wenig Vertrauten die nötigen Hintergründe in entsprechenden Exkursen verständlich machen zu können.

Schließlich zeigen Le Corbusiers eigene Ausführungen, daß ihn weniger die mathematisch-naturwissenschaftlichen Aspekte der angesprochenen harmonikalen Traditionsstränge interessierten, als vielmehr die dahinterstehende Kosmologie. So führt die Würdigung der musikalischen Komponenten des Modulor unweigerlich zu einer Reflexion von Le Corbusiers künstlerischen und humanistischen Ideen. In diesem Sinne hoffe ich, daß es mir gelungen ist, bezüglich Le Corbusiers Weltbild die verdienstvollen Bemühungen insbesondere von Paul Turner, Elisabeth Blum und Mogens Krustrup ergänzt zu haben.

1 Le Corbusiers Herkunft: Portrait einer Musikerfamilie

Er kommt aus einer Musikerfamilie, aber er kennt nicht einmal die Noten; trotzdem ist er ein leidenschaftlicher Musiker, er weiß sehr gut, was Musik ist, und ist imstande, über Musik zu sprechen und über sie zu urteilen.[4]
Le Corbusier über Le Corbusier

Vom Klavierschüler zum Musikkritiker

Nachdem im ersten Kapitel des *Modulor*[5], der Einleitung, einige sachliche musikalische Hintergründe angeführt sind, bildet das zweite Kapitel, die ‚Chronologie', eine knappe Autobiographie, in der sich der oben zitierte Hinweis auf seine Herkunft aus einer Musikerfamilie finden läßt. Es geht Le Corbusier darum, einige Stationen seines eigenen Werdeganges darzustellen, die er auch als Stationen des Modulor verstanden haben will.

„Es ist notwendig, daß eine Entdeckung sich des Kopfes, des Auges, der Hand eines Menschen bedient: der günstigen Bedingungen seiner Umgebung und seines Milieus und aller Umstände, welche die glückliche Durchführung und den glücklichen Abschluß seines Suchens erlauben. Die Verwendung eines neuen Maßes vorzuschlagen, das eines Tages den Meter oder den Fuß- Zoll ersetzen soll, scheint ein übertriebener Anspruch zu sein. Man würde ihn eher zulassen, wenn er die Empfehlung eines Konzils oder eines Kongresses nach Abschluß seiner Arbeiten wäre. Die Idee kam einem gewöhnlichen Manne, der nicht einmal berufsmäßiger Forscher ist, der aber aus einem besonderen Milieu hervorging und das Glück günstiger Verhältnisse genoß oder sich diese gelegentlich auch verschaffte. Der Mann, von dem hier gesprochen wird, ist Architekt und Maler, er übt seit fünfundvierzig Jahren eine Kunst aus, in der alles Maß ist."[6]

Welches sind die ‚günstigen Bedingungen seiner Umgebung und seines Milieus', welche zum Nährboden des Modulor haben werden können? Die

Chronologie beginnt mit den Naturstudien unter der kundigen Anweisung von L'Eplattenier und enthält in der Folge einige Stationen, welche in der Rezeption Le Corbusiers bereits ausführlich dokumentiert worden sind, Stationen der Entwicklungsgeschichte des Architekten und Malers Le Corbusier. Bisher noch kaum beachtet worden ist aber der anscheinend beiläufig eingeflochtene Hinweis auf seine Herkunft aus einer Musikerfamilie. Ist sie das ‚besondere Milieu', als welchem der ‚gewöhnliche Mann' hervorgegangen ist? Mit welcher Ausschließlichkeit man diese Frage bejahen mag, sei dahingestellt. Sicher ist, daß die Herkunft aus einer Musikerfamilie wesentlicher Bestandteil jenes besonderen Milieus gewesen war, das Le Corbusier an dieser Stelle so deutlich unterstreicht.

Obwohl durch verschiedene Publikationen in den vergangenen Jahren einiges Material zugänglich gemacht wurde, das eindrückliche Zeugnisse für die enorme Bedeutung der Musik in Le Corbusiers Leben zu liefern vermag – ich denke dabei an die von Giuliano Gresleri veröffentlichten Briefe an die Eltern und an William Ritter aus den Jahren 1910/1911[7], sowie an Allen H. Brooks' Biographie[8] –, haben die entsprechenden Hinweise auf diese Bedeutung in der Literatur zu Le Corbusier bisher noch zu wenig Aufmerksamkeit erfahren. Es scheint so, als ob man sich bisher mit der bloßen Wiederholung jener musikbezogenen Episoden, die von Le Corbusier selbst in verschiedenen autobiografischen Abschnitten seiner Bücher unterstrichen wurden (selbstverständlich mit den dabei üblichen Stilisierungen!), begnügt hätte. Dazu gehört etwa jene Legende, der zufolge Le Corbusier, nachdem er bei dem Wiener Architekten Joseph Hoffmann (1870–1956) eine Stelle erhalten hatte (die er allerdings nie antrat), nach einem Opernbesuch von Puccinis *Bohème* plötzlich nach Paris abreiste.[9] Angeblich hat ihn das bunte Leben von Paris, das hier im Stile der Jahrhundertwende über die Bühne rauschte, auf den Gedanken gebracht, sofort nach dieser Stadt aufzubrechen.[10] Stanislaus von Moos hat die Konzertprogramme der entsprechenden Opernhäuser studiert und festgestellt, daß in jenem Zeitraum (Winter 1907/1908) tatsächlich Aufführungen von Puccinis Oper stattgefunden haben.[11] Aus Le Corbusiers Briefen läßt sich aber ein Besuch von *La Bohème* nicht nachweisen.[12] Offensichtlich hat Le Corbusier diesen Opernbesuch erst später für erwähnenswert erachtet. Von einer ‚plötzlichen Abreise' aus Wien, die unter dem Eindruck von Puccinis Werk gestanden hätte, kann aber nicht die Rede sein. Patricia Sekler hat plausibel gemacht, daß durchwegs andere Gründe dazu geführt haben, sich nicht längerfristig in Wien niederzulassen.[13]

Aber nicht nur Puccini war für Edouard Jeanneret[14] angeblich eine Quelle der Inspiration, das Musikhören gehörte überhaupt zu den Hauptbeschäfti-

gungen in jenem Wiener Winter 1907/1908. Das einzige, woran sich Le Corbusier später noch erinnern konnte oder wollte, waren die Konzerte in der Staatsoper und in der Philharmonie.[15]
„He spent six cold winter months in the solitude of a comfortless room, drawing up projects for his native country undoubtedly more ambitious than original; and his only precious memories of these six months were his regularly visits to the Opera and Philharmonic Concerts."[16]
Vollends bestätigt wird die Bedeutung dieser Eindrücke in verschiedensten Textstellen des bei Gresleri publizierten Briefmaterials (von den bisher noch unveröffentlichten Briefen jener Jugendjahre sowie den Tagebuchaufzeichnungen in den Carnets *Les voyages d'Allemagne* ganz zu schweigen). In jenen Briefen an seine Eltern berichtet Edouard von den Eindrücken seines damaligen kulturellen Bildungsprogramms. Unter den Berichten über Museumsbesuche, Gebäudebesichtigungen und Bibliotheksaufenthalte kommt denjenigen von Konzerterlebnissen der größte Stellenwert zu. Während Edouard sich zu Museen kritisch und abschätzig geäußert hatte – „Aller dans les musées me dégoûte d'avance. Le mal a pris chez moi une tournure pathologique. J'étais hier au Kaiser Friedrich Muséum et je vous assure que ce n'est pas gai. "[17] –, bedeuteten ihm Konzerte viel. Im nachstehenden Text berichtet Le Corbusier seinen Eltern von einem Symphoniekonzert, bei welchem Kompositionen von Dvorak (Symphonie), Smetana (Vyseherad), Mahler (Kindertotenlieder) und Tschaikowsky (Ouverture Solennelle ‚1812') auf dem Programm standen.
„Les Slaves affirment leur âme. C'était si beau, si un, que j'en fus profondément malheureux, remué, et pas loin de pleurer. La nature, la plaine et le peuple par Dvorak. Les Héros de Smetana. Le navrement longuement, écrasement, noirement et lacement poignant de ces enfants toujours morts et de ces mères qui se lamentent, seule voix de femme avec un orchestre dans une salle faite obscure. Puis cette propagande révolutionnaire de Tchaikowski, qui commence par des longs solos de cellos, lamentablement passionnés d'espoirs trop hauts; puis d'un coup la vulgarité gaillarde de la marseillaise. [...] Enfin l'envolée, tout part, toutes digues rompent, le Triomphe ? la foule, l'attaque, la lutte, le tocsin, le tocsin qui domine tout, à toutes volée des cloches, sinistre rougeoiement qu'inonde la solennité de l'orgue qui unifie ce terrible cri bigarré. Je suis resté, je vous l'ai dit, prêt à pleurer."[18]
Dem feierlich-pathetischen Tonfall dieser ‚Konzertkritik' sei die Beschreibung eines Museumsbesuches in München gegenübergestellt, um die ganze Spannweite zwischen der überschwenglichen Verehrung der Musik – an einer anderen Stelle spricht Le Corbusier gar von ‚Offenbarungen'[19] – und

dem bitteren Zynismus bezüglich von Museen anzudeuten: „Et puis il reste, comme baume à tant de malheurs, les musées: mais, oh erreur d'un tempérament trop fougueux, et état d'âme trompeur créé par une visite trop instantanée il y a trois ans, au Musée National, ce musée de splendeur, [...] est beaucoup plus simplement un musée contenant pas mal de choses bien, mais que je connais par cœur et dont le profit ne m'apparaît pas. Il y a la nouvelle Pinacothèque, où nous passions en mars 1908 25 minutes sursaturées déjà. L'autre jour j'y fus, pour l'ultime fois, pendent 7 1/2 minutes y compris les au moins 60 marches à monter et à redescendre."[20]
Der Kenner Le Corbusiers sowie der Kenner jugendlichen Überschwanges wird freilich den Hinweis auf ein „zu feuriges Temperament" eher als Attribut des Zweiundzwanzigjährigen denn als generelle Charaktereigenschaft aufnehmen. Auch die abfälligen Äußerungen über die Institution Museum bedürfen schließlich einer Relativierung. Wie Adolf Max Vogt gezeigt hat, lassen sich später in *L'art décoratif d'aujourd'hui* (1925) Textstellen finden, denen zufolge Le Corbusier den Wert, den Bibliotheken und Museen für seinen Bildungsgang besessen haben, mit Nachdruck unterstreicht.[21]
Eine Skizze des vom Architekten Gabriel von Seidl entworfenen Bayerischen Nationalmuseums in München, die Le Corbusier in einem seiner *Carnets* festhält, belegt zum mindesten sein Interesse für die Architektur von Museen ...[22]
Bezeichnend ist dennoch, daß hier die Kritik des jugendlichen Fachmanns innerhalb seiner ‚Stammdisziplinen' so hart ausfällt, wie umgekehrt das Lob des schwärmerischen Dilettanten. Wir dürfen allerdings Le Corbusier nicht zu den musikalischen Dilettanten zählen, ohne an den positiven Klang dieses Begriffes zu erinnern. Immerhin ist der Dilettant derjenige, der sich an etwas erfreut, dessen Verbindung in erster Linie durch die Liebe und nicht durch professionellen Gebrauch bestimmt ist. Abgesehen von der zitierten Stelle, sind denn auch die musikalischen Urteile von eher pauschaler Natur: „... on jouait, très bien, une sonate de Mozart [...] quand on a eu assez dit, une cantrice, à la très belle voix, chanta Schubert, du je ne sais quoi, bref beaucoup de choses."[23] „Vendredi dernier Elektra qui est extraordinaire, très intéressant."[24] „Il y a ici [Istanbul, P.B.] une musique extraordinaire, admirable."[25]
Was die musikalischen Berichte jedoch verschiedentlich auszeichnet, ist ihr bekenntnishafter Charakter. Denn es scheint so, als ob es in erster Linie musikalische Erlebnisse waren, die in Le Corbusier die Sehnsucht nach einer Mensch und Kosmos harmonisierenden Synthese der Künste entfacht hatten. Die folgenden Einträge beschreiben eine Messe, die Le Corbusier im Markusdom in Venedig erlebte:

1 La revue musicale *S.I.M.*, Titelblatt der Ausgabe vom 1. Februar 1914

„... nous avons entendu à St.Marc des messes merveilleuses, sensations extraordinaires de béautitude, presque d'extase, d'émotion tranquille et profonde. Assis dans un coin de l'abside, (c'était une grande fête qui dura trois jours) j'ai compris ce qu'était l'harmonie parfaite. Les yeux en haut, le regard charmé, intéressé, ébloui par l'effet féerique des coupoles d'or, l'esprit occupé à déchiffrer les superbes symboles des mosaïques, les oreilles pleines d'harmonie, le cœur gonflé de sonorités troublantes, au point de vous faire pleurer, c'est l'Art complet, divin, sacrifiant à Dieu, au seul digne de la haute pensée des hommes."[26]

In der Literatur bisher unberücksichtigt geblieben ist das in unserem Zusammenhang außerordentlich aufschlußreiche Faktum einer ernsthaft in Erwägung gezogenen Tätigkeit als Musikkritiker.[27] Wie weiter unten gezeigt werden wird, bemühte sich der aus Neuenburg stammende Literat und Musikkenner, William Ritter, seine freundschaftlichen Beziehungen zu Jules Ecorcheville[28] zu nutzen und den beiden Brüdern Jeanneret bei der Société Internationale de Musique (S.I.M.) eine Anstellung als Korrespondent zu verschaffen. Den Winter des Jahres 1910/1911 verbrachte Le Corbusier als Angestellter bei Peter Behrens in Berlin. Am 1. November 1910 begann er mit der Arbeit, die fünf Monate währen sollte, Le Corbusiers einzige feste Anstellung mit einem Hundertprozent-Pensum. Wie zwei Jahre zuvor in Wien, so gehörte auch in Berlin der regelmäßige Besuch von Konzerten zunächst zu Le Corbusiers Kulturprogramm. In einem Brief an Ritter spricht er von zwei bis drei Konzertbesuchen pro Woche.[29] Als Musikkritiker der *S.I.M.* hätte er freien Zugang zu den Berliner Konzerthäusern erhalten, was ein verlockendes

1 Angebot gewesen sein muß.[30] Le Corbusier hat sich Ritters Angebot sorgfältig überlegt und Vorbereitungen getroffen, die zeigen, daß seine Absichten bereits konkrete Formen angenommen haben. Dennoch hat er sich später entschlossen, darauf zu verzichten – vermutlich, weil er befürchtete, neben seiner Arbeit bei Behrens keine freie Zeit mehr zu haben.[31]

Woher aber rührte der musikalische Sachverstand, der ihn bewogen hatte, eine solche Tätigkeit – und erst noch bei der viel beachteten *S.I.M.* – überhaupt in Erwägung zu ziehen? Diese Frage scheint um so mehr berechtigt, als sich auch in Turners Untersuchungen zu Le Corbusiers Erziehung[32] keine Hinweise auf eine entsprechende Bildung in diesem Bereiche ausmachen lassen.

Der Einfluß, den Bücher auf ihn ausgeübt haben, wird von Turner ganz besonders unterstrichen: „My examination of Le Corbusier's library has produced a number of ‚discoveries', but probably the most fundamental of these is the extent to which books and ideas were important to him. This must be emphasised here because of the fact that Le Corbusier himself sometimes pretended that reading had never been very significant to him; for example, he once reportedly boasted that the only books which ever influenced him were the Bible and the works of Cervantes and Rabélais. In reality [...] his library reveals that books were extraordinarily influential to the development of his thought – especially, as we would expect, during his early years which shall be examined here."[33]

Der elterliche Einfluß wird in Turners Untersuchung nicht erörtert. Dort wo es um das geistige Klima in der Familie geht, wird es thematisiert am Beispiel der Tante Pauline, die als ältere Schwester des Vaters im Haushalt lebte. Sie war offensichtlich sehr religiös und verkörperte die calvinistische Tradition.[34]

„We know that a devoutly religious maiden aunt lived in the Jeanneret household when Charles Edouard and his brother were boys; and also that there was a Jeanneret family legend that their ancestors had belonged to the heretical mystical sect in Southern France known as Catharism – a sect which Le Corbusier's library reveals him to have been extremely interested in, especially in his later years. So Jeanneret's ‚Evangile' annotation undoubtedly represents a familiarity with religious ideas going back to his earliest training at home."[35]

Musik und Religion sind nahe beieinander; kann es sein, daß auch die Vertrautheit mit musikalischen Dingen ein Vermächtnis des ‚earliest training at home' gewesen war? Da sich in den Beständen von Le Corbusiers Bibliothek bis ins Jahr 1920 außer einem Katalog über ‚Les Ballets Russes' kein einziges Buch über Musik findet, ist verständlich, daß Turner an diesen Fragen vorbeigegangen ist.

Le Corbusiers Mutter war Klavierlehrerin[36] – und, wie Jean Petit unterstreicht, sogar eine „exzellente Musikerin"[37], sein Bruder Albert wurde ebenfalls Musiker. Allein schon dies macht klar, daß Le Corbusier in einem musikalischen Milieu aufgewachsen ist. Allerdings scheint er, anders als sein Bruder, eine musikalische Erziehung im eigentlichen Sinne nicht erhalten zu haben; wie er später festhält, konnte er nicht einmal Noten lesen.

Müssen wir daraus schließen, daß er in der Tat um einen Instrumentalunterricht herumgekommen ist, oder gehört der Hinweis auf fehlende Notenkenntnis zu jenen Stilisierungen, die in Corbusiers autobiografischen Aufzeichnungen nicht gerade selten sein sollen?[38]

Petit zufolge hat Charles Edouard zwischen dem vierten und dem sechsten Lebensjahr Klavierunterricht bekommen[39], „bien qu'il n'ait aucun goût pour cela"[40]. Auch aus einem Brief der Mutter geht hervor, daß er Klavierunterricht erhalten hat. In diesem Brief gibt sie dem kinderhütenden Vater Anweisungen, die musikalischen Übungen der Kinder zu überwachen: „Et Albert et son violon? J'espère qu'il y travaille tous les jours 3/4 d'heure pour ne rien oublier et que je serai contente à mon retour. Aussi que Doudou [= Edouard] qui doit lui aussi faire ses exercices de piano régulièrement."[41] Und schließlich kommen die guten Noten, welche Edouard in der Ecole Industrielle[42] in Musik erhalten hatte, nicht von ungefähr.[43]

Die Mutter Marie Charlotte Amélie Jeanneret-Perret

Marie Charlotte Amélie Jeanneret-Perret wurde am 10. September 1859 geboren. Am 12. Mai 1882 heiratet sie Georges Edouard Jeanneret, der als selbständiger Graveur und Emailleur von Uhrengehäusen für die Uhrenindustrie tätig war. Über ihre Ausbildung ist kaum etwas bekannt; ihre letzte Schülerin, die sich noch hätte äußern können, ist unlängst gestorben.[44] Als ihr erster Sohn Albert am 7. Februar 1886 zur Welt kommt, ist sie gerade siebenundzwanzig Jahre alt und arbeitet bereits als Klavierlehrerin in La Chaux-de-Fonds, gibt sich aber nicht mit dem Erteilen von Privatunterricht zufrieden – und schon gar nicht mit einem bloßen Hausfrauendasein –, als Pianistin gibt sie öffentliche Konzerte, soweit sich aus einigen Programmen ersehen läßt, vor allem kammermusikalischer Art. Von einer Karriere kann gleichwohl nicht gesprochen werden. Ihre Konzerttätigkeit war nicht sehr umfassend und lediglich regional.[45]
Sei es aus zum Teil gescheiterten eigenen Ambitionen, sei es aus grundsätzlichem Ehrgeiz, Marie Jeanneret hatte es sich in den Kopf gesetzt, aus Albert einen Musiker zu machen. Erstes Ideal war dafür anscheinend der romantische Typus des Instrumentalvirtuosen. Albert mußte üben und üben und machte vielversprechende Fortschritte. In einem Curriculum vitae, das Albert 1970 für eine Konzertveranstaltung[46] verfaßt hat, datiert er seinen ersten öffentlichen Auftritt als Geiger ins Jahr 1896; wiederum andere Quellen verlegen dieses Ereignis ins dreizehnte Lebensjahr.[47]
Das Tagebuch des Vaters läßt keinen Zweifel daran, welches das oberste Prinzip der Jeanneretschen Erziehung gewesen sein muß: Leistung. Minutiös werden die schulischen Auszeichnungen der beiden Kinder vermerkt, und mit großer Befriedigung darf der Vater festhalten, daß Albert über weite Strecken seiner Schulzeit Primus war. Aber auch Edouard, obwohl häufig als kleines Schlitzohr oder ‚gringalet' verzeichnet, steht nicht weit dahinter, er ist respektabler Dritter. Da heißt es zum Beispiel: „Albert est le premier de

son école sur 50 élèves, cela me fait plaisir."⁴⁸ Oder: „Notre Albert est le premier de sa classe, il nous fait bien plaisir; tous deux sont de bons enfants, sains et vigoureux. Dieu veuille nous les conserver tels!"⁴⁹ Ein Jahr später: „La santé de tous les nôtres est excellente, Dieu merci! Et le travail abonde, heureusement. Nos deux garçons vont bien, se comportent bien à l'école; Albert est le premier et Edouard le troisième."⁵⁰ Oder: „Notre Albert vient de passer ses examens du printemps avec succès. 110 sur 110 – maximum. Ce garçon nous fait bien plaisir. Son frère est moins consciencieux."⁵¹ Die Reihe ließe sich beliebig fortsetzen.

Im Jahre 1898 haben sich die Eltern definitiv für die Musikerlaufbahn ihres ältesten Sohnes entschieden. Georges Jeanneret berichtet dazu: „Hier c'était la fête des promotions. Albert a obtenu le 1er prix, Edouard le 2ème. Albert a fini ses primaires. Nous sommes décidées de sa carrière que sera la musique et probablement qu'il quittera l'école pour s'y vouer entièrement, tout en prenant encore quelques leçons pour compléter encore un peu son instruction."⁵² So beginnt mit 14 Jahren für Albert das harte Los des angehenden Geigenvirtuosen, das er später als sein ‚Golgotha' bezeichnen sollte. Die folgenden Jahre übt er täglich mindestens vier Stunden. Auch wenn der Drill von seinem damaligen Lehrer ausgegangen war, stand hinter all dem doch die Mutter.⁵³ Dementsprechend groß wird ihr Stolz gewesen sein, als der Dreizehnjährige am 8. Februar 1899 mit einem Mozart-Trio debütiert. Das gibt sogar ihren eigenen Auftritten eine neue Perspektive, geht es doch fortan darum, das eigene ‚Wunderkind' zu begleiten.

Für Albert muß der Werdegang in der musikalischen Laufbahn nach dem Zuschnitt seiner Mutter eine große psychische Belastung gewesen sein. Nichts spricht allerdings dafür, daß Albert gegen seinen Willen zu einer Musikerkarriere genötigt worden wäre. So wie es scheint, folgte Albert jedoch so der ihm gegebenen Rolle des braven und fleißigen Primus, der den Eltern Freude zu machen hat, daß vermutlich schon der bloße Gedanke an die Möglichkeit, den Wünschen der Eltern nicht zu entsprechen, tabu war. Jedenfalls beginnt Albert in jener Zeit zu stottern und macht damit den besorgten Eltern großen Kummer.⁵⁴

Ein anderes Indiz für die unbewußte Weigerung gegen die elterlichen Karrierepläne liegt wohl in einer Verkrampfung des linken Armes, die Albert rückblickend als Folge unmenschlicher Exerzierpraxis erklärte: „1903 Rentré à La Chaux-de-Fonds, là commence mon calvaire: mon maître [Georges-Albert Pantillon, P.B.] me fait travailler au métronome plusieurs heures par jour pour acquérir la virtuosité. J'y acquerrais plus certainement la crampe du bras gauche. Si bien qu'à mon arrivée au Conservatoire de Genève, Henri Marteau qui me connaissait déjà m'admet dans la classe de virtuosité. Mais [...] je n'osais médicalement travailler que trois fois quinze minutes par jour."[55] Diese Verkrampfungen machten die großen Träume der Familie Jeanneret in Bezug auf Albert mit einem Schlag zu nichte. Für ihn selbst war es vielleicht ein großes Glück, denn durch diese Behinderung war er genötigt, sich etwas anderes einfallen zu lassen. So kam er schließlich zu einer Ausbildung bei Jaques-Dalcroze in Hellerau.

Ehrgeiz ist häufig mit der Tendenz, das jeweilige Umfeld zu dominieren, verbunden – so auch bei Marie Jeanneret. War der Vater eher zurückhaltend, besorgt um die materielle Existenz der Familie und seiner beiden Kinder, allzuoft ins Kleinkarierte gleitend[56] und zu Depressionen neigend, so ist die Mutter stets Ausgangspunkt für Veränderung und Bewegung. Sie ist es auch, die den Bau des Hauses Jeanneret am Chemin de Pouillerel anregt; offensichtlich gehen die entsprechenden Pläne auf das Jahr 1905 zurück, als der Vater am 12. Juni in sein Tagebuch schreibt: „Et comme conséquence de ces idées [er spricht dabei von Ideen, die aus einer großen Vorstellungskraft und einem ‚trop de capacités' entspringen, leider aber zu umfassend angelegt sind, um realisierbar zu sein, ‚qu'ils négligent le côté pratique', P.B.], Edouard pousse à l'achat d'un terrain pour une maison à bâtir pour nous, dans les environs; sa mère donne en plein dans ses idées, sans croire aux conséquences désastreuses que pourrait avoir pour moi et pour elle une situation absolument excentrique et déplorable pour l'exercice d'une profession, sans penser non plus aux tourments des emprunts, des hypothèques et des amortissements inhérents à de pareilles entreprises. Cette malheureuse idée a été et sera encore la cause de conflits regrettables entre nous."[57]

Der Vater wird es sicherlich nicht einfach gehabt haben, sich mit seinen kritischen Einwänden in der Familie Gehör zu verschaffen; möglicherweise hatte er darum seine Befürchtungen so ausführlich dem Tagebuch anvertraut. Dennoch waren sie nicht unbegründet, denn zumal in wirtschaftlichen Krisenzeiten, die die Uhrenindustrie[58] bekanntlich besonders hart getroffen haben, war die Familie auf den Verdienst der Mutter angewiesen.

Zusammenfassend sei festgehalten, daß die Mutter in der Familie in jeder Hinsicht tonangebend war.[59] Allein schon der Zeitraum, während dessen Marie auf ihre beiden Kinder wirken konnte ist dank ihrem hohen Alter beeindruckend: Le Corbusier blieben nur noch fünf Jahre für ein ‚mutterloses Dasein', und auch Albert war bereits 72, als sie starb. Die Intensität der inneren Verbundenheit läßt sich letztlich nur erahnen.[60] Ganz besonders genährt werden solche Vermutungen anhand eines Couverts, das in der Bibliothèque de la Ville von La Chaux-de-Fonds (Fonds Le Corbusier) aufbewahrt wird.

Es enthält ein Büschel Haare, fein säuberlich eingewickelt in ein Stückchen Stoff: ‚cheveux de maman, 15. février 1960'.

Der Bruder Albert Jeanneret

Curriculum Vitae

Die ersten Stationen in der Musikerlaufbahn von Albert Jeanneret sind bereits skizziert worden. Hinzufügen läßt sich, daß sich seine musikalische Ausbildung keinesfalls nur auf das Geigenspiel beschränkt hatte, auch im Klavierspiel sowie in Harmonielehre wurde er unterrichtet. Nach seinem körperlich bzw. psychosomatisch bedingten Abbruch der Karriere widmete er sich vermehrt dem Komponieren und vermochte auch hier seine außergewöhnliche musikalische Begabung zu bestätigen, während er als Geigenspieler ab und wann als Mitglied eines Streichquartetts öffentlich auftrat. Rückblickend scheint es jedoch, als ob Albert seiner Bestimmung am ehesten innerhalb seiner vielfältigen musisch-pädagogischen Tätigkeiten gerecht werden konnte. Jedenfalls bezeichnete er sich selbst in einem für das *Schweizer Musiklexikon* bestimmten Text als „Violiniste, Pédagogue et Compositeur".[61] Mit der nachfolgenden Zusammenfassung dieses Artikels sei ein Überblick über die musikalische Laufbahn von Le Corbusiers Bruder gegeben.

Albert Jeanneret wurde zunächst von Georges-Albert Pantillon, einem ehemaligen Schüler des berühmten Berliner Musikers Joseph Joachim[62], im Geigenspiel und in Musiktheorie unterrichtet. In den Jahren 1900 und 1901 nahm Albert in Berlin an der Königlichen Musikhochschule Unterricht bei Andreas Moser, einem weiteren Schüler von Joachim. Weitere Studien führten ihn später nach Genf, wo er bei Otto Barblan Komposition und Kontrapunkt studierte und im Jahre 1908 als Violinist den ‚premier prix de virtuosité' gewonnen hatte. Zwischen 1910 und 1914 lebte er in der Gartenstadt Hellerau und war hier zunächst Schüler von Jaques-Dalcroze. Schon bald wurde er von diesem als Lehrer angestellt. Auch das Begleiten von rhythmischen Kursen und Aufführungen am Klavier gehörte zu seinem Aufgabenbereich. Während des Ersten Weltkrieges studierte Albert Komposition beim aus La Chaux-de-Fonds stammenden Georg Wille-Helbing in Freiburg im Breisgau. Aus dieser Zeit stammt eine Sonate für Geige und Klavier (1916), die Albert seinem Bruder gewidmet hatte.

Sein im *Schweizerischen Musiklexikon* (1964) abgedrucktes Werkverzeichnis enthält schließlich mehr Titel, als Albert Jeanneret in seinem Entwurf festgehalten hatte.[63] Neben Chorwerken, Liedern, Orchestermusik, Kammermusik- und Klavierstücken sind auch zehn *Symphonies enfantines*[64] erwähnt, die auf sein großes Engagement im Bereiche der Jugendmusikerziehung hinweisen. Das älteste Werk datiert aus dem Jahre 1925. Offensichtlich war Albert Jeanneret nichts an der Aufnahme seiner Jugendwerke in den Katalog gelegen. Im Jahre 1926 schrieb er die Musik zu einigen Dokumentarfilmen. Bis zum Ausbruch des Krieges dominieren sodann Instrumentalwerke: Solo-Sonaten und Tänze für Geige und Klavier, aber auch Duos, Trios und Orchesterstücke. Während des Krieges scheinen eher geistliche Themen im Vordergrund gestanden zu haben: Hier finden wir eine Reformationskantate (1943), *Deux cantates pour l'Advent* für Chor und Orgel sowie verschiedene Psalmvertonungen (Psalmen 27, 40 und 150) und schließlich noch einige A-Capella-Stücke, unter anderem zwei *Chants du Réarmement moral*.[65] Vermutlich waren diese Stücke für Jeanneret bekannte Chöre in der Westschweiz bestimmt.

Offensichtlich wurden aber auch die früheren Werke geschätzt. Zum Beispiel von Ozenfant, der in einem Monatsrückblick ein Konzert erwähnt, in dem Klavierstücke von Jeanneret gespielt wurden: „Si nous n'avons peut-être pas à Paris le don d'enflammer la glace, nous faisons ces temps-ci de la belle musique de cristal. La *Sonatine* d'Auric, les *Pièces de piano* d'Abert Jeanneret et cette *Cantate sur A* (pour 6 voix) de G. Bongard. Musique voulue, trois tempéraments très différents, mais bien d'aujourd'hui où l'on ne fait plus de la musique comme les canaris, Paganini et autres virtuoses."[66]

Albert Jeannerets Werke waren noch sieben Jahre über seinen Tod im Jahre 1973 hinaus bei der Schweizerischen Gesellschaft für die Rechte der Urheber musikalischer Werke (SUISA) registriert. Nachdem aber seine Kompositionen seit seinem Tod nicht mehr öffentlich aufgeführt worden sind (die SUISA jedenfalls keine diesbezüglichen Nachrichten verzeichnet), weder ‚live' noch ab Tonträger, haben seine Erben im September 1980 auf weitere Eintragungen verzichtet. Hinzu kommt, daß im Handel weder Noten noch Aufnahmen von Werken Albert Jeannerets erhältlich sind. Auch in der Schweizerischen Landesphonothek ist Jeanneret nicht vertreten. Alles das deutet darauf hin, daß Albert Jeanneret als Komponist bereits vergessen ist – und wäre er nicht Le Corbusiers Bruder, so würden auch wir ihn kaum noch erwähnen.

Weitaus erfolgreicher waren jedoch offensichtlich seine musikpädagogischen Unternehmungen. Seine 1919 in Paris gegründete ‚Ecole française de rythmique et d'éducation corporelle', ein Institut, das sich der Methode Dalcroze[67] verpflichtet fühlte, hatte zwanzig Jahre bestanden und wäre vielleicht auch noch länger geführt worden, hätte ihm nicht der Zweite Weltkrieg ein Ende gesetzt. Bereits in der ersten Nummer des *Esprit Nouveau* finden wir eine Annonce zur Bekanntmachung der entsprechenden Kurse – zu den regelmäßigen Schülern gehörte übrigens auch Le Corbusier. Daneben gründete Albert ein in Paris vielbeachtetes Kinderorchester. 1939 kehrte er in die Schweiz zurück und lebte fortan in Vevey, wo er sich dem lokalen Musikgeschehen widmete. Auch hier war er als Leiter von diversen Kinder- und Jugendensembles tätig.

Obwohl Albert Jeanneret, zumal in seiner Arbeit mit Kindern, neuen Klangkörpern durchaus aufgeschlossen war, zeigt sein Œuvre die Verankerung im traditionellen Bereich der sogenannten klassischen Musik. Sein Engagement für die Aufführung von Kammermusik, dem er als Mitglied verschiedener Streichquartette nachgekommen ist, zeigt seine Vorliebe für die Musik von César Franck, Claude Debussy, Maurice Ravel oder Johannes Brahms und es hat fast den Anschein, als hätte sich der Enthusiasmus für die Werke von Erik Satie oder Igor Strawinsky und besonders für eine rein mechanisch produzierte Musik, so wie es in seinen Artikeln im *Esprit Nouveau* zum Ausdruck gekommen war, in späteren Jahren wieder gelegt. Mit Sicherheit läßt sich aber festhalten, daß Albert an den weiteren Entwicklungen der Musik, insbesondere der elektronischen, ganz im Gegensatz zu seinem Bruder keinen Anteil mehr genommen hat. So klingen die, von Le Corbusier an Hermann Scherchen gerichteten Bemerkungen beinahe schon wie eine Entschuldigung: „Mon frère dit, en toute simplicité, qu'il n'est pas de la génération occupée à une reconsidération physique du son, mais que sa musique est sensible, bien faite (et je le crois aussi) et que si elle est bien exécutée, elle pourrait figurer normalement dans une discothèque parmi d'autres œuvres valables."[68]
In den pädagogischen Werken für Kinder läßt Albert dennoch mit „corps sonores simples" experimentieren, „faisant chanter ses jeunes élèves au son de cloches accordées, de tubes de métal, de triangles, de cymbales etc.". Auch die Improvisation scheint ein wichtiges Element seiner musikalischen Erziehungsmethoden gewesen zu sein: „Il improvise avec les enfants et enregistre des œuvres où interviennent divers bruits familiers comme celui des meubles déplacé, de feuilles de papier heurtées avec un bâtonnet, de gravier déplacés sur un tambour, etc."[69]
Einen klingenden Eindruck dieser mit Kindern erzeugten ‚musique concrète' vermittelt die im Jahre 1963 produzierte Schallplatte *La joie est la clef du bonheur*. Über die darin dokumentierte Methode schrieb ein Kritiker folgendes: „Cette ‚méthode' permet de révéler plus sûrement qu'aucune autre, les dons de musiciens de l'enfance et de les faire éclore rapidement. Albert Jeanneret

ne laisse évidement pas ses protégés s'égarer dans les bruits sans ordre, sans règles. Il leur compose un canevas, leur donne une histoire, une chanson et les enfants illustrent. Ils découvrent le rythme et se mettent à appliquer naturellement les lois de la musique. Leur sens de la couleur, du mouvement, leur simplicité dans l'illustration, aussi bien sonore que dessinée, ce qu'on oublie parfois, leur vivacité, leur plaisir à laisser s'épancher leur joie donnent au résultat un aspect assez surprenant."[70]
Die Gestaltung der Schallplattenhülle besorgte Le Corbusier.
Was mit all diesen Ausführungen zu Albert Jeanneret an Informationen über Le Corbusier gewonnen ist? Eine eingehendere Betrachtung der Beziehung der beiden Brüder macht allerdings sofort klar, wie groß die Verbundenheit der beiden während ihres ganzen Lebens war.[71] Der sprichwörtlich gewordene Familiensinn der Jeannerets, der übrigens Le Corbusiers bisweilen kauziger Verschlossenheit nach außen bestens korrespondiert, läßt sich kaum besser zeigen als an der Tendenz, den Bruder zu bevormunden. Als Le Corbusier den *Esprit Nouveau* einmal als ‚Familienunternehmen' verstanden wissen wollte, war das keinesfalls nur ironisch gemeint.
„En 1920, j'étais administrateur d'une Société d'Etudes techniques. Président Directeur Général d'une revue que j'avais fondée, L'ésprit nouveau dans laquelle j'écrivais sur la peinture. Lorsque j'eus à signer mon premier article sur l'architecture, j'avais à mes côtés mon frère Albert Jeanneret qui tenait la rubrique musicale, mon cousin Pierre Jeanneret ... Cela commençait à faire beaucoup de Jeanneret."[72]
Eine erste Probe der brüderlichen Fürsorge lieferte Alberts Entschluß, seine Ausbildung in Hellerau bei Jaques-Dalcroze fortzusetzen. Diese Pläne paßten nämlich anfangs den Eltern überhaupt nicht. Jaques-Dalcroze war ja damals ziemlich umstritten und verursachte in konservativen Kreisen manch gehässiges Kopfschütteln. Seine Angriffe gegen die spätromantische Virtuosentradition[73], die natürlich auch die musikpädagogischen Maximen bestimmten, konnten in den Ohren von Madame Jeanneret nichts Gutes verheißen, und die angebliche berufliche Perspektivelosigkeit einer rhythmischen Betätigung muß den Vater mit entsprechenden Befürchtungen erfüllt haben. Alberts Entschluß war somit nicht ohne elterliche Widerstände durchzusetzen, und bei diesen Bemühungen kamen ihm sicherlich Edouards Unterstützungen sehr gelegen.
Im Frühjahr 1910 muß sich Albert entschlossen haben, seine musikalische Ausbildung in Hellerau bei Jaques-Dalcroze fortzusetzen, denn in einem Brief vom 29. Juni unterstützt Charles Edouard seinen Bruder, indem er die besorgten Eltern zu beruhigen trachtet: „Albert m'a fait part de ses projets. Je

comprends que vous en soyez peinés, que vous en soyez stupéfaits, que vous pensiez que tout est décidément fichu. Pour moi j'en suis très réjoui, et en verrai la réalisation avec beaucoup de joie. Si Albert n'avait qu'une étoffe de virtuose, il est évident que la situation serait lamentable et que plus rien ne resterait de ses 15 ans d'études coûteuses pour lesquelles vous avez tant sacrifié. Mais Dieu merci Albert est une nature avant tout intelligente dont la volonté, ayant subi de si prolongés et douloureux assauts, a pu perdre de cette juvénilité que nous admirons chez Miche ou Schneider. Mais Albert est devenu en ces 15 ans un *musicien* et quand on a composé et instrumenté une symphonie, on n'est pas les mains vides! A quoi bon s'étioler avec un instrument que les organes indispensables ne veulent plus bien servir. [Le Corbusier spricht hier die erwähnte Verkrampfung des linken Armes an, P.B.] Je suis heureux de voir Albert s'en sortir, faire ce grand pas et se lancer avec toute la musicalité qu'il a dans la conquête d'un problème plein d'avenir! Et mon impression n'a jamais été qu'Albert était bon maintenant pour devenir un modeste professeur de violon se délassant à donner ses 10 heures de leçons par jour à des élèves imbéciles."[74]
Aus dieser Briefstelle geht hervor, daß Albert bereits vor 1910 komponiert hatte. Die angesprochene Symphonie läßt sich allerdings in den Werkverzeichnissen nirgends ausmachen. Vermutlich liegen die ‚schmerzhaften Angriffe', die er erdulden mußte, in einer gewissen Geringschätzung oder Nichtbeachtung seiner Kompositionen in der Öffentlichkeit sowie dem fehlenden ‚Ruhm aus den Zeitungsspalten'. Immerhin wurden sie aber aufgeführt; so finden wir in einem anderen Brief den folgenden Bericht: „L'orchestre est un ramassis de je m'en fous et Kamm en est le digne chef. Ce fut plutôt très triste hier d'entendre abîmer en cette unique répétition des œuvres dont une ou deux ou trois paraissent bien, celle d'Albert entre autres."[75]
Offensichtlich war Albert auch in der Lage gewesen, ein Orchester zu leiten; sein Bruder weist darauf hin, daß an diesem Konzert Albert nicht selbst dirigiert hätte. Ein anderes Mal ist es eine schlechte Kritik in der Zeitung: „Ich bin von der Kritik der Musique en Suisse sehr betrübt, ich kann das versichern, daß es falsch ist und daß es war darin nur Poesie und Empfindung, sondern auch eine ganz junge, einfache, klare Kraft."[76]
Die Angaben über den Beginn der Ausbildung bei Jaques-Dalcroze sind widersprüchlich. Im bereits erwähnten Artikel für das *Refardtlexikon* gibt Albert das Jahr 1909 als Übersiedlungsdatum nach Hellerau an. Rosario De Simone[77] meint, daß Albert bereits 1906 Schuler von Jaques-Dalcroze geworden sei – möglich, war doch Jaques-Dalcroze seinerzeit noch in Genf, wo auch Albert studierte. Außer dem fragwürdigen Hinweis, Albert habe das Diplom

bei Jaques-Dalcroze nach einer fünfjährigen Ausbildung erlangt[78], läßt sich diese Angabe aus den verschiedenen im Fond Le Corbusier in La Chaux-de-Fonds liegenden Lebensläufen nicht bestätigen.
Der oben zitierte Brief von Charles Edouard sowie die ersten Briefe von Albert an William Ritter weisen darauf hin, daß Albert erst im Oktober des Jahres 1910 nach Hellerau umgezogen war.
Am 3. Juli 1911 vermerkte Vater Jeanneret den erfolgreichen Abschluß seines Sohnes Albert am Institut in Hellerau in seinem Tagebuch. Von 1911 bis 1913 war Albert als Mitarbeiter von Jaques-Dalcroze beschäftigt, begleitete die Übungsstunden am Institut, ging aber auch mit Jaques-Dalcroze gelegentlich auf Konzertreisen. Einem Tagebucheintrag des Vaters zufolge müssen wir schließen, daß diese Beschäftigung nicht gerade lukrativ war. Der Vater kann es nämlich nicht lassen zu betonen, daß Albert als Professor in ‚einer der pekuniär bescheidensten Positionen' von Jaques-Dalcroze angestellt wurde.
Sicherlich gehörten die Pariser Jahre (1919–1939) im Leben Albert Jeannerets zu seinen erfolgreichsten Lebensabschnitten. In diese Zeit fallen zunächst seine Lehraufträge an der *Schola cantorum* und am *Conservatoire Rameau*, seine Beiträge für den *Esprit Nouveau*, aber auch die Gründung seiner eigenen Rhythmusschule sowie die Arbeit mit verschiedenen Jugendorchestern.

Sous la direction de Le Corbusier

„Sous la direction du frère de Le Corbusier" lautet die Überschrift der bereits erwähnten Schallplattenbesprechung im *Impartial*, der Tageszeitung von La Chaux-de-Fonds. Dieser Titel läßt sich nicht nur auf diese eine Produktion beziehen, er scheint darüber hinaus geeignet, den weiteren musikalischen Werdegang von Albert Jeanneret und vor allem sein öffentliches Auftreten im letzten Drittel seines Lebens zu charakterisieren. Es handelt sich dabei in erster Linie wohl um die Herausgabe einer Sammlung von Werken, die Albert zwischen 1948 und 1951 komponiert hatte, und die Produktion der Schallplatte *La joie est la clef du bonheur*.
Diverse Stücke für Geige und Klavier, Geigen-Trio, Geigen-Duo, Klavier solo etc. sowie Werke für Chor und Orgel sollen im Jahre 1951 zusammengestellt und dem Editeur Georg Zahlen fils angeboten werden. Mehrere Briefe belegen, daß Albert den Rat seines Bruders nicht in Fragen der grafischen Gestaltung suchte, sondern in ihm vielmehr den vertrauten Musikkenner,

mit dem man die Auswahl und die Anordnung der Stücke bespricht, gesehen hat, grafische Aspekte werden lediglich am Rande behandelt.

In Le Corbusiers Nachlaß befinden sich aber noch weitere bemerkenswerte Dokumente, die zeigen, mit welchem Eifer Le Corbusier immer wieder bestrebt war, den Bruder in der Welt der erfolgreichen Künstler zu etablieren. Damit versuchte er Alberts Neigung zu einer gewissen Provinzialität, wie sie diesem seit seiner Rückkehr in die Schweiz, wo er fortan bis zu seinem Lebensende im Jahre 1973 in Vevey lebte[79], einzustellen schien, etwas entgegenzusetzen. Jedenfalls ließ er kaum eine Gelegenheit ungenutzt, seine Kontakte und Einflußmöglichkeiten als Architekt ins Spiel zu bringen, wenn es darum ging, dem Bruder zu öffentlichen Auftritten zu verhelfen.

Den prominentesten Kontakt, den Le Corbusier als ‚Manager' seines Bruders knüpfen konnte, war derjenige zu Hermann Scherchen.[80] Scherchen, der Ende der fünfziger Jahre in Gravesano sein von der UNESCO unterstütztes Zentrum für elektronische Musik betrieb, zeigte sich um die Mitarbeit von Le Corbusier bei der Umschlagsgestaltung der *Gravesaner-Blätter* (Vierteljahresschrift für musikalische, elektroakustische und schallwissenschaftliche Grenzprobleme, 1. Ausgabe, Juli 1955) bemüht. Le Corbusier versäumte nicht, sich gleichsam im Gegenzug Scherchens Hilfe bei der Herausgabe von Werken des Bruders sicherzustellen. In einem Brief vom 5. März 1958 greift er Scherchens Angebot, sich für das Werk von Albert zu interessieren, mit folgenden Worten auf: „Vous me parlez dans votre lettre de mon frère Albert Jeanneret et vous m'offrez gentiment de vous intéresser à son œuvre de compositeur en tant qu'édition et en présentant éventuellement une de ses œuvres en public."[81]

Da es nicht sehr wahrscheinlich ist, daß Scherchen von selbst auf die Idee gekommen wäre, sich mit Alberts Komposition zu befassen, dürfen wir vermuten, daß die Anregung von Le Corbusier ausgegangen ist. In der Tat weist ein Brief von Scherchen darauf hin, daß er es als Freundschaftsdienst verstehen würde, sich um den Bruder zu kümmern: „Le nom de votre frère, monsieur Jeanneret, m'est connu depuis longtemps. Faites-moi savoir, si je peux vous prouver mon respect amical à votre égard en m'intéressant à son œuvre de compositeur et en présentant éventuellement une de ses œuvres en public."[82]

Bei der ‚Werbung' für seinen Bruder schreckte Le Corbusier auch nicht davor zurück, die unspektakuläre Zurückgezogenheit (um nicht zu sagen Rückständigkeit) seines Bruders zu entschuldigen. „Mon frère a travaillé la musique durant toute sa vie, mais c'est un type qui reste chez lui, qui ne sort pas, et qui a accumulé une grande masse de compositions. Je lui ai offert récemment de l'aider à publier certaines de ses œuvres afin qu'il ait cette satisfaction morale et surtout celle de se savoir joué en privé ou en public [...] Mon frère a 70 ans. Je crois qu'il compose très finement, très habilement. Ce n'est une mer démontée; loin de là. C'est un homme à sentiments plutôt intérieurs. Il ne déchaîne pas des puissances électroniques car il est en dehors de ces manifestations sonores."[83]

Daß Le Corbusier eigene finanzielle Mittel zur geplanten Herausgabe in Aussicht gestellt hatte, unterstreicht zusätzlich die Intensität seines Engagements für den Bruder. „Je suis prêt personnellement à particiber à une part financière de l'édition, ceci dans des proportions raisonnables."[84]

Im Verlaufe der hier eingeleiteten Verhandlungen entwickelt sich Le Corbusiers Engagement für den Bruder zur Bevormundung. So gibt er ihm, nachdem der erwünschte Kontakt hergestellt werden konnte, Anweisungen, wie er sich Scherchen gegenüber zu verhalten hätte: „Je te prie instamment de ne pas aller à Gravesano ni d'y envoyer toi-même tes violonistes. Scherchen est une valeur internationale, un interprète reconnu des œuvres de grande musique. Par reconnaissance pour un travail que je lui ai fait (la couverture de sa revue), il m'a offert cette gentillesse te concernant. Ta musique n'est pas de celles qu'il est habitué à enregistrer; par conséquent tu auras cette chance extraordinaire, celle d'être manipulé par inconnus, c'est à dire par un consommateur de haute classe. Ta musique est notée sur papier. Ton vibrato personnel, tu n'as aucun intérêt à l'imposer. Ta musique doit être reçue dans le cœur d'autrui et par conséquent, transmuée. Scherchen n'est pas un petit garçon. Tu ne peux pas aller l'embêter avec tes musiciens à toi. C'est lui qui trouve des musiciens et qui en dirige l'interprétation. N. de D. profite de cette occasion pour faire un saut hors du milieu quotidien pour t'entendre interpréter par quelqu'un de haute valeur. J'ai assisté à des prises de son de Scherchen (le Requiem de Berlioz). Quand un Monsieur comme Scherchen est au pupitre, il crée une interprétation musicale! Je compte sur toi pour comprendre cela, sinon ... amicalement."[85]

Daß Le Corbusier schließlich auch Verträge für den Bruder unterzeichnete, ist nach all dem kaum noch verwunderlich.

Von 1961 bis 1965 dauerten die Verhandlungen mit der niederländischen Firma Philips für die Produktion von *La joie est la clef du bonheur*, jener Schallplatte (oder sind es zwei?[86]), von der bereits mehrmals die Rede war. Am 9. November 1961 kommt es mit Philips zu einem Vertragsabschluß, der die Produktion einer Schallplatte regelt. 5000 Exemplare sollen gepreßt werden, wobei das Band von Le Corbusier, bzw. Albert Jeanneret geliefert werden muß. Dafür erhält Albert ein vertraglich festgelegtes Honorar „... pour vous couvrir de tous vos frais de réalisation de la bande (composition, matière, frais techniques d'enregistrement, etc.)". Der Vertrag war an Albert Jeanneret adressiert, unterschreiben aber mußte ihn auch Le Corbusier. Ein halbes Jahr später scheinen sich einer raschen Realisierung Hindernisse in den Weg zu stellen. Jean Thébault, der zuständige Direktor bei Philips, gibt zu bedenken, daß die eingereichten Aufnahmen eine Musik enthalten, die ungewöhnlich sei (caractère inhabituel) und dementsprechend schlecht verkäuflich „La commercialisation et l'exploitation de cette production semblent poser des problèmes qui n'ont pas été résolus." Aus den Randnotizen, die diesem Brief hinzugefügt wurden – sie stammen von Le Corbusier –, läßt sich die Verärgerung deutlich ablesen.

Der Brief erreicht Le Corbusier mitten in der Arbeit für die Schallplattenhülle. Zur Reproduktion einer polychromen Skulptur, die die Hülle schließlich zieren sollte, gibt es eine Reihe von datierten Skizzen und Entwürfen, wobei nicht nur die Reproduktion als solche das Thema war, sondern die ganze grafische Gestaltung der Hülle (Rückseite mit Text und Fotos). Gegen Ende 1963 erscheint dann endlich die Platte, allerdings ohne die Ziffer 1 auf der Hülle, die darauf hingewiesen hätte, daß weitere Aufnahmen folgen würden. 1965 kommt es noch zu einer Vertragsänderung, die sich auf die Produktion einer zweiten Schallplatte bezieht; die Rücksendung des Vertrags durch Le Corbusier erfolgt am 10. Juni 1965.[87] Dokumente, die den weiteren Verlauf dieser Verhandlungen erhellen könnten, habe ich nicht gefunden. Da aber eine zweite Platte nicht zu existieren scheint, muß angenommen werden, daß es aus mir nicht bekannten Gründen nicht zu einer Produktion gekommen ist.

Abschließend sei noch auf etwas hingewiesen, was andeutet, wie stark die Musik als Element der ‚Privatsphäre' mit der Mutter verbunden war. In den zwischen 1910 und 1911 verfaßten Briefen an William Ritter[88], ist von der Musik kaum mehr die Rede, dafür um so mehr von Architektur und bildender Kunst. Lediglich die Beschreibung eines Konzertes von Jaques-Dalcroze habe ich gefunden.[89] Angenommen, Jeanneret wollte mit einem profunden Musikkenner wie Ritter nicht debattieren – es hätte ja sein können, daß sich die Meinung von Charles Edouard nicht mit derjenigen seines hochverehrten Mentors deckte.

Ritters Briefe werfen aber an einige Stellen noch ein weiteres Licht auf Le Corbusiers Beziehungen zu Vater und Mutter. Es ist wirklich verblüffend zu entdecken, wie sich das Schweigen über die Musik mit dem Schweigen über die Mutter trifft. Wenn Le Corbusier zu Ritter über seine Familie spricht, dann spricht er vom Vater: „Ne faites point de scandale autour du nom de melle [?] Caradjale le papa me briserait les os."[90]

„Est-ce que monsieur mon papa daignera sourire s'il voit un jour le nom de son fils imprimé noir sur blanc. C'est que mon papa est persuadé absolument que ses fils ne feront jamais rien. Il a en jusqu'ici raison en une certaine manière, mais que diable, c'est aussi qu'il en bien presse. Savez vous que je m'en vais maintenant perdre la modestie qui convient à mon âge, en chantant ma louange, ou plutôt celle des rejetons de ce vénérable tronc qu'est la notre."[91]
„Oh mais je ne vous dis pas même que j'habite le plus délicieux des séjours, à 5 minutes de la table paternelle (où il se fa ... [?] aller gaver)."[92]
Und es gibt wirklich nur eine einzige Stelle, wo auch die Mutter erwähnt ist – was könnte sie anderes machen als Musik? „Ce Dimanche, maman m'avait joué ‚prélude choral et fugue' de Franck; nous étions resté dans le salon bien deux heures."[93]
Auch wenn mit diesen Ausführungen das anscheinend abgedroschene Klischee eines Vaterbildes skizziert ist, vor dessen Hintergrund Le Corbusiers Bild der Mutter verklärte Züge annehmen muß – ein Vaterbild, das übrigens Adolf Max Vogt unlängst wenigstens teilweise revidiert hatte[94] –, kann kein Zweifel daran bestehen, daß die Musik im Leben Le Corbusiers letztlich die Sphäre der Mutter verkörperte.

2 Stationen einer musikalischen Biographie

Charles L'Eplattenier

Charles L'Eplattenier, geboren in Neuchâtel am 9. Oktober 1874, absolvierte nach der Schulzeit eine Lehre als Gipser und Flachmaler. Wichtige Anregungen erhielt er dabei von dem Architekten und Maler Paul Bouvier, bei dem er Zeichenunterricht bekam.[95] Ferner bildete sich L'Eplattenier an der Schule für Kunst und Kunsthandwerk in Budapest sowie an der Ecole Nationale des Beaux-Arts und eventuell auch an der Ecole des arts décoratifs in Paris aus. Nach verschiedenen Reisen und Auslandsaufenthalten (London, München, Belgien, Holland) ließ er sich 1897 in La Chaux-de-Fonds nieder, um dort an der *Ecole d'Art* zu lehren. Von 1903 bis 1914 war L'Eplattenier Direktor dieser Schule und erweiterte sie durch eine besondere kunstgewerbliche Abteilung. Das Niveau in diesen Klassen war so vielversprechend, daß L'Eplattenier zu Dekorationsaufträgen kam, zu deren Ausführung er seine talentiertesten Schüler heranzog. So stammen die Dekorationen in der Halle des Hotel des Postes und im Krematorium von La Chaux-de-Fonds, sowie diejenigen im Observatorium von Neuenburg und in der Kapelle von Fontainemelon von Schülern aus L'Eplatteniers kunstgewerblichen Fachklassen. Neben seiner erfolgreichen Tätigkeit als Lehrer und Schuldirektor verblieb ihm immer noch genügend Zeit, sich um anderweitige kunstgewerbliche Aufträge zu kümmern. So entwarf er zum Beispiel Möbel, Keramik, Schmiedearbeiten oder Briefmarken. Nach der Niederlegung seines Schulamtes widmete er sich der Gestaltung von monumentalplastischen Werken; verschiedene Denkmäler und Bronzestatuen in La Chaux-de-Fonds stammen aus seiner Werkstatt.[96]

Die Ecole d'Art verdankte ihre Existenz der Uhrenindustrie. 1870 gründete die Société des patrons-graveurs von La Chaux-de-Fonds eine Kunstgewerbeschule in der Hoffnung, damit der immer stärker werdenden wirtschaftlichen Depression etwas entgegenzusetzen. Einerseits erhofften sich die Uhrenfabri-

kanten von einer kunstgewerblichen Ausbildung bessere Wettbewerbschancen im Kampf mit der ausländischen Konkurrenz, andererseits spiegelte sich in der Gründung der Schule eine progressive Kraft, die auf die Probleme der Industrialisierung fortschrittlich reagierte und neue Wege in die Zukunft beschritt.[97]
Als der vierzehneinhalbjährige Edouard Jeanneret im Jahre 1902 als Uhrengraveur-Lehrling an diese Schule aufgenommen wurde, zeichnete sich bereits ab, daß sich der Uhrenmarkt von der Taschenuhr zur wesentlich billigeren Armbanduhr hin verschieben wird und daß man damit auf Graveure wird verzichten können. L'Eplattenier, der mit der konventionellen Ausbildung an der Schule ohnehin nicht zufrieden war, weil er eine höhere Vorstellung vom Ornament hatte, das er wie einen Mikrokosmos verstanden wissen wollte, versammelte um sich die begabtesten Schüler, um ihnen eine besondere Bildung zuteil werden zu lassen, die ihnen weitere Betätigungsbereiche eröffnen sollte. Im Jahre 1904 gründete er nach einer Italienreise einen Fortgeschrittenenkurs, zu dem Jeanneret mit weiteren siebzehn Kollegen zugelassen wurde.[98] In diesen Kursen ging es unter anderem darum, einen Übergang vom Kunstgewerbe zur Architektur herzustellen. „Im Kreise L'Eplatteniers begeisterte man sich vor allem für John Ruskin, aber das eigentliche Vorbild war die Natur. Nur sie allein sei wahr, nur sie allein inspiriere, und nur sie könne deshalb dem Tun des Menschen eine Grundlage sein, erklärte L'Eplattenier seinen Schülern: ‚Suchet nach ihren Ursachen, ihrem Formprinzip, ihrer lebendigen Entwicklung und erarbeitet daraus eine Synthese'."[99] Dabei war insbesondere auch die Natur des heimatlichen Jura gemeint. Die neue regionale Architektur sollte auf einer eigenständigen Ornamentik beruhen und den Besonderheiten des Jura gerecht werden.
„So machten wir uns mit Begeisterung daran, die Landschaft zu erforschen, in der wir uns befanden, von der Knospe bis zur rhythmischen Abfolge der Berge am Horizont. Wir sind dabei, ein höchst würdiges und bewegendes Wörterbuch sprechender Formen zu erarbeiten, unser Stil wird der Stil des Landes sein, ein Gedicht auf unser Land"[100], schreibt Le Corbusier 1925. Unter L'Eplatteniers Führung setzt sich für Le Corbusier gleichsam eine Familientradition fort, die bereits durch den naturbegeisterten Vater, der Sektionspräsident des Schweizerischen Alpenclubs war, begründet war: das Wandern in der freien Natur. In der Ausbildung bei L'Eplattenier wird das väterliche Element in Le Corbusiers Erziehung aufgegriffen und weitergeführt.[101] Daß L'Eplattenier Jeannerets Erziehung wesentlich beeinflußt hat, steht außer Zweifel. Le Corbusier bezeichnete ihn sogar einmal ausdrücklich als seinen zweiten Vater.[102] Ob er allerdings irgendwelche musikalischen Kenntnis-

se besaß und ob er diese allenfalls in den Unterricht an der Ecole d'Art hätte einfließen lassen können, ist nicht bekannt.

Immerhin bestand aber der erste Auftrag, der dem von Jeanneret besuchten *cours superieur* von außen zukam, in der innenarchitektonischen Gestaltung des Musikzimmers im Haus Mathey-Doret (1910).

Aus den beiden oft zitierten Briefen Le Corbusiers an seinen Lehrer aus dem Jahre 1908 geht aber jedoch über musikalische Aktivitäten im Kreise L'Eplatteniers kaum etwas hervor.[103] Außer einer Stelle, wo sich Jeanneret über bourgeoise Ignoranz beklagt, enthalten diese Briefe gar nichts zur Musik: „Les gens bourgeois où parfois je suis invité me mettent des exaspérations formidables. Qui disent de Rodin: ‚Comprends pas, c'est un niais', de Wagner: ‚C'est pas de la musique qui chatouille l'oreille et qui berce; il se fout du monde'!"[104]

Die Briefstelle ist allerdings bezeichnend genug. Daß hier von Richard Wagner die Rede ist, kommt schließlich nicht von ungefähr. Die Beschäftigung mit den Werken des Komponisten war seinerzeit im Kreise von Intellektuellen und von Künstlern so etwas wie eine conditio sine qua non.[105] In Frankreich erreichte der ‚wagnérisme' um die Jahrhundertwende seinen Zenit. L'Eplattenier, der sich um diese Zeit in Paris aufgehalten hatte, wird sich für Wagner sicherlich interessiert haben. Deshalb dürfen wir das oben Zitierte ‚wagnerianisch' deuten; die Identifikation mit Rodins Werken und Kompositionen von Wagner schien sich dafür zu eignen, sich vom trägen Bürgertum abzusetzen. Auch in den Briefen an die Eltern, in denen er verschiedentlich recht ausgiebig über seine Besuche von Wagner-Opern berichtet, kommt deutlich zum Ausdruck, daß Jeanneret von der Musik Richard Wagners geradezu begeistert gewesen war und auch fünfstündige Stehplatz-Torturen nicht gescheut hatte, um sie zu erleben. In einem Brief aus dem Jahre 1907 an die Familie zu einer Aufführung des *Siegfried* heißt es: „Quelle soirée j'ai passée à l'opéra! [...] les oreilles, les yeux sont au paradis, mais les jambes! Que vous en dire; vous ne vous faites point idée. Comme musique, c'est merveilleux, d'une richesse prodigieuse, d'imagination de thèmes, de sonorités superbes. Arriver à ne pas se répéter, à ne point tirer en longueur une seule fois pendant cinq heures, c'est être quelqu'un. Les effets de scènes sont magiques, les éclairages de même [...] – ah c'est épatant, et cette musique, j'en ai plein les oreilles. Ce que je me réjouis quand je serai de retour de sortir de la poussière ces partitions et de les faire jouer à maman! C'est là de l'art complet, on s'isole de la salle, et la jouissance serait intense si la langue n'offrait encore tant de difficultés. Je suivais sur le libretto, ai à peu près tout compris, le sens du moins, la puissance poétique parfois."[106]

Auch drei Jahre später scheint Wagner für Le Corbusier noch ein Thema gewesen zu sein. Im Brief an die Eltern vom 18. April 1910 erwähnt er eine *Tristan*-Aufführung. Zudem scheint es ihn beschäftigt zu haben, daß die Preise für den Besuch von Wagner-Opern in Deutschland höher sind als in Paris.

Romain Rolland

Im Jahre 1908 besuchte Jeanneret an der Pariser Sorbonne einen Kritikkurs bei Romain Rolland. Jean Petit läßt allerdings offen, bei welcher Gelegenheit er Rolland kennengelernt hatte. Das bei ihm gedruckte Zitat macht jedoch klar, daß Rollands Einfluß, der übrigens noch nicht näher untersucht worden ist[107], nicht gerade unbedeutend gewesen sein wird: „Romain Rolland est des hommes rencontrés jusqu'à ce jour, celui pour lequel je me sens le plus en pleine communion. Il faut voir sa figure, sa bouche et l'entendre parler pour le comprendre vraiment."[108]
Der französische Schriftsteller Romain Rolland (1866–1944) übernahm nach Studien in Geschichte und Musikwissenschaft mit diversen Studienaufenthalten in Rom, 1895 an der Ecole Normale Supérieure einen Lehrauftrag in Musikgeschichte. Im Jahre 1903 wurde er an die Sorbonne berufen. Während des Ersten Weltkrieges hielt er sich in Genf auf und arbeitete in der Zentrale des Roten Kreuzes. Von Genf aus schickte er unermüdlich Friedensappelle an die Zeitungen und füllte währenddessen sein Tagebuch mit erschütternden Tatsachenberichten, grimmigen Glossen und bitteren Nachdenklichkeiten. Wenn das auch in bezug auf die politischen Ereignisse wohl kaum viel bewirkt haben dürfte, trug ihm seine couragierte Antikriegskampagne doch den aufrichtigen Dank von Igor Strawinsky ein.[109]
Rolland hinterläßt ein umfangreiches Werk. Seit 1898 schrieb er Musikkritiken für die *Revue de Paris*. Bis zum Jahre 1908 waren von ihm die Biographien von Beethoven (*Vie de Beethoven*, 1903) – bis heute ein Standardwerk der Beethovenrezeption – und Michelangelo (*Vie de Michel-Ange*, 1906) erschienen. Zu internationalem Ruhm, insbesondere in Deutschland, kam Rolland durch den zehnbändigen Entwicklungsroman *Jean-Christophe* (1902/1912; dt. Johann-Christof, 1914/1917), von dem bereits 1908 ebenfalls einige Bände veröffentlicht waren. Gresleri vermutet, daß sich Le Corbusiers Hinweis auf Rolland in *Voyage d'orient* auf die Lektüre dieses Werkes bezieht.[110] 1916 erhielt Rolland den Nobelpreis für Literatur.
Romain Rolland war es auch, der – mit anderen – die musikwissenschaftlichen Grundlagen zur Händel-Renaissance gelegt hatte. Das Interesse für

Händel, eine Spielart des musikalischen Neoklassizismus, führte in verschiedenen Städten zu Aufführungen von Werken des Komponisten. In den expressionistisch-monumentalen Aufführungen von Opern und szenisch eingerichteten Oratorien, die seit 1920 in Mode gekommen waren, läßt sich der Einfluß von Hellerau deutlich ausmachen. Hat vielleicht auch die Musikästhetik des Purismus, so wie wir sie im *Esprit Nouveau* verkörpert finden, einen ihrer Referenzpunkte in Romain Rolland? Jedenfalls ging die Woge der Faszination für Werke des musikalischen Klassizismus, die Paris und verschiedene Städte in Deutschland während der zwanziger Jahre erfaßt hatte, auch an den Gebrüdern Jeanneret nicht spurlos vorüber. Worin sich diese Spuren zeigten sei im nächsten Kapitel skizziert.

Nicht mit Sicherheit läßt sich sagen, wann sich Le Corbusier zum ersten Mal Gedanken über eine Tätigkeit als Musikkritiker gemacht hatte, jedenfalls muß sich die Idee im Laufe seiner ersten Berliner Wochen im Oktober 1910 so weit verdichtet haben, daß ganz konkrete Verhandlungen begannen.

„Um darüber plaudern zu können, was ich nicht gesehen oder verstanden habe", schreibt er am 28. Oktober 1910 an Ritter, „werde ich gezwungen sein, einen vielleicht gefährlichen Weg zu wählen: die Dokumentation in zwei Berliner Wochenzeitungen, der *Allgemeinen Musikzeitung* und *Signal*."[111]

Berlin hatte sich nach 1900 zum ‚Weltzentrum der Musikkritik'[112] entwickelt.

„Hier [Berlin, P.B.] wirkten noch die starken modernistischen Traditionen fort, die W. Tappert seit 1866 als Musikschriftsteller, 1876–1880 als Redakteur der *Allgemeinen deutschen Musikzeitung* und Mitarbeiter am *Musikalischen Wochenblatt* vor allem im Kampf für Wagner geschaffen hatte. Dem Konservativismus Leopold Schmidts (1897–1927 *Berliner Tagblatt*) stand hier die moderne impressionistische Kritik O. Bies (1901–1934 *Berliner Börsencourir*) und A. Weissmanns (1900–1915 *Berliner Tageblatt*, 1916–1929 *B.Z. am Mittag*) entgegen."[113]

Übrigens werden wir Adolf Weissmann nochmals begegnen, wenn wir den ‚ésprit nouveau' auf seine musikalischen Aspekte hin betrachten. Weissmann ist der Verfasser der beiden Hindemith-Artikel (*Esprit Nouveau* 1924). „Der gewaltige kritische Chor der Reichshauptstadt mit ihren etwa fünfzig Tageszeitungen"[114] hat sicherlich auch den Musikfreund Charles-Edouard Jeanneret beeindruckt.

Romain Rolland war übrigens auch mit Edgard Varèse bekannt. Die gegenseitige Wertschätzung ist im *Jean-Christophe* belegt, wo Rolland dem Komponisten ein Denkmal gesetzt hat.[115] Varèse selber hat in einer Vorlesung an der University of Southern California 1939 auf Rolland hingewiesen und aus seinem Roman zitiert.[116]

William Ritter

Die Bedeutung, die William Ritter für die kulturelle Bildung Le Corbusiers gehabt hat, ist meines Erachtens bisher zu wenig gewürdigt worden. In Turners Verzeichnis der in Le Corbusiers Bibliothek sich findenden Bücher ist zwar auf die Existenz von Werken William Ritters hingewiesen, mehr erfährt man jedoch nicht.[117]
Gresleri unterstreicht, daß zumal die Orientreise des jungen Jeanneret deutlich die Spuren von Ritters Einfluß trägt; er widmet William Ritter einige Zeilen. Ein besonderes Verdienst Gresleris ist, daß er die Briefe, die Jeanneret in den Jahren 1910/1911 an Ritter geschrieben hatte, in seinem Buch als Anhang erstmals publizierte.[118]
Daß Gresleri nicht viel anderes bleibt, als auf die „unerschöpfliche Quelle der Anregungen", die Jeanneret durch Ritter zuteil geworden sind, hinzuweisen, ohne diese in ihrer ganzen Breite zu überblicken, hängt wohl in erster Linie mit der äußerst dürftigen Dokumentation des Ritterschen Œuvres zusammen. Auch über William Ritter selber gibt es bislang keine umfassenden Studien. Eine Biographie aus der Feder von Ritters Adoptivsohn Joseph Tcherv ist zwar vorhanden – auch in Le Corbusiers privater Bibliothek –, publiziert ist davon jedoch lediglich das erste Drittel *enfance et jeunesse* (1867–1889).[119]
Im Fond Ritter des Schweizerischen Literaturarchivs in Bern finden sich zwei weitere Bände dieser Biographie (1890–1955), rund 600 mit sorgfältiger Handschrift beschriebene Bögen, die bislang noch keinen Herausgeber gefunden haben.[120] Ebenfalls im Fond Ritter aufbewahrt ist eine eindrucksvolle Sammlung von Briefen an Ritter aus rund sechs Jahrzehnten. Sie zeugen von Ritters Verankerung im kulturellen Leben seiner Zeit, von seinem enorm weitgespannten Horizont und seinem Umgang mit den führenden Figuren aus Kunst, Politik, Verlagen und Presse. Neben rund 250[121] Briefen von Le Corbusier und 32 Briefen und Karten von dessen Bruder Albert lassen sich in den nach Jahren geordneten Bündeln und Schachteln weitere wertvolle Schriftstücke finden, so etwa, um nur wenige zu nennen, von Béla Bartók, Adolphe Appia, Franz Schreker, Josephin Péladan, Richard Strauss, Romain Rolland, Gustav Klimt, Hugo von Hofmannsthal, Léon Perrin, Charles-Ferdinand Ramuz, Auguste Rodin, Nicolas Rimsky-Korsakov, Giovanni Segantini, Stephane Mallarmé, Ernest Ansermet, Emile Jaques-Dalcroze, Jules Ecor-

cheville. Ferner belegen Einladungen zu Konzerten, Uraufführungen, Ausstellungen sowie unzählige Anfragen von den verschiedensten, vor allem deutschen Verlegern für Buch- oder Notenbesprechungen in der französischen Presse Ritters Rang im kulturellen Geschehen.
Ritter war zwanzig Jahre vor Jeanneret, 1867 als erster Sohn des Ingenieurs und Architekten Guillaume Ritter in Neuenburg geboren worden. Guillaume Ritter (1835–1912) machte sich bereits um 1860 als Spezialist für Trinkwasserversorgungsanlagen einen Namen. Er war in La Chaux-de-Fonds dafür verantwortlich, daß es in den Häusern fließendes Wasser gab. Bei Fribourg baute er Staudämme an der Sarine, und diverse Flußkorrekturen im Jura wurden unter seiner Regie vorgenommen. Zu Beginn des 20. Jahrhunderts beschäftigte er sich mit der Wasserversorgung von Paris; das Wasser wollte er aus dem Neuenburgersee beziehen. Martin Fröhlich zählt ihn anläßlich einer kurzen Besprechung der Kirche Notre-Dame in Neuenburg (1900–1905) zu jener „großen Generation von Schweizer Ingenieuren, die alle vielfach begabt waren und heute viel zu wenig bekannt sind"[122].
Guillaume Ritter war nicht nur dilettierender Maler, wie Gresleri festhält[123], sondern auch Kunstsammler. Tcherv schreibt dazu: „Son père [also der Vater von William, P.B.] était un homme d'une activité débordante et un animateur infatigable et des plus sérieux. Il avait aussi organisé à Fribourg une belle exposition d'art, sauf erreur la première dont on ait entendu parler dans cette ville (1874). C'est ainsi que William se rappelle une visite d'Albert Anker à son père, au moment où il venait de lui acheter trois tableaux."[124]
Neben Kenntnissen im Bereiche der Architektur und der Bildenden Kunst verfügte Guillaume Ritter auch über musikalische Fertigkeiten; er soll ein befähigter Geigenspieler gewesen sein.
Vor diesem Hintergrund verstehen wir, daß die Grundlagen zu Williams kultureller Bildung weit mehr durch den Vater, den er seit seinem fünften Lebensjahr auf den verschiedensten Reisen begleiten durfte, geprägt worden war, als durch die Schulen und konventionellen Ausbildungsgänge, die er später absolviert hatte: Seine künstlerische Bildung erfolgte durch das Studium der Klassiker (Phidias, Donatello, die florentinische Schule), das Museum von Neuenburg, das Studium der Musik und durch eine eifrige Beobachtung der Aquarelle von Paul Bouvier, L'Eplatteniers Lehrer. Gegen 1888, als Zwanzigjähriger, schrieb er sich an der Wiener Universität ein, um dort Vorlesungen in Musikgeschichte bei Hanslick[125] und Kunstgeschichte bei Wickhoff zu hören, und er begann sich für Folklore und Tradition der Völker in den Donauländern zu interessieren. Im Herbst 1889 ging er nach einer lan-

gen Dalmatienreise nach Paris, anschließend nach Bukarest, um dort ein ministerielles französisches Journal zu leiten.[126] Gresleris Zusammenfassung könnte leicht den Eindruck vermitteln, daß sich Ritters Musikstudien mit denjenigen der Kunstgeschichte die Waage hielten. Dem ist aber nicht so. In Tchervs Beschreibung von Ritters Studentenleben in Wien stehen die Musikkurse sowie die aus dem Besuch von Konzerten und Theaterstücken gewonnen Eindrücke an erster Stelle.[127] In der ‚Interessenliste' der besuchten Kurse rangierten allerdings die Harmonielehrestunden bei Anton Bruckner noch vor Hanslicks Musikgeschichtskursen. Neben dem Besuch einer Vorlesung in Kunstgeschichte studierte Ritter Griechisch und Deutsch.

In unserem Zusammenhang besonders aufschlußreich ist Ritters musikalischer Werdegang. In seiner Jugend war er ein glühender Verehrer von Richard Wagner. Angeregt durch die Schriften von Joséphin Péladan, gab er sich dem ‚wagnérisme' hin und reiste bereits 1886 nach Bayreuth, um Aufführungen von *Tristan und Isolde* sowie des *Parsifal* mitzuerleben. Mit seinem Vater besuchte er 1888 Paris und nahm dabei die Gelegenheit wahr, Péladan zu besuchen – es sollte nicht nur bei diesem einen Anlaß bleiben: „A partir de cette première visite William y retourne tous les matins, car le Maître termine très amicalement chaque fois leur entretien d'art pur, par: – ‚Eh bien! Vous reviendrez demain, n'est-ce pas?'"[128]

Sicherlich muß auch die Absicht, seine Studien an der Akademie von Neuenburg mit einer Schlußarbeit zur Kabbala zu beenden, unter Péladans Einfluß gesehen werden. Aber nicht nur die Kabbala faszinierte den jungen Mann, auch andere esoterische Themen interessierten Ritter und seine Freunde: „William ne pense que de retrouver ses nouveaux amis Gustave Jéquier et Godefroy de Blonay et à rester avec eux à l'Académie le plus longtemps possible. Puis à la suite des lectures un peu excitantes et surchauffées de Péladan et de tout un groupe encore de prétendus ‚mages' de même acabit, Saint-Yves d'Alveydre, Guaita, Encausse (Papus), lui et ses amis, s'intéressant de plus en plus à l'occulte, William pense sérieusement faire sa licence avec une thèse sur la kabbale. Tandis que chez Jéquier qui en est aussi pris, ce goût de l'ésotérique va tourner à l'égyptologie."[129]

Im Jahre 1910, als die Wagnerschwärmerei bereits ein wenig abgeklungen war, begegnen wir Ritter an der Uraufführung von Gustav Mahlers *8. Symphonie*. Diese wurde anläßlich einer Ausstellung in der neuen Musikfesthalle in München Anfang September 1910 vom Komponisten selbst dirigiert. Ritter war als Ehrengast dabei und hatte die Gelegenheit, Mahler persönlich

kennenzulernen; und nicht nur das, er gab ihm sogar einige Französischstunden.[130]
In den weiteren Münchnerjahren, Ritter lebte dort von 1901 bis 1914[131], beschäftigte er sich zunehmend auch mit der Übersetzung von Opernlibretti. Von ihm stammt die Übersetzung des *Rosenkavaliers* (Le chevalier à la rose), einer Oper von Richard Strauss nach einem Libretto von Hofmansthal (uraufgeführt am 1. Februar 1911). 1914 hatte sich Ritter bei der Universal Edition auch um den Auftrag einer Übersetzung zu Schreckers *Der ferne Klang* beworben, ein Unternehmen, das jedoch nicht zustande gekommen ist.[132] Über ein weiteres, nicht realisiertes Projekt Ritters erfahren wir aus einem Brief Béla Bartóks vom 20. Mai 1914: „Je crois que votre plan est très bon, mais il faut que je vous recommande plusieurs versions (variantes) hongroises de ‚mester manole‘, dont une est dans la collection de ‚Kriza‘ sous le titre ‚vadrozable‘ réédit en 1913 ou 1912."[133]
Offensichtlich war Ritter an Bartók mit dem Vorschlag herangetreten, ein rumänisches Volksthema, vielleicht eine Legende oder eine Geschichte, zu verarbeiten. Ritter wollte dazu den Text beisteuern und erhoffte sich dann von Bartók eine Vertonung. Ritter hat sich anläßlich seines Rumänienaufenthalts intensiv mit den kulturellen Traditionen des Landes auseinandergesetzt und sich ganz ähnlich wie Bartók für das Sammeln entsprechender Materialien begeistert. Bei Bartók denkt man dabei zunächst an seine Verdienste bei der Erforschung des osteuropäischen Volksliedguts. Weniger bekannt ist sein generelles Interesse an volkskundlichen Themen. Bartók geht denn auch auf Ritters Vorschlag ein, stellt aber eine Bedingung: „Si vous aurez écrit le texte et si je le verrais, nous verrons ce qu'on peut faire avec lui. Mais je ne crois pas, que je peux mettre en musique un texte français, il faudra en tout cas si il conviendra – le faire traduire en hongrois ou en roumain."
Leider hat das Unternehmen keine Früchte getragen. Weitere Briefe sind nicht vorhanden und im Werkverzeichnis von Bartók lassen sich keine Spuren jener Pläne ausmachen. Ferner muß offen bleiben, bei welcher Gelegenheit Ritter auf Bartók aufmerksam geworden war, und ob er ihm jemals persönlich begegnet ist.
Edouard Jeanneret hat Ritter vermutlich durch Vermittlung von Theodor Fischer[134] kennengelernt. In einem Brief an die Eltern vom 18. April 1910 läßt er wissen, daß er sich um die Adresse von Ritter bemüht hat. Der erste Brief an Ritter datiert vom 17. Juni 1910. Aber erst Anfang Oktober desselben Jahres beginnt sich der Kontakt mit Ritter zu vertiefen. Immer häufiger ist er Gast in seinem Hause, besichtigt mit ihm München und wird zu seinem regelmäßigen Konversationspartner.

Rákoskeresztur (Hongrie)
20.X.1914.

Monsieur,

je lis le français assez bien, mais, comme vous voyez, je l'écris et le parle assez mal.

Je crois que votre plan est très bon, mais il faut que je vous recommande plusieurs versions hongroises du "Mester Manole" variantes (dont une dans la collection de Kriza, sous le titre "Vadrózsák", réédité en 1913 ou 1912) nommées "Kőmives Kelemenné" et qui sont pour ainsi dire plus poétiques. Au fin quand le père rentre à la maison, son petit fils lui demande: "Mon père, mon père, ou est donc ma mère?" Il répond: "Ne te plains pas, elle reviendra le soir." Trois la même question — répons, le matin.

Enfin il est obligé de lui dire la vérité. Cette partie final, comme je crois, manque dans toutes les variantes roumaines.

Si vous aurez écrit le texte et si je le verrais, nous verrons ce qu'on peut faire avec lui.

Mais je ne crois pas, que je peux mettre en musique un texte français; il le faudra en tout cas, si il me conviendra — le faire traduire ou en hongrois ou en roumain.

Agréez, Monsieur l'expression de ma plus parfaite considération.

Béla Bartók

„Ritter stellte ihm [Edouard Jeanneret, P.B.] seine Bibliothek mit Klassikern zur Verfügung und führt ihn in die weitläufige, auf die Erforschung der Urquellen der eigenen Inspiration eben in jenen exotischen, orientalischen und mediteranen Bereichen gerichtete literarische Welt Europas ein. Ihre Freundschaft, die im April durch Fischer ihren Anfang genommen hatte, ist für Jeanneret eine unerschöpfliche Quelle der Anregungen und, trotz des großen Alters- und Kulturunterschiedes, wurde er einer der regelmäßigen Gesprächspartner des Literaten, der sich zu dieser Zeit mit der Abfassung der bedeutendsten seiner Schriften über die slawische Szenerie *L'entêtement slovaque* beschäftigt."[135]

William Ritter wurde in jenen Jahren aber nicht nur für Edouard zur ersten Instanz in kulturellen Fragen, auch sein Bruder Albert wandte sich an den verehrten Schriftsteller und Musikkenner, um von dessen Wissen zu profitieren und sich dessen Fürsprache zu empfehlen. Edouard hat Albert – vermutlich nach seinen ersten Begegnungen – von Ritter in höchst lobenden Tönen gesprochen und ihn darauf aufmerksam gemacht, daß Ritter viel zur Bedeutung des *S.I.M.* beigetragen hatte.[136] Das ist auch der Anknüpfungspunkt für Albert: „Je m'empresse de répondre à la lettre de mon frère en venant vous remercier tout spécialement de l'activité musicale S.I.M. que vous voulez bien me faire obtenir. J'en suis doublement heureux, car j'ai, par la même occasion, le plaisir de faire la connaissance de l'auteur de 'la Passante de quatre saisons' – ouvrage que j'ai lu il y a quelques années avec un puissante intérêt – et avec [le protagoniste faveur] de Mahler, donc je partage maintenant aussi enthousiasme après avoir entendu les 2ème et 3ème Symphonies de ce maître."[137]

Daher also die Begeisterung für die Musik von Gustav Mahler, von der sich Charles Edouard und Albert Jeanneret in den darauf folgenden Jahren so ergriffen zeigten. Aus dem Brief geht zudem unzweideutig hervor, daß Ritter vor allem als Musikschriftsteller vorbildlich gewirkt hatte: „Mon frère m'a dit aussi la conscience artistique que vous apportez à la critique musicale et c'est à ce sujet que j'aimerais vous demandez quelques renseignements."

Auch in seinem nächsten Brief, er datiert vom 22. Dezember 1910, unterstreicht Albert die Bedeutung der *S.I.M.*: „Puisque c'est le S.I.M. qui m'a valu le plaisir de vous connaître."

Ritter zeigte sich wie ein wirklicher Mentor liebenswürdig um die beiden Brüder bemüht und versuchte, ihnen auch bei der Suche nach Beschäftigungsmöglichkeiten – und damit bei der Beschaffung von kleineren Nebenverdiensten[138] – zu helfen. Daß Ritter daran gedacht hatte, Ecorcheville eine Anstellung der Brüder Jeanneret als Musikkorrespondenten nahezulegen,

geht aus dessen Briefen an Ritter hervor. Am 18. Oktober 1910 antwortete Ecorcheville auf Ritters Vorschlag, einen Dresden-Korrespondenten einzustellen, mit finanziellen Befürchtungen: „Laissez-moi réfléchir pour Dresde, nous nous sommes permis assez de folies cet année pour avoir le droit d'être raisonnables, et de regarder à une dépense de 150 Marks." Schließlich legt Ecorcheville Ritter nahe, jemanden zu engagieren, der bereits für andere Zeitungen berichtet, so daß die Finanzierung des Korrespondenten nicht zu teuer werde. „Un jugement pour raison d'économie", ergänzt er entschuldigend. Im selben Brief bedankt er sich auch für die erfolgreiche Vermittlung eines Berlinkorrespondenten. Dürfen wir daraus schließen, daß sich Ritter nachträglich für eine weitere Stelle in Berlin eingesetzt hatte, um auch für Edouard noch eine Tätigkeit zu organisieren? Wie wir wissen, hatte Edouard die entsprechenden Angelegenheiten mit Ritter am 28. Oktober eingehend besprochen, dann aber Anfang November abgesagt (der entsprechende Brief ist nicht genau datiert). Im Brief vom 10. Oktober geht Albert jedenfalls auf eine Tätigkeit als Musikkritiker ein und bittet Ritter um einige Tips für seine neue Tätigkeit. „Comme mon article ne paraîtra que tous les deux mois, et que la matière ne manque pas ici, il me faudra forcément passer sous silence les productions dénuées d'interesse pour me laisser transpirer que celles qui représentent réellement un effort vers le progrès. Car le directeur de la S.I.M. avec laquelle vous me mettez en relations, je pense, qui me fixera la longueur de mon article et me fera parvenir ma carte d'entrée libre aux concerts. [...] Je vous serais aussi très reconnaissant, comme homme d'expérience de me dire ce qui se fait et ce que ne doit de faire dans l'exercice de ma nouvelle activité."
Offensichtlich beginnt hier die Karriere des späteren Musikredaktors des *Esprit Nouveau*.

Emile Jaques-Dalcroze

Der 1865 geborene Emile Jaques stammt, ähnlich Le Corbusier, aus dem Milieu der Schweizerischen Uhrenindustrie. Sein Vater war in Sainte-Croix beheimatet und repräsentierte einige große Schweizerische Uhrenfabriken. Nach Abschluß seiner Schulzeit an einem Genfer Gymnasium setzte Jaques-Dalcroze seine privat begonnenen Musikstudien am Genfer Konservatorium fort und bestand 1883 die Abschlußprüfung im Fache Klavier. Nach verschiedenen Aufenthalten in Paris machte er sich nach Wien auf, um bei Anton Bruckner seine Ausbildung fortzusetzen. Danach ging er wieder nach Paris und studierte Komposition bei Delibes, Urbain und Fauré. Mit 25 Jahren übernahm er einen Dirigentenposten in Algier, wo er mit der arabischen Musik und insbesondere mit der arabischen Rhythmik in Berührung kam. 1892 ging er in die Schweiz und trat, nunmehr unter dem Künstlernamen Jaques-Dalcroze, den er sich nach der Heimatstadt seines Vaters zugelegt hatte[139], eine Stelle als Professor für Gehörbildung und Harmonielehre am Genfer Konservatorium an. Er war entsetzt über die mechanische Musikerziehung, die er vorfand, denn er wollte keine raffinierten Techniker, sondern Menschen zur Musik erziehen. Dazu erfand er eine Reihe von Gehörübungen, die meist singend und mittaktierend auszuführen waren und geeignet schienen, den Mangel an innerer Klangvorstellung und rhythmischem Gefühl zu beheben. Die damit erzielten Erfolge ermutigten ihn, ähnliche Wege auch mit Kindern auszuprobieren. Er erkannte, daß es nicht genügt, nur das Hören zu entwickeln, sondern, daß „das am stärksten fühlbare und direkt mit dem Leben verbindendende Element in der Musik der Rhythmus, die Bewegung sei"[140].

Von 1903 an begann Jaques-Dalcroze ein bewußtes und geschlossenes System zu schaffen (Methode Dalcroze), die erst mit der unter Leo Kestenberger eingeleiteten Integration in den staatlichen Bildungsbetrieb um 1925 in ‚rhythmisch-musikalischen Erziehung' umgetauft wurde. Die erste Reaktion der Genfer war nicht gerade vielversprechend. Die als ‚Affentheater' von der Kritik und der Fachwelt bezeichneten Vorführungen verursachten zunächst einige gehörige Skandale. Man wußte mit einer ‚Musik mit Armen und Beinen' noch nichts anzufangen. Dazu noch ein schwarzes Trikot, das bewußt Arme und Beine unbedeckt ließ, verständlich, daß man da befürchtete, Monsieur Jaques wolle die vermeintliche ‚Nacktkultur' der Isadora Duncan[141] auch in Genf einführen.

Am Schweizerischen Tonkünstlerfest in Solothurn gelang es ihm im Jahre 1905 zum ersten Mal, ein größeres Publikum anzusprechen und seine ‚Gymnastique Rhythmique' vorzuführen. Der Erfolg war überwältigend. Hier wurde vorgeführt, was in Deutschland schon seit geraumer Zeit Gegenstand heftiger Debatten gewesen war. Der deutsche Musikschriftsteller Karl Storck war der erste, der dies erkannte. Er war in Solothurn dabei und ebnete Jaques-Dalcroze den Weg nach Deutschland. Im Jahre 1909 besuchte Wolf Dohrn, der Sohn des berühmten Zoologen Anton Dohrn, eine Dalcroze-Vorführung in Berlin. Vom Gebotenen überwältigt, beschloß er, sein Leben und seinen Reichtum der neuen Bewegung zu widmen. Als Sekretär des 1907 gegründeten Deutschen Werkbundes stand Dohrn im Mittelpunkt der damaligen Lebens- und Kultur-Reformbewegung. Nun entdeckte er Jaques-

Dalcroze als Erzieher und Erlöser der Zeit und bot ihm an, ein eigenes Rhythmusinstitut in der Gartenstadt Hellerau zu erbauen. Im Frühjahr 1911 wurde der Grundstein gelegt, und Dohrn hielt dabei eine berühmt gewordene Rede, in der es unter anderem heißt: „Jaques-Dalcroze wuchs mit seiner Entdeckung. Er wurde universal wie der Rhythmus, dem er diente. Und wie die rhythmische Gymnastik heute nicht mehr das ist, was sie vor drei oder sechs Jahren gewesen ist, so trägt ihn der Rhythmus über sich und sein musikalisches Schaffen hinaus, und er wirkt in dem Bewußtsein, den Rhythmus als erzieherische und gestaltende Kraft, als ordnendes Prinzip wieder lebendig zu machen und inmitten einer virtuosen Verfeinerung alles Kunstschaffens und Empfindens die Jugend wieder an den Ausgangspunkt aller Künste: die rhythmische Bewegung im Raum zurückzuführen. So erfüllte Jaques-Dalcroze eine von der Zeit selbst gegebene Aufgabe."[142]

Das große Schulfest von 1913 brachte mit der tänzerisch-rhythmischen Realisierung von Glucks *Orfeo* nicht nur den Höhepunkt von Hellerau, sondern einen Höhepunkt des rhythmischen Jugendstils überhaupt. Aber Orpheus war auch schon das Ende. Im Juni 1914 reiste Jaques-Dalcroze nach Genf und kehrte nie wieder nach Hellerau zurück. Schließlich war aber die Wirkung des Menschen größer und nachhaltiger als das Werk. Diese Wirkung erstreckte sich nicht nur auf seine Schüler und Schülerinnen, die in den zwanziger Jahren sein System weiterentwickelten und in eigenen Schulen auch weitervermittelten, sie zeigte sich auch bei jenen Tänzern und Rhythmikern, die seine Methode, wie etwa Rudolf Bode oder Mary Wigmann, später kritisierten. Jaques-Dalcroze selbst schätzte es übrigens nicht, wenn man seine Aufführungen als Tänze bezeichnete. Er bevorzugte die Begriffe ‚angewandte Gymnastik' oder ‚plastische Studien'. In der Tat hat diese Zurückhaltung ihre Berechtigung. Tanzkunst bedeutete zunächst gleichberechtigte Partnerschaft zwischen Musik und Bewegung, wobei dann die ‚Münchner Rhythmusrebellen' (Laban, Bode, Wigmann) gar auf die Gefolgschaft der Musik verzichtet haben. Sie verstanden unter Rhythmus, unter Körperrhythmik, daß der menschliche Körper auch ohne Musik gar nicht anders kann, als sich rhythmisch zu bewegen. Bei Jaques-Dalcroze waren allerdings Körperbewegung und Rhythmus noch keine eigenständigen Phänomene, vielmehr waren sie untrennbar an die Musik, an die Bewegung von Klängen gebunden. Der Tanz als primäres Körperphänomen schien für Jaques-Dalcroze nicht zu existieren. Dennoch steuerte er ein Element bei, das später als Raumchoreographie auch den ‚reinen' Tänzern unentbehrlich wurde. Jaques-Dalcroze ließ bei Realisierungen von Bachschen Fugen die einzelnen Stimmen körperlich-bewegungsmäßig sichtbar werden. Sie bewegten sich als Blöcke gegeneinan-

3 Plakat zur legendären Inszenierung von Glucks *Orpheus*, Festspiele Hellerau, Juni 1913

der, aufeinander zu, voneinander weg. Musik wurde Raum. Jaques-Dalcroze wurde zu einem der Väter der modernen Raumchoreographie. Er entdeckte Raum nicht – wie Laban, Wigmann oder Schlemmer – als eigenständige Macht, nicht als Raumkörper, sondern aus der Musik heraus, und ähnlich behandelte er auch das Licht: als sichtbare Musik.
Das berühmteste Produkt der Hellerauer Rhythmik wurde allerdings ganz unfreiwillig und gegen den Willen des Komponisten, Strawinskys *Le sacre du printemps*.
„Sergei Diaghilew, der Gründer und Leiter der Ballets Russes, war ständig auf der Suche nach Neuem und Sensationellem. 1912 besuchte er das damals in ganz Europa berühmte Hellerau zusammen mit Vaclav Nijnsky, seinem Schützling und Startänzer. Er war begeistert und versuchte, die Polin Marie Rambert, eine der ersten Schülerinnen und Lehrerinnen von Dalcroze, für die Ballets Russes zu gewinnen. Diese lehnte zunächst ab. Sie kam von Isadora Duncan her, aber auch als Schülerin von Dalcroze haßte sie das klassische Ballett. Doch schließlich gab sie dem Drängen von Diaghilew nach."[143]
Nachdem Diaghilew 1912 seinen damaligen Choreographen entlassen hatte, konnte er diese Stelle an Marie Rambert vergeben. Das erste Resultat dieser Zusammenarbeit war *Jeux*, uraufgeführt am 15. Mai 1913. Die Pariser Kritiker bemerkten sofort den Einfluß von Jaques-Dalcroze. Denn nach Hellerauer Vorbild wurden der Takt mit den Armen, die Notenwerte mit den Füßen umgesetzt. Debussy war entsetzt.
„Nijinsky und seine Partnerinnen zeigten in diesem Ballett eckige und puppenhafte Motionen, die im Gegensatz standen zu der schwebenden Musik. Die Dalcroze-Methode war hier nur mechanisch angewandt worden. Ganz anders dem 14 Tage später aufgeführten *Sacre*. Rambert war ausdrücklich dafür verpflichtet worden, Nijinsky bei der Choreographisierung dieses Werkes zu helfen. Der *Sacre du printemps* führte bekanntlich zum größten Skandal in der modernen Tanzgeschichte. Nur wenige Zuschauer – darunter Rodin – erkannten, daß mit diesem Werk die moderne Tanz- und Rhythmusrevolution auch auf das Ballett übergegriffen hatte."[144]
So wurde Hellerau unter der Regie des Genfers zu einem kulturellen Brennpunkt, der in seiner nur dreijährigen Existenz eine unglaubliche Ausstrahlung besaß. Von den vielen Persönlichkeiten, die in dieser Zeit Hellerau ihre Besuche abgestattet hatten, seien einige genannt: Wolkonsky, Schillings, Blech, Martin, Ansermet, Diaghilew, Hoffmansthal, Nolde, Jooss, Laban, Shaw, Storck, Milhaud, Claudel, Wölfflin[145] – und eben auch Le Corbusier.
Aus Charles-Edouard Jeannerets Briefen an die Eltern müssen wir schließen, daß Albert im Frühjahr 1910 den Plane faßte, nach Hellerau zu übersiedeln,

um dort bei Jaques-Dalcroze zu studieren.[146] Am 28. Oktober 1910 berichtete Le Corbusier seinen Eltern von einem Besuch bei Albert in Hellerau, wo er auch Jaques-Dalcroze, den er freundschaftlich ‚Emile' nennt, getroffen hatte: „Ich habe drei ganze Tage in Dresden verbracht, bei Albert und Emile. Ich habe den Eindruck mitgenommen, daß sich Albert in einer glücklichen Atmosphäre junger Burschen und fröhlicher Mädchen, voller Leben und bemerkenswert begierig auf neue Forschung befindet. Für ihn ist es ein wertvoller Kontakt."

Im Februar 1911 reist Le Corbusier nach Dresden, um mit Tessenow über eine mögliche Mitarbeit am neuen Dalcroze-Institut zu verhandeln. „Man wollte mich in Dresden, im Studio des Architekten Tessenow, um die Pläne des neuen Instituts und Theaters Jaques-Dalcroze auszuführen. Ich hatte jedoch die Bedingungen gestellt, wobei ich auf diesem Punkt bestand: daß die Arbeit, die ich machen müßte, außerordentlich lehrreich sei. Tessenow, zu bescheiden und ehrlich, gestand mir, daß er vor hatte, den interessantesten Teil für sich zu behalten, und folglich konnte er nicht beschließen, mich dazu zu bringen, Behrens zu verlassen."[147]

Ein weiterer Besuch muß im Mai des folgenden Jahres stattgefunden haben. Von diesem Besuch stammt ein Brief, den Charles und Albert gemeinsam an ihre Eltern richten.[148]

Gresleri zufolge war Le Corbusier auch 1913 in Dresden, um eine Aufführung von Glucks *Orfeo* zu erleben.[149] Möglicherweise haben ihn dabei die von Adolphe Appia[150] gestalteten Bühnenbilder mehr interessiert als die Choreographie von Jaques-Dalcroze. Jedenfalls war Appias Mitarbeit im Institut (seit 1910) für Le Corbusier etwas, das ihm die Bedeutung von Hellerau nur noch erhöht haben wird, zumal ihn Bühnenbilder in jener Zeit besonders interessiert zu haben scheinen.[151]

„Daß Jaques-Dalcroze, Appia und Tessenow gleichzeitig in Dresden zugegen waren, jedoch in völlig verschiedenen Bereichen der Erkundung einer neuen Räumlichkeit über den gleichzeitigen Einsatz von unabhängig in der darstellerischen Tradition benützten Elemente (Licht, Musik und Tanz), beschäftigt, ist eine Tatsache, die in Jeanneret eine lebhafte Neugierde erwecken sollte. Ihre an einem Projekt der Gesamtkunstwerke inspirierten Studien durchleuchteten aufs neue die Welt der klassischen Darstellung, der bildlichen Mimik und der griechischen Choreographie."[152]

Appias Anteil am Erfolg und an der Wirkung, die Hellerau in den Jahren 1910 bis 1914 erlangen konnte, ist in der Tat alles andere als gering. Jaques-Dalcroze lieferte mit seiner neu entwickelten rhythmischen Gymnastik zwar den Ausgangspunkt zu jener beeindruckenden Verschmelzung von Musik

und Raum, dasjenige Element, das Le Corbusier am nachhaltigsten beschäftigt hatte, fand sich aber gestalterisch in der Nähe von Appia und Alexander von Salzmann[153]: Licht. „Je compose avec la lumière", hatte Le Corbusier einst gesagt.[154] Für Appia und Craig, die beiden Pioniere des modernen Theaters, war das Licht das ‚eigentliche Material' des Theaters: „Le seul, le vrai matériau pour l'art du théâtre, c'est la lumière."[155]
So wie aber Appias *espaces rythmiques* sich auf die Erfahrungen mit der „in der rhythmischen Gymnastik sichtbar gewordenen Musik"[156] stützen – Appia besuchte bereits im Jahre 1906 die Rhythmikkurse von Jaques-Dalcroze – ist auch das Licht von der Musik abhängig.
„Das Licht richtet sich nach der Musik, diese beseelt die Bewegung. Das Licht erklärt sie."[157]
Im Gegensatz zum Licht aus konventionellen Scheinwerfern wurde in Hellerau darauf Wert gelegt, daß die Lichtquelle nicht sichtbar war. „Das Licht muß so freischwebend sein wie der Ton. Deshalb haben wir den ganzen Saal – die vier Seitenwände und die Decke – in einen einzigen großen Beleuchtungskörper verwandelt. So haben wir statt eines belichteten Raumes einen leuchtenden Raum. Das Licht ist in den Raum selbst übertragen."[158]
Noch fünfzig Jahre später erinnerte sich Le Corbusier an das Gesamtkunstwerk aus Raum, Licht und Musik: im Beitrag für die Brüsseler Weltausstellung 1958, dem *Poème électronique*.
Während die neuartigen Behandlungen des Lichts zu neuen visuellen Raumerfahrungen führen, die auch die Zuschauer erreichten, erwähnt Appia ein weiteres Resultat, das sich durch die Theaterarbeit in Hellerau einstellte und das in unserem Zusammenhang von Bedeutung ist: „Die Schulung durch die rhythmische Gymnastik wird ihn [den Schüler, P.B.] besonders empfindlich für die Ausdehnung und Entfernung im Raume gemacht haben."[159]
Die blieb freilich denen vorbehalten, die aktiv an den gymnastischen Übungen teilnahmen. Auch Le Corbusier besuchte jahrelang die rhythmischen Kurse an der Schule seines Bruders in Paris. Die Erfahrungen, die Appia anspricht, waren ihm also durchaus vertraut. Bereits im Sommer des Jahres 1910 machte sich Le Corbusier darüber Gedanken, wie man die Dalcrozsche Gymnastik in den Unterricht an der Kunstschule von La Chaux-de-Fonds integrieren könnte.[160]
Schließlich läßt sich auch zwischen Le Corbusiers *Modulor* und der Arbeit von Jaques-Dalcroze eine wichtige Parallele nachweisen. Die rhythmische Gymnastik brachte dem Theater entscheidende Impulse, indem sie den Menschen oder vielmehr den menschlichen Körper ins Zentrum des Blickfeldes gerückt hatte. Wie im *Modulor* wurde hier der Mensch zum Maß der Dinge.

4 Zeitungsinserat: Kursausschreibung ‚Rhythmische Gymnastik' von Jaques Dalcroze, 1906

5, 6 Adophe Appia: Espace rythmique

Indem der menschliche Körper zum zentralen Element der neuen Bühnenkunst erklärt wurde, ließen sich, nach Appias Auffassung, die gegenwärtigen Mittel des dramatischen Ausdrucks (Partitur, Darstellung, Inszenierung), die sich im 19. Jahrhundert unabhängig voneinander und ungleich entwickelt haben, wieder zu einem harmonischen Ganzen verbinden. Dieser Schritt wurde als ‚resolute Umkehr' aufgefaßt: „Nicht, indem wir eine Musik willkürlich abändern, die seit langem ganz allein ihren Weg gegangen ist, werden wir sie dem lebendigen Organismus des Darstellers näherbringen können, ebensowenig, als wenn wir ebenso willkürlich das leblose Material unserer Bühnen stilisieren. Die Umkehr besteht vielmehr darin, den menschlichen Körper und nur diesen Körper als Ausgangspunkt zu nehmen – als Ausgangspunkt sowohl für die Musik als auch für das szenische Material –, das heißt eben: für die Konzeption selbst des Dramas, und man muß alle Konsequenzen auf sich nehmen, die dieser Entschluß mit sich führen wird. Jede Umkehr ist von Opfern begleitet. Diese hier wird sehr bedeutende fordern. Sie verlangt besonders völlige Uneigennützigkeit, vollständige Unterwerfung. Der Musiker muß umkehren und sich mutig auf die Suche nach dem Körper begeben, den er seit Jahrhunderten vernachlässigt hat. Der Körper muß ihm aber zu Hilfe kommen, indem er sich seinem künstlerischen Schaffen immer schmiegsamer, zuvorkommender, seiner latenten Harmonie bewußter darbietet. Dieser Berührungspunkt zwischen Körper und Geist, der allein die Harmonie schaffen kann, war verloren gegangen: die rhythmische Gymnastik versucht ihn wiederzufinden. Darin liegt ihre große Bedeutung für das Theater."[161]

Genau darin liegt auch ihre Bedeutung für das architektonische Werk Le Corbusiers.

3 Die Musikästhetik des *Esprit Nouveau*

Satie lehrt unserer Epoche die größte Kühnheit: schlicht zu sein.
Jean Cocteau 1956, 44

Autoren von Musikartikeln im *Esprit Nouveau*[162]

Am 15. Oktober 1920 erschien in Paris die erste von insgesamt 28 Ausgaben des *Esprit Nouveau*. Jeanneret und Ozenfant, mit Paul Dermée Gründer der Zeitschrift, waren von der vierten Nummer an allein für die Kulturzeitschrift verantwortlich: Produzenten, Redakteure und Autoren in Personalunion. Zur Arbeitsteilung zwischen Ozenfant und Le Corbusier gibt es in der Fachliteratur widersprüchliche Angaben. Jean Petit zufolge fühlte sich Ozenfant eher dem Management verpflichtet, während Le Corbusier als Autor diverser Artikel in Erscheinung trat.[163] Wie allerdings neuere Forschungen gezeigt haben, ging Le Corbusiers Engagement als Zeitschriftenmacher weit über dasjenige eines Autors hinaus. Von Moos hat darauf hingewiesen, daß zumal sein Engagement im Bereich der Akquisition von Inseraten beträchtlich war.[164] Bereits die Berichte von Corbusiers *Voyage d'orient* (1910/1911)[165] zeigen, daß sich seine eigene Kulturrezeption sowie deren journalistische Verwertung keineswegs nur auf Fragen der Architektur beschränkt hatte. Mit den Buchstaben ‚F', ‚C' und ‚I' signalisierte Corbusier Erfahrungsbereiche, die es zu bearbeiten und zu synthetisieren galt: Folklore, Culture und Industrie.[166] Daß es ihm dabei nicht nur um Bereiche ging, die sich visuell erschließen lassen, wird im *Esprit Nouveau* vollends deutlich: Von den rund 400 Artikeln, Buchbesprechungen nicht miteingerechnet, sind 85 der Rubrik ‚Musik, Theater, Sport' zugeordnet, also rund ein Fünftel.[167] Läßt man Theater und Sport beiseite, so sind es immer noch über 30 explizite Musikartikel. Zwölf davon stammen aus der Feder von Albert Jeanneret, vier von Georges Migot, zwei von Henri Collet, und je einer von Erik Satie und Darius Milhaud. Damit befinden sich unter den Autoren von musikalischen Hauptbeiträgen wenigstens fünf Komponisten, zwei von Weltrang. Mit Adolf Weissmann und Henry Prunières ist aber auch die Elite der damaligen Musikkritik vertreten. Kurzum, die ‚Besetzung' im Bereiche der Musikbeiträge ist beeindruckend, das Niveau dementsprechend hoch. So läßt sich unabhängig von den Inhalten der entsprechenden Texte jetzt festhalten, daß die Köpfe des *Esprit Nouveau* nicht nur über das musikalische Know-how verfügten, sondern auch über entsprechende Kontakte zu führenden Persönlichkeiten der Musikszene, in Frankreich ebenso wie in Deutschland. Jean Petit nennt unter den Mitarbeitern auch Henri Collet, der bereits in der zweiten Nummer einen Artikel über Erik Satie beigesteuert hatte.[168]

Weiter wissen wir, daß Amedée Ozenfant bereits im März 1918 mit Erik Satie zusammengearbeitet hatte. Im Salon der Modeschöpferin und Mäzenin Germaine Bongard plante Ozenfant gemeinsam mit Satie eine Aufführung von *Musique d'Ameublement*.[169] Für diesen Anlaß schrieb Satie ein *1er Essai de Musique d'Ameublement (sons industriels)*.[170] Das ganze Vorhaben konnte dann doch nicht realisiert werden, da Paris zu jener Zeit heftig bombardiert wurde. Es läßt sich vor diesem Hintergrund aber vermuten, daß ein wesentlicher Teil der Kontakte zur Pariser Musikszene durch Ozenfant zustande gekommen ist, und daß diese Kontakte dann von Albert Jeanneret, der in Paris noch relativ neu war, aufgegriffen und gepflegt wurden. Wie aber die Redaktion der musikalischen Beiträge genau organisiert gewesen war und wie die Kontakte zu den Persönlichkeiten im Umfeld der ‚Groupe des Six' oder zu Kritikern wie Prunières oder Weissmann zustande kamen, läßt sich auf der Grundlage des aktuellen Forschungsstandes nicht genau rekonstruieren.

Henri Collet wurde 1885 in Paris geboren. Seine akademische Laufbahn weist ihn als vielseitig, sowohl naturwissenschaftlich als auch humanistisch gebildet aus. Mit 23 Jahren promoviert er über *Le mysticisme musical espagnol au XVIe siècle*. Neben seinen literarischen Studien pflegt er aber auch das Klavierspiel. Er reist häufig nach Spanien, studiert dort Komposition und tritt als Pianist öffentlich auf. Seine Komponistenlaufbahn führt ihn unter anderem auch zu Gabriel Fauré und Manuel de Falla, bei welchen er studierte. Von 1921 an hatte er zahlreiche Erfolge als Komponist. Bedeutende Interpreten und Dirigenten führten seine Werke auf. 1936 wurde er bei einem musikalischen Wettbewerb der Stadt Paris für seine opéra-comique *La Chèvre d'Or* preisgekrönt.

Collets Schaffen ist von seiner großen Liebe zur Musik Spaniens und durch deren solide Kenntnis geprägt. Seine Kompositionen sind oft auf originalen spanischen Themen aufgebaut.

Um 1920 war Collet als Musikschriftsteller für die Zeitschrift *Comoedia* tätig. In einem Artikel vom 16. Januar 1920 schrieb er die folgenschweren Worte: „Ein Pfund Rimsky und ein Pfund Cocteau: die Fünf Russen, die Sechs Franzosen und Erik Satie." Damit war der Name der ‚Groupe des Six' gefunden und ersetzte fortan den Titel ‚Nouveau Jeunes', der zwei Jahre zuvor von Satie für dieselbe Gruppe geprägt worden war: Georges Auric, Louis Durey, Arthur Honegger, Darius Milhaud, Francis Poulenc und Germaine Tailleferre. Collet betont das einzige, was die sechs Komponisten gemein haben: das Nationale.[171] Er sieht in ihnen eine Renaissance der französischen Musik, gefördert durch Jean Cocteau und Erik Satie. Nicht zuletzt dank Collets Fürsprache gelang der Gruppe schließlich der Durchbruch.

Offensichtlich arbeitet Collet 1923 nicht mehr für den *Esprit Nouveau*. Wie wäre es sonst zu erklären, daß ein Artikel über spanische Musik nicht von ihm verfaßt wurde, sondern von einem Edgar Neville (‚La musique espagnole' Esprit Nouveau No.18, November 1923)?

Georges Migot gehört ebenfalls zu den ersten Mitarbeitern des *Esprit Nouveau*. Seine Beiträge erschienen in den Jahren 1920 und 1921. Danach jedoch scheint Migot nicht mehr für den *Esprit Nouveau* tätig gewesen zu sein. Sein erster Beitrag, ein Aufruf zur Entwicklung einer neuen Harmonielehre (‚L'harmonie', Esprit Nouveau No.2, November 1920) wird in seine *Essais pour une esthétique musicale* (abgedruckt in zwei Folgen Esprit Nouveau No.5 und Esprit Nouveau No.8) eingebaut und somit zum Bestandteil eines ästhetischen Programms. Daneben finden wir noch zwei weitere, wenn auch eher kurze Artikel.[172]

Wie Henri Collet ist auch Georges Migot als Komponist erfolgreich gewesen. Und zwar so erfolgreich, daß er – wie Collet – mit einem Eintrag im Musiklexikon *Musik in Geschichte und Gegenwart* vertreten ist. Diesem entnehmen wir, daß sich Migot ebenfalls einem universalen Humanismus verpflichtet fühlte. Entsprechend breit verlief auch seine Ausbildung. Migot wurde am 27. Februar 1891 in Paris geboren. „Bereits mit vierzehn Jahren begann er zu komponieren, betätigte sich dann aber ebensowohl auf dichterischem und ästhetischem Gebiet wie als Maler und Stecher. In der Zeit von 1917 bis 1920 erhielt er am Conservatoire National von Paris mehrere Preise für Kompositionen, die im Jahre 1921 durch den Preis der Fondation Blumenthal für sein Gesamtschaffen gekrönt wurden. Seither lebte er als selbstständiger Künstler und machte sich seine außergewöhnliche Schaffenskraft zunutze, um ein musikalisches Gesamtwerk aufzubauen, das ebenso originell wie umfangreich und vielseitig ist."[173] Zur Zeit seiner Mitarbeit im *Esprit Nouveau* war Migot rund dreißig Jahre alt.

Emile Vuillermoz und Henry Prunières waren Herausgeber der *Revue musicale S.I.M.*, jener Zeitschrift, für die Le Corbusier als Berlin-Korrespondent arbeiten wollte. Vuillermoz übernahm die Leitung nach Jules Ecorcheville und war von 1912 bis zur Einstellung des Betriebes im Ersten Weltkrieg für die *S.I.M.* zuständig; Prunières war es, der die Zeitschrift 1920 wieder ins Leben rief.
Werfen wir noch einen Blick auf die Spätphase des *Esprit Nouveau*. Im Jahre 1924 wurde ein zweiteiliger Artikel von Adolf Weissmann über Paul Hindemith abgedruckt ('La jeune musique allemande et Paul Hindemith', Esprit Nouveau No.20, Januar/Februar 1924 und Esprit Nouveau No.22, April 1924). Adolf Weissmann war zwischen 1900 und 1915 Musikkritiker des *Berliner Tagblattes* und von 1916 bis 1929 der *Berliner Zeitung am Mittag*. Weissmann gehörte neben Alfred Einstein und Hans Heinz Stuckenschmidt zu den führenden Musikkritikern Deutschlands und galt als Koryphäe seines Fachs.
Im Juli 1925 erschien als letzter Musikartikel ein Aufsatz von Darius Milhaud ('Les ressources nouvelles de la musique', Esprit Nouveau No.25). Milhaud war damals als Komponist bereits international erfolgreich. Stuckenschmidt bezeichnete ihn gar als „den eigentlichen Repräsentanten des jungen musikalischen Frankreich"[174]. Mit seinen Kammerwerken stand er auf den Programmen der internationalen Musikfeste in Salzburg und Donaueschingen, seine Quartette wurden auch in Deutschland viel gespielt, und in Berlin dirigierte er seine kleinen symphonischen Erstlinge.
Am 4. September 1892 in Aix-en-Provence geboren, erlernte Milhaud zunächst das Geigenspiel. Im Jahre 1904 wurde ihm das Studium von Debussys Streichquartett zu einer Offenbarung. Fortan folgt er dem Wunsch, selbst Komponist zu werden. Im Jahre 1909 lernt er den damaligen Leiter des Russischen Ballettes, Sergej Diaghilev, kennen. Ein Jahr später macht er die Bekanntschaft des von ihm hochverehrten Dichters Paul Claudel. Claudel lud seinen 24 Jahre jüngeren Freund ein, ihn in Hellerau zu besuchen. So erhielt Milhaud Gelegenheit, Jaques-Dalcrozes Arbeitsweise kennenzulernen (vielleicht kam er dabei auch ein erstes Mal mit Albert Jeanneret ins Gespräch). Claudel ist es auch, der 1915 den jungen Milhaud als eine Art Sekretär nach Rio de Janeiro mitnimmt, wo der Dichter seinen ersten Posten als Botschafter Frankreichs antritt. Während der Kriegsjahre bleibt Milhaud in Brasilien. 1918 kehrt er nach Paris zurück und schließt sich mit Cocteau und Satie zur Gruppe der ‚Nouveau Jeunes' zusammen, die bald darauf zur ‚Groupe des Six' wurde. Die Orchesterphantasie *Le boeuf sur le toit* über südamerikanische Motive wurde mit einem Text von Jean Cocteau, in der Ausstattung von

Raoul Dufy und mit Kostümen von Fauconnet versehen und wurde als eine Art Ballett-Farce zu einem triumphalem Erfolg. Während seines Aufenthalts in Brasilien ist auch der Nachhall seines prägenden Debussy-Erlebnisses verklungen. Im *Boeuf sur le toit* haben sich seine bereits früher angezeigten Vorlieben für Polytonalität definitiv zur eigenen Handschrift entwickelt. So konnte Schönberg im Jahre 1922 in einem Brief an Zemlinsky schreiben: „Milhaud scheint mir der bedeutendste Repräsentant der augenblicklichen Richtung in allen romanischen Ländern: des Polytonalismus."[175]
Auf die ‚Groupe des Six' soll im Zusammenhang mit Erik Satie nochmals zurückgekommen werden. Hier sei lediglich vorweggenommen, daß Milhaud unter den Mitgliedern der Gruppe die engsten persönlichen Beziehungen zu Satie unterhielt.
„Als junger Mann hatte Milhaud die Freude an Kuriositäten mit Satie gemeinsam: Er komponierte Beschreibungen von Maschinen, die er im Katalog einer landwirtschaftlichen Maschinenausstellung fand, *Machines agricoles* (1919), und später, vom Katalog eines Blumengeschäftes angeregt, *Catalogues des fleurs* (1919). Er war auch bereit, mit Satie gemeinsam ‚musique d'ameublement' zu erfinden. Schon 1915 hatte er zu Claudels Übersetzung der *Orestie* eine neue Art Bühnenmusik zu komponieren versucht, indem er szenische Geräusche in die Musik einfügte: Das Pfeifen des Windes, menschliche Stimmen und Verzweiflungsschreie verband er mit verschiedenartigen Schlaginstrumenten."[176]
Darius Milhaud verdanken wir es auch, daß der Nachlaß Saties vor dem Zweiten Weltkrieg in Sicherheit gebracht wurde; er hatte ihn in die USA mitgenommen.
Die musikalische Ästhetik des *Esprit Nouveau* ist wohl mit keinem Namen so eng verbunden wie mit demjenigen Erik Saties. Satie ist nicht nur die ‚Vaterfigur' jener neuen Ästhetik, die mit Cocteau und der ‚Groupe des Six' im Paris der zwanziger Jahre Furore gemacht hatte, er ist mindestens in den ersten Jahren des *Esprit Nouveau* die Personifizierung der ‚musique pure' schlechthin. Neben diesem Beitrag zum *Esprit Nouveau* als Integrationsfigur erscheint sein Beitrag als Autor lediglich von nebensächlicher Bedeutung. Die in der siebten Nummer des *Esprit Nouveau* veröffentlichten Auszüge aus seinen *Cahiers d'un Mammifère* (1921) bilden zwar eine Erstveröffentlichung, sind aber nicht eigens für den *Esprit Nouveau* geschrieben worden. Den Titel *Cahiers d'un Mammifère* verwendete Satie mehrere Male für seine Sammlungen verschiedenster Überlegungen, die er aus den Notizen am Rand seiner Notenhefte zusammentrug und nacheinander in verschiedenen Zeitschriften veröffentlichte.

Im Gegensatz zu den übrigen Musikartikeln im *Esprit Nouveau* ist Saties Beitrag keine musikwissenschaftliche Studie, auch keine Kritik, sondern ein eigenständiger Text, den man durchaus der Gattung ‚Literatur' zuordnen könnte. Satie war eben nicht nur Komponist; mit einigem Recht könnte man ihn auch als ‚Ecrivain' bezeichnen.

„Je mehr man sich mit seinem Lebenswerk befaßt", heißt es bei Wehmeyer, „um so deutlicher erkennt man, daß seine Beziehung zur Literatur so eng war wie die zur Musik."[177]

Saties Texte sind allerdings schwierig zu klassifizieren, weswegen sie verschiedentlich als dadaistisch, dann wieder als surrealistisch aufgefaßt wurden. Jedenfalls brachten sie ihm den Ruf eines außerordentlich skurrilen Gesellen und eines Spaßmachers, den man aber nur beschränkt ernst zu nehmen braucht. In der Tat stellen sie noch heute den Leser auf die Probe. „Kaum liest man ein paar Sätze von ihm, ist man schon gefangen in seinem Gespinst aus Wahrheit, Verdrehung, Ironie und Erfindung. Die Realität wird man nicht erfahren; man kann sich durch viele Verkleidungen und Verstellungen an das Zentrum heranzutasten versuchen, – und dann steht man plötzlich doch wieder vor einem Vorhang, der den Kern verhüllt. Eine Erklärung dafür? ‚Lassen wir das, ich werde später auf diesen Punkt zurückkommen', pflegte er dann selber zu sagen."[178]

Und dennoch gibt es mindestens zwei Artikel von ihm, die aufgrund der wertvollen sachlichen Information über Musiker durchaus als musikwissenschaftlich aufgefaßt werden können, jene Hommagen an Debussy und Strawinsky.[179] Ansonsten dürfen wir von Satie natürlich nicht erwarten, daß er sich als Kritiker betätigte, waren ihm doch Kritiker das Feindbild schlechthin.[180]

In den *Cahiers d'un Mammifère* berichtete Satie über allgemeine musikwissenschaftliche Themen und diverse aktuelle Dinge, so auch in der Textprobe im *Esprit Nouveau*: Hier geht es um eine Aufführung der *Walküre* an der Pariser Oper, die seinen ironischen Kommentar provoziert. Satie nimmt dabei einmal mehr den französischen ‚wagnérisme' aufs Korn, der, ausgelöst von einem Aufsatz von Charles Baudelaire aus dem Jahre 1861[181], zu einem bestimmenden Faktor des französischen Geisteslebens geworden war. Im besonderen die Musikentwicklung der zweiten Hälfte des 19. aber auch noch einige Jahre des 20. Jahrhunderts waren geprägt durch die Auseinandersetzung mit der Kunst Richard Wagners.[182]

Erik Satie wurde am 17. Mai 1866 in Honfleur an der französischen Kanalküste geboren. 1870 zog die Familie nach Paris. Bereits zwei Jahre später starb seine Mutter, eine gebürtige Schottin, und so wurde Erik mit seinem

Bruder zu den Großeltern nach Honfleur zurückgebracht. Als die Großmutter 1878 starb, kam Satie wieder nach Paris, wo er auch bis zu seinem Tode bleiben sollte. Hier trat er in die Klavier-Vorbereitungsklasse des Konservatoriums ein, wurde jedoch 1882 wegen als zu gering eingeschätzter Leistungen entlassen, worauf er fortan nur noch als ‚Gasthörer' zu einzelnen Kursen zugelassen wurde. Nach einem Intermezzo in der französischen Armee widmete er sich der mittelalterlichen französischen Baukunst und verbrachte Wochen in der Biblothèque Nationale.[183] Die *Quatre Ogives* für Klavier sind ein erster Versuch, eine durch die Gotik inspirierte Musik zu komponieren.
Mit 21 Jahren komponiert Satie seine bis heute bekannteste Musik, die *Trois Gymnopédies*. Im selben Jahr entstanden auch die *Sarabandes*, die in einem Aufsatz von Henri Collet (Esprit Nouveau No. 2, November 1920) ausgiebig als Beispiele eines neuen Harmonieverständnisses gewürdigt wurden. In der Tat legten diese Stücke eine harmonische Sprache vor, die die Konzeption der heutigen Jazz-Harmonielehre um Jahrzehnte vorwegnahm.
In den darauffolgenden Jahren verdiente sich Satie seinen Lebensunterhalt als Pianist in verschiedenen Nachtcabarets und kam so in Kontakt mit Bohémiens, Künstlern und diversen skurrilen Montmartre-Figuren des Fin de siècle. 1890 lernte er Joséphin Péladan kennen und wurde von diesem zum Hauskomponisten des Pariser Rosenkreuzerordens ernannt. Auf das Jahr 1891 geht seine Freundschaft mit Claude Debussy zurück, die bis zu dessen Tod anhielt.
1898 verließ Satie den Montmartre und zog in ein ärmliches Außenquartier nach Arcueil, wo er bis zu seinem Tode, also 27 Jahre lang wohnte. Von 1905 bis 1908 war Satie Schüler von d'Indy und Roussel[184] an der Schola cantorum, absolvierte also als etwa Vierzigjähriger ein Kontrapunktstudium, das er mit dem Prädikat ‚sehr gut' abschließen konnte. In den darauffolgenden Jahren werden seine Werke hie und da öffentlich gespielt. Im Jahre 1911 erklingt Satie in einem Konzert der S.I.M., gespielt von Ravel und Vines. Debussy dirigiert in der Société nationale die *Gymnopédies* in eigener Instrumentierung, Veröffentlichungen folgen. Bei einer Aufführung der *Trois morceaux en forme de poire* in der vierhändigen Fassung, die Satie mit Vines im Jahre 1915 bestritten hat, wird Cocteau auf Satie aufmerksam, und es kommt zu ersten Begegnungen.
Das bekannteste Resultat der folgenden Zusammenarbeit ist *Parade*, jenes Ballett, das, mitten im Krieg mit Deutschland am 18. Mai 1917 in Paris uraufgeführt, beinahe zum politischen Ereignis wurde. Das Szenario stammte von Cocteau, die Musik von Satie, die Dekorationen und Figurinen von Picasso, die Choreographie von Massine, es tanzte die Diaghilev-Truppe und es

dirigierte Ernest Ansermet. In *Parade* verarbeitete Satie die damals im Mode gekommene Jazzmusik. Hinzu kam die Verwendung von Alltagsgeräuschen, Schreibmaschinengeklapper, Lotterieradgeknatter und Revolverschüssen. Wehmeyer vermutet, daß die Verwendung von Alltagsgeräuschen auf eine Anregung Diaghilevs zurückgehen könnte, da „er sich während der Planung für Parade in Italien, dem Land des Futurismus, aufhielt"[185]. Im Gegensatz zur Praxis der Futuristen spielen die Geräusche bei Satie nicht die Hauptrolle. Seine Äußerung, er habe lediglich den Hintergrund zu einigen Geräuschen komponiert, die Cocteau für die Atmosphäre seiner Figuren für unentbehrlich hielt, ist wohl eher ironisch gemeint.[186] Für das Programmheft zu *Parade* hatte Apollinaire ein Vorwort geschrieben. Darin sprach er zum ersten Mal vom ‚ésprit nouveau', dem in diesem Ballett dokumentierten ‚Neuen Geist'.

Mit *Parade*, dessen Musik für verschiedenste junge Künstler zum Inbegriff einer neuen französischen Musik wurde, erlangte Satie den Status einer ‚Eminenz' des Pariser Musiklebens. Junge Komponisten scharten sich um ihn wie um einen Guru und wollten seine Gunst erringen. Satie selbst hatte seine Rolle immer mit Vorbehalt ‚genossen', des öfteren hat er sich selbst als ‚Fetisch' gesehen und sich damit zu den aktuellen Wertschätzungen mit gewohnt doppeldeutigem Unterton geäußert: „Ich zähle nicht zu dieser Gruppe [Satie spricht von der ‚Groupe des Six', P.B.]: ich bin nur ihr bescheidener Fetisch, wenn ich so in meiner Eigenschaft als ‚alter Kamerad' sagen darf, nichts weiter."[187]

In anderem Zusammenhang wird sein Befremden noch deutlicher spürbar. Wenn er über die sogenannte Schule von Arcueil spricht: „Ich komme auf unsere Freunde zurück. In ästhetischer Hinsicht sind sie eine Bestätigung der Gruppe der ‚Six' (manche, nicht durcheinanderbringen). Der Name ‚Ecole d'Arcueil' kommt daher, daß sie den Wunsch haben, einen ihrer alten Freunde, der in diesem Vorort lebt – zum ‚Fetisch' zu wählen ... Komischer Gedanke! Dieser ‚Fetisch' hatte bereits gedient: auch die ‚Six' hatten ihn vordem in Gebrauch. Offensichtlich leiden die ‚Fetische' nicht allzusehr unter dem Gebrauch, konnten unsere jungen Freunde ihn doch erneut verwenden ..."[188] Daß Satie selbst nichts von Schulen und nichts von Lehrern hielt, geht unmißverständlich aus einem Artikel hervor, den er in *Le Coq*, der Zeitschrift der ‚Six', von der allerdings nur zwei Nummern erschienen sind, veröffentlicht hatte: „Il n'y a pas d'École Satie! Le Satisme ne saurait exister. On m'y trouverait hostile. En art, il ne faut pas d'esclavage. Je me suis toujours efforcé de dérouter les suiveurs, par la forme et par le fond, à chaque

nouvelle œuvre. C'est le seul moyen, pour un artiste, d'éviter de devenir chef d'école – c'est-à-dire pion."[189]
Nach Cocteaus Auffassung taugte Satie durchaus – und nicht zuletzt gerade aus diesem Grund – als Vorbild für junge Musiker: „Die echte Originalität eines Satie erteilt den jungen Musikern eine Lehre, die keineswegs den Verzicht auf ihre eigene Originalität impliziert. Wagner, Strawinsky, ja sogar Debussy sind schöne Tintenfische. Wer ihnen zu nahe kommt, hat Schwierigkeiten, sich aus ihren Fangarmen zu befreien; Satie weist einen unbegangenen Weg, und es steht jedem frei, seine eigenen Fussabdrücke darauf zurückzulassen."[190] Satie selbst riet allerdings seinen Anhängern ausdrücklich: „Marchez seuls. Faites le contraire de moi, n'écoutez personne."[191] Aufschlußreiche Bemerkungen zu Saties Bedeutung im Musikleben des Paris der frühen zwanziger Jahre finden wir in den Memoiren von George Antheil (1900–1959). Dieser war eingeladen worden, am 4. Oktober 1923 anläßlich einer Premiere des Ballet Suédois im Vorprogramm einige seiner eigenen Klavierstücke vorzutragen, wobei von den Veranstaltern Saties Präsenz als Anreiz, der Antheil zusätzlich motivieren sollte, eingebracht wurde. „Satie war ein überaus sonderbarer kleiner alter Mann, der am Tage in einem Postamt als Schalterbeamter tätig war und Briefmarken verkaufte und dann am späten Nachmittag und am Abend zu einem hohen und mächtigen Potentaten der musikalischen Welt Frankreichs wurde. Er war zu dieser hohen Stellung gekommen, weil er als einer der ersten Franzosen Debussy, Ravel, Strawinsky und schließlich ‚Les Six' sowie die jüngste Schule der französischen Komponisten, die ‚École Arcueil', anerkannt hatte. Er gehörte tatsächlich immer zur Avantgarde. Auch war er ein ‚Spezialist des Genies' und außerdem ein großer Komponist, der mit seinem wunderbaren *Socrate* mehr für die Einführung wirklich neuer und guter französischer Musik getan hatte als irgendein anderer."[192]
Antheils Darbietung schien indessen einen gehörigen Tumult im Publikum auszulösen und, wie sich Antheil erinnert, Satie war einer der wenigen, der im allgemeinen Wirrwarr applaudierte: „Ich spielte die zweite der vorgesehenen Sonaten zu Ende und blickte zu Satie hinauf. Er applaudierte heftig; Milhaud schien ihn zurückhalten zu wollen – ich konnte es nicht genau erkennen. Satie, mit seinem liebenswürdigen Ziegenbärtchen, sah aus wie ein wohlwollender ältlicher Ziegenbock! Ich wußte, sein Applaus bedeutet den allmächtigen Kreisen um ihn herum alles. Ich stürzte mich kopfüber in meine *Mechanisms*. Daraufhin brach wirklich die Hölle los. Die Leute schlugen ungehemmt aufeinander ein. Niemand blieb sitzen. [...] Plötzlich hörte ich Saties schrille Stimme: ‚Quelle précision! Quelle précision! Bravo! Bravo!' und unaufhörlich klatschten seine kleinen behandschuhten Hände. Jetzt

klatschte Milhaud, er klatschte wirklich. Mittlerweile hatten einige Leute auf der Galerie ihre Sitze losgerissen und warfen sie auf das Orchester herunter; die Polizei kam dazu, und unzählige Surrealisten, Gesellschaftsgrössen und Leute aller Art wurden verhaftet."[193] Obwohl Satie, wie hieraus hervorgeht, im Jahre 1923 eine gewichtige Position inne hatte, starb er zwei Jahre später als armer und einsamer Mann. Es heißt, daß Satie niemanden je in sein Zimmer ließ – vielleicht, weil er seine Armut vor Freunden verbergen wollte. Darius Milhaud, der sich nach dessen Tod Zugang zu diesem Zimmer verschaffte, schrieb dazu: „Ein enger Flur mit einem Waschbecken führte zu dem Schlafzimmer, in das Satie niemandem Einlaß gewährt hatte, nicht einmal dem Portier. Der Gedanke, dort einzudringen, beunruhigte uns. Welcher Schock, als wir die Tür öffneten! Es war unvorstellbar, daß Satie in solcher Armut gelebt haben sollte. Dieser Mann, der in seinem tadellos sauberen und korrekten Anzug eher wie das Modell eines Beamten aussah, besaß also absolut nichts: ein armseliges Bett, einen Tisch, mit einem Durcheinander von Sachen bedeckt, einen Stuhl und einen halbleeren Schrank. In allen Ecken Spazierstöcke, alte Hüte, Zeitungen. Auf dem alten klapprigen Klavier, dessen Pedale mit einer Schnur zusammengebunden waren, lag ein Paket, dessen Poststempel erwies, daß es vor ein paar Jahren abgeliefert worden war. Satie hatte nur eine Ecke des Papiers aufgerissen, um zu sehen, was es enthielt – ein kleines Bild, ein Neujahrsgeschenk ohne Zweifel ...".[194]
In den letzten Lebensjahren brachte es Satie fertig, seine einstigen Anhänger – zumal die Mitläufer seiner stetig gewachsenen Anhängerschaft – bis auf wenige treue Freunde so weit gegen sich aufzubringen, daß er noch vor seinem Tode als Komponistenpersönlichkeit für die Geschichte wieder abgeschrieben wurde. Auch mit einigen Mitgliedern der ‚Groupe des Six' gab es Zerwürfnisse. Als Satie mit ansehen mußte, wie sich Auric, Poulenc und Cocteau mit dem von ihm meistgehaßten Kritiker Louis Laloy anfreundeten, klagte er sie als Opportunisten an und brach auf immer mit ihnen. Während Cocteau wieder einlenken konnte[195], kam es zwischen Satie und Auric, seinem ehemaligen Lieblingsschüler, zu unschönen Szenen und gegenseitigen Hetzartikeln. Wenn auch persönliche Empfindlichkeit den Ausschlag zu den Zerwürfnissen gegeben haben werden, so wurde doch der ‚Kampf' auf scheinbar sachlicher Ebene der Bewertung der neuen Kompositionen geführt. 1924 waren das Saties letzte Werke, die Ballette *Mercure* und *Relâche*. Wehmeyer sieht in *Mercure* die Ursache für Aurics Gegenposition. Jedenfalls schrieb Auric eine vernichtende Kritik: „Die kleine Suite von Tanzsätzen *Mercure* ist eine blasse Wiederholung der Späße von *La belle excentrique* oder von *Le piège de méduse*, die aber auch nicht das sind, was man bei Satie erstrangig nennen dürfte.

Die Melodien sind immer auf die gleiche Weise ausgesponnen, aus winzigen Abschnitten, in Rhythmen, die der Café-concert-Manier nachgeahmt sind, die sich, sehr banal transponiert, wiederholen, ohne irgendwelche Ausweitung zu erfahren."[196]
Der Musikkritiker Paul Landormy griff diese Kritik auf und überbot sie noch. Seine Deutung des ‚Falles Satie' blieb denn auch bis weit in die 50er Jahre hinein bestimmend.
„Jetzt beginnt das Idol sein Ansehen zu verlieren. Man beweihräuchert es weniger schwärmerisch. Einige wenden sich sogar ab, verleugnen ihre frühere Inbrunst. Die Dinge kommen wieder auf ihren richtigen Platz, jeder Wert hat seine Stufe, Erik Satie erscheint allmählich als der, der er wirklich ist: ein gefälliger kleiner Musiker, ein amüsanter Unterhalter, ein einfallsreicher Erfinder von drolligen Bizarrerien oder im Gegenteil – von geistreichen Naivitäten, im Ganzen gesehen ein Mann von wenig Bedeutung, der keine Schule angeführt hat, der ohne Einfluß blieb, den man aber auf den Schild gehoben hat, um ihn eine Führerrolle spielen zu lassen, auf die er gar nicht vorbereitet war. Man hat ihm Theorien und Doktrinen zugeschrieben – man hat um seinen Namen vielerlei Prinzipien aufgebaut, auf die er selber nicht gekommen wäre. Er ist ein Symbol, eine Flagge, ein Sammelpunkt durch die Anstrengung seiner Jünger geworden, die ihn wider Willen zum Meister erkoren und ihn gelehrt haben, was sie ihm zu schulden behaupteten. Das war immer schon meine Meinung, und ich hatte schon Gelegenheit, sie auszusprechen [...]. Anläßlich des neuen Balletts von Erik Satie hat sich die große Entzauberung eingestellt [...]. Erik Satie, der immer bei den nahen Zielpunkten seiner kurzatmigen technischen Erfindungen stehen bleibt. Eine Kunst, in der es keine Seele gibt und wo man sich nach allen Seiten an den dichten Trennwänden eines kleinkarierten Geistes stößt, pedantisch genau, versessen auf Kleinigkeiten, ohne Schwung und ohne Leben. Georges Auric trennt sich heute von *Mercure*. Es wird nicht lange dauern, dann wird er *Socrate* und die *Nocturnes* aufgeben und verstehen, daß der, den er mit seiner gläubigen Jugend so warm verehrt hat, nicht mehr ist – genau überlegt – als ein netter Kabarett-Künstler, ein amüsanter Musiker, ein kleiner zweitrangiger Geist mit kurzem Atem."[197]
Worte, die zeigen, wie es den Gegnern gelungen war, Satie kurz vor dessen Tod auf den Stand eines mittelprächtigen Bar-Pianisten zu reduzieren. Die Kritik bezieht sich hier gerade auf jene Aspekte in Saties Werk, das ihn in den frühen zwanziger Jahren zur Verkörperung der ‚Musique pure' gemacht hat. Landormy steht also den Mitarbeitern des *Esprit Nouveau* diametral entgegen – zumindest was deren Auffassung in den ersten Jahren der Zeitschrift

betrifft. Wie sich die Einschätzung Saties durch die Gebrüder Jeanneret während der ganzen fünf Jahre entwickelt hatte, sei im folgenden noch betrachtet.

Erik Satie und die Musikästhetik des *Esprit Nouveau*

Der Begriff des ‚ésprit nouveau' war ja von Guillaume Apollinaire im Programmheft zu *Parade* zum ersten Mal ins Spiel gebracht worden. Hier eine längere Passage aus dem Vorwort: „Die Definitionen von *Parade* sprießen in diesem Frühjahr überall wie die Fliederzweige. Es ist ein szenisches Gedicht, das der musikalische Neuerer Erik Satie in erstaunlich ausdrucksstarke Musik gesetzt hat. Sie ist durchsichtig und so einfach, daß man darin den wundervollen Geist Frankreichs selbst wiederfindet.
Der kubistische Maler Picasso und der kühnste Choreograph, Leonide Massine, haben es auf der Bühne realisiert und dabei zum ersten Mal die Vereinigung von Malerei und Tanz, von Plastik und Gebärde, die das Zeichen für das Heraufkommen einer vollständigeren Kunst ist, benutzt.
Man wettere nicht gegen das Paradoxe. Die Alten, in deren Leben die Musik einen so großen Raum einnahm, haben absolut nichts von der Harmonie gewußt, die fast die ganze moderne Musik ausmacht. Bisher hatten Bühnenbildner und Kostüme einerseits und die Choreographie andererseits nur eine künstliche Verbindung; aus dieser neuen Vereinigung aber ist in *Parade* eine Art Überrealismus erwachsen, in dem ich den Ausgangspunkt für eine Reihe von Äußerungen des ‚neuen Geistes' sehe, der, da er heute die Gelegenheit hat, sich zu zeigen, nicht verfehlen wird, die entscheidenden Köpfe anzuregen und Kunst und Lebensweise von Grund auf in eine alles umfassende Freudigkeit umwandeln wird; denn der gesunde Menschenverstand will, daß sie wenigstens auf der Höhe des wissenschaftlichen und industriellen Fortschritts seien. [...] Letzten Endes wird *Parade* das Denken von nicht wenigen Zuschauern umkrempeln. Sie werden gewiß überrascht sein, aber auf sehr angenehme Art, und sie werden bezaubert den ganzen Reiz der modernen Strömungen, von denen sie keine Ahnung hatten, kennenlernen."[198]
Bereits in diesen Auszügen des erwähnten Programmtextes finden sich die wesentlichen Merkmale der Musikästhetik des *Esprit Nouveau*: Durchsichtigkeit und Einfachheit, die neuartige Verbindung verschiedener, bisher nur lose zusammengestellter ‚Disziplinen' – Bühnenbild, Kostüm, Choreographie etc. –, sowie die schöpferische Einbeziehung der aktuellen technischen und wissenschaftlichen Errungenschaften. Daß der ‚neue Geist' als Wiederherstel-

lung des „wundervollen luziden Geistes Frankreichs"[199] auch nationalistisch geprägt war, ist vor dem Hintergrund des damaligen politischen Geschehens leicht verständlich.

Saties Musik ist verschiedentlich als kubistisch bezeichnet worden.[200] In *Parade* läßt sich diese Zuordnung nur zum Teil rechtfertigen: Obwohl Picassos Ausstattung keineswegs rein kubistisch war, wird doch das Ballett *Parade* als ganzes immer als kubistisches Stück bezeichnet. Den Ausgangspunkt dazu bildet wohl Guillaume Apollinaires Programmtext.

Es ist nun bezeichnend, daß in der Rezeption von *Parade* im *Esprit Nouveau* durch Albert Jeanneret (Esprit Nouveau No.4, Januar 1921) von einer Zuordnung zum Kubismus ebensowenig die Rede ist wie von jener zum Surrealismus, der ja in Apollinaires Text ebenfalls angesprochen wurde. Hier geht es weniger um die Einordnung in eine neue Kategorie als vielmehr um die Absetzung von alten Kategorien: „Ici, encore une simplification volontaire amène un effet maximal. Finie ,la sauce' où se complût l'école impressionniste."[201]

Die Musik zu *Parade* ist weitgehend zusammengesetzt aus Blöcken einer in sich einheitlichen Struktur, die durchwegs vier Takte oder ein Vielfaches davon zählen.[202] Innerhalb dieser Abschnitte bleibt die Bauweise gleich. Rhythmik, Melodik, Harmonik und Dynamik verändern sich nicht. Über weite Strecken finden wir melodisch indifferente Figuren, Ostinati und Pendelmotive, so daß eine gewisse Monotonie nicht geleugnet werden kann. Ausnahmslos auf jeder Zählzeit erklingt eine Note ohne Längen und Kürzen, ohne Punktierungen oder Synkopen. Satie vermeidet hier, wie auch in seinen anderen Arbeiten, rhythmische Abwechslung, so daß seine Musik äußerst statisch wirkt. In *Parade* dient diese Eigenschaft auch dem Hintergrundscharakter, den die Ballettmusik auszeichnen soll – ein Charakter, den Satie mit dem Begriff ,tapis résonant' – klingender Teppich – trefflich erfaßt hat und den er später in seiner ,musique d'ameublement' weiter perfektionieren sollte.

Albert Jeanneret sieht gerade in der diskreten Zurückhaltung der Musik zu diesem Ballett das Neuartige, das Satie noch über Strawinsky hinaushebt. „La musique s'adaptera au ballet, et non le matera. C'est ce qui fait de *Parade* un ballet supérieur au *Sacre du Printemps*."[203]

Von den Geräuschen aus der technischen Welt, etwa des Schreibmaschinengeklappers, bei Albert Jeanneret kein Wort: Es sind nicht die vordergründigen ,Attraktionen' der Musik von *Parade*, die das Epochale dieser Komposition für Jeanneret verkörpern. Was ihn fasziniert, ist der Bau, das Mechanische an der Komposition. Was bei Strawinsky oder Jaques-Dalcroze fasziniert, die Vielfalt der Rhythmen und deren Präzision und Komplexheit, erscheint bei Satie auf der Ebene der Form. Aus diesem Grund ist die Musik Saties am ehesten mit architektonischen Maßstäben zu betrachten und mit architektonischen Begriffen zu erfassen: „La phrase de quatre mesures, presque continue en cette musique, lui confère une régularité, une rigueur, un mouvement perpétuel, une sécurité bienheureuse. Si le rythme, chez Strawinsky, est mécanique, c'est-à-dire, précis, incisif, jamais essoufflé, jamais hésitant, l'architecture de Satie procède d'une mécanique d'art dont tous les éléments bien constitués s'engendrant avec bonheur, en plein mouvement. C'est par une architecture massive que Satie opère, négligeant, comme secondaires, – en effet, les Russes et les nègres, l'Orient et Jaques-Dalcroze nous apportent une telle variété de rythmes et à vrai dire, la rythmique de *Parade* pourrait paraître indifférente – les éléments de rythme qu'offre la division du temps à l'intérieur de la mesure.

C'est le rythme général qui est primaire, qui est porteur de la raison organique de l'œuvre, Satie assemble avec lucidité des éléments bien délimités, conscient de leur effet et de leurs réactions réciproques.

Cette architecture est si franche, si lisible, la ligne en est si révélatrice des masses qu'elle contient, que cette pensée vous effleure: d'une œuvre préétablie, déjà ailleurs, dans une autre planète, où l'art de bâtir serait inné, – et nous assisterions, reprise pour nous, à la démonstration d'un fait naturel, d'une constructivité bienheureuse."[204]

Noch mehr als in *Parade* scheinen die Ideale des ‚ésprit nouveau' im *Socrate* verkörpert, Purismus in Reinkultur.[205] Die Beschäftigung mit Platon und Sokrates fällt bereits in die Zeit der Komposition von *Parade*; unmittelbar nach *Parade* wurde die Arbeit an *Socrate* aufgenommen. Das Stück fällt somit in die Jahre 1917/1918. Eine erste Privataufführung der Komposition hat am 24. Juni 1918 stattgefunden, die erste öffentliche Aufführung erst am 7. Juni 1920. In der Satie-Literatur wird *Socrate* vielfach als sein eindrucksvollstes Werk bezeichnet. Saties Markenzeichen, Schlichtheit und Klarheit, das sprichwörtliche ‚sans sauce' haben hier zweifellos einen Höhepunkt erreicht. Cocteau schreibt darüber: „Man darf Schlichtheit weder für ein Synonym von Armut noch von Rückgang halten. Die Schlichtheit ist ebenso fortschrittlich wie das Raffinement." Und an anderer Stelle: „Es gibt in *Socrate* Minuten, wo man sich fragt, ob die Musik vielleicht von einem Vogel geschrieben wäre."[206]

Auch wenn *Socrate* nicht mit kompositorischen Neuheiten aufwartet – alle satztechnischen Besonderheiten sind bereits in früheren Werken vertreten –, so wirkte doch die Intensität und die ausnahmsweise absolut ernsthafte Behandlung des Stoffes neu. René Chalupt[207] hatte auf Bitten Saties ein kurzes

und präzises Vorwort zu *Socrate* geschrieben, das dessen Bedeutung herausstreicht: „Da der Autor [Satie, P.B.] die schlichte Stilisierung des Oratoriums den theatralischen Ergüssen vorzieht, hat er es für angebracht gehalten, nicht mit der kunterbunten Auslage des persischen Bazars zu konkurrieren, nicht um einen noch so kleinen Teil der Erbschaft Debussys zu streiten, sondern das denen zu überlassen, die sich im Genre des Farbigen, des Exquisiten, des Überdifferenzierten hervortun. Er wollte, daß seine Musik schmucklos (dépouillé) und problemlos, bescheiden in ihrer Nacktheit sei, daß sie dem Text gegenüber fast verblaßte und nicht aus den äusseren Zufälligkeiten Pathos bezöge. Diese Zeichnung in bestimmtem und genauem Strich, in der die Mogelei keinen Platz hat, dieses passende und gut bemessene Licht, das sich nie in impressionistisches Geflimmer auflöst, ohne Hell- und Dunkelzonen, die geeignet wären, Schwächen zu verstecken, und diese subtile und überlegte Ausgewogenheit der Partitur ist ein bißchen so, als ob Ingres auf den Auftrag von Victor Cousin die Dialoge Platons illustriert hätte. Die unpedantische und intuitive Übertragung, die Erik Satie versucht, vermittelt uns vielleicht eher Klarheit über die geistige Ausstrahlung des Sokrates und das Wesen der griechischen Seele als dicke Bücher der Wissenschaft."[208]
Kompositionstechnisch ist *Socrate*, ebenso wie *Parade* und viele ältere Stücke, ein Resultat dessen, was Wehmeyer die „Baukastenmethode"[209] nennt. Die drei Teile der Komposition sind aus wenigen Elementen aufgebaut (im ersten Teil sind es deren fünf). Diese Elemente werden wie Fertigteile verwendet und, wie bei einer Collage, in willkürlicher Folge zusammengesetzt. Das Überraschende ist, daß weder die Rhythmik, die Melodik, die Harmonik noch der formale Ablauf dominieren. Vielmehr verbinden sich diese Parameter zu einem statisch und unexpressiv anmutenden Klangband, das die Szene musikalisch ‚möbliert', so daß eine Stimmung erzeugt wird, die nach Saties Empfinden den ausgewählten Texten entspricht. Die Konzeption der Musik ist von der ‚musique d'ameublement' nicht mehr weit entfernt. Da nicht nur die einzelnen Elemente häufig wiederholt werden, sondern noch innerhalb einzelner Elemente Wiederholungen von kurzen Motiven auftreten, entstehen zuweilen Abschnitte, in denen einzelne Motive bis zu vierzigmal wiederholt werden. Im Gegensatz zu *Parade*, wo die Längen der einzelnen, durch Reihung von ‚Fertigelementen' erzeugten, Blöcke durchwegs vier-, acht- oder sechzehntaktig sind, finden wir in *Socrate* Blöcke mit ungeraden Taktzahlen (5,9,11,13,15,17). Während also bei *Parade* durchaus von neoklassizistischen Formprinzipien gesprochen werden könnte, wäre dies bei *Socrate* nicht gerechtfertigt.

Das Verhältnis von Text und Musik ist in *Socrate* ähnlich wie in Stücken aus Saties neogregorianischer Periode. Zweifellos gibt es enge Bezugspunkte, die Stellen aber, in denen die Musik zum Text parallel läuft, ohne durch die Anziehungskraft einzelner Worte oder Vorstellungen abgelenkt zu werden, überwiegen eindeutig. Von einer eigentlichen Vertonung kann darum nicht die Rede sein. Vielmehr geht es hier bereits um eine Art ‚musique d'ameublement', die zur Ausstattung einer Textrezitation geworden ist.[210] Auch Albert Jeanneret bestätigt, daß in *Socrate* zwischen Musik und Text „eine hinreichende Einheit gewährleistet" sei und der „ärgerliche Pleonasmus zweier Individuen, die echohaft die gleiche Aussage wiederholen, vermieden" werden konnte. Das Musik-Text-Verhältnis ist aber lediglich eine Komponente, die das Stück in Jeannerets Augen geradezu zum Programm einer künftigen Musikästhetik werden läßt: „Basée sur des moyens à elle propres, cette musique constitue, dans l'esthétique de notre temps, une réalisation d'un esprit moderne complètement épuré, une directive vers l'art musical de demain. [...] Cette œuvre nous délivre de servitudes. Elle chasse les parfums exotiques, elle est éminemment française. Elle sonne le ralliement vers un purisme de la forme, de la sonorité, des intentions, vers lequel nous tendons."[211]
Wie recht Jeanneret mit seiner Einschätzung des *Socrate* als ‚art de demain' haben sollte, zeigt ein Artikel von Virgil Thomson aus den fünfziger Jahren: „Die Musikästhetik Saties ist in der abendländischen Musik die einzige Ästhetik des 20. Jahrhunderts. Schönberg und seine Schule sind Romantiker, und ihre zwölftönige Satztechnik, so ausgeklügelt sie auch sein mag, ist nicht mehr und nicht weniger als reine romantische Chromatik. Hindemith ist bei all seinen Gaben ein Neoklassiker wie Brahms, das Ohr in die Vergangenheit gerichtet. Genauso geht es mit Strawinsky der letzten Jahre und seinen Satelliten. Selbst *Petruschka* und der *Sacre* sind eine Übertragung der Wagnerschen Theatersymphonie des 19. Jahrhunderts auf das Ballett. Keiner der Komponisten, die unsere Epoche bestimmten, nicht einmal seine Verleumder, können seinen Einfluß leugnen. Satie ist der einzige, dessen Werke außerhalb aller Kenntnis der Musikgeschichte gewürdigt werden können."[212]
Ob Satie sich selbst als ein Musiker des ‚esprit nouveau' verstanden haben wollte, geht aus seinen Texten nicht hervor. In einem Vortrag aus dem Jahre 1921, ‚Conférence sur les Six'[213], nennt er lediglich einige Vertreter der ‚Groupe des Six' als Komponisten des ‚esprit nouveau': „In ihrer Ästhetik gehören die ‚Six' dem ‚Esprit Nouveau' an. Aber nur einige der ‚Six', nicht alle. Ich werde das gleich erklären. Was ist das, der ‚esprit nouveau'? Guillaume Apollinaire schrieb: Der ‚esprit nouveau' wird die Welt beherrschen. Und Apollinaire fügt hinzu: Der ‚esprit nouveau' liegt in der Überraschung. Das

ist das so Lebendige, so Neuartige an ihm. Die Überraschung ist die wichtigste Triebkraft. Durch die Überraschung – durch die bedeutende Stellung, die er ihr einräumt – unterscheidet sich der ‚esprit nouveau' von allen künstlerischen und literarischen Bewegungen, die ihm vorangegangen sind. Etwas weiter sagt Apollinaire: ‚Der ésprit nouveau ist der Geist der Zeit, in der wir leben. Eine Zeit, reich an Überraschungen.' Demnach legt Apollinaire den Akzent auf die Überraschung, auf die Wirkung der Überraschung. Es ist gewiß, daß uns die Ereignisse – in Sachen Überraschung – allerhand Originelles bescheren werden, von jeder Sorte, zu jedem Preis. Das ist das Verblüffende dabei. So hat man in Paris gerade eine großartige Entdeckung gemacht: Stellen sie sich nur vor!: Man ist dabei, Wagner zu entdecken. Das ist eine Überraschung, eine kleine Überraschung, eine ganz kleine ...
Für mich bedeutet der ‚ésprit nouveau' vor allen Dingen eine Rückkehr zur klassischen Form – mit einer modernen Empfindung.
Genau dieser modernen Empfindung werden Sie bei einigen der ‚Six' begegnen: Georges Auric, Francis Poulenc, Darius Milhaud. Was die übrigen ‚Six' anbelangt, Louis Durey, Arthur Honegger, Germaine Tailleferre, das sind reine ‚Impressionisten'. Daran gibt es nichts auszusetzen. Ich selbst bin – vor dreissig Jahren – fürchterlich impressionistisch gewesen. Die moderne Empfindung war – damals – impressionistisch. Sie lebte von Impressionen."[214]
Die unzweifelhaft ironischen Bemerkungen lassen vermuten, daß Satie – bei aller anfänglichen Sympathie für die Träger und Initiatoren des ‚ésprit nouveau' – sich letztlich mit deren Anliegen nicht hat vollständig identifizieren können. Die bereits deutlich spürbaren sarkastischen Seitenhiebe gegen Apollinaire, den Schöpfer des ésprit nouveau-Begriffs, hängen mit einer bestimmten Arriviertheit von Apollinaire zusammen, die ihm von den Avantgardisten, Surrealisten und Dadaisten seit 1918 immer stärker vorgehalten worden war.
Bereits vor dem Ersten Weltkrieg gehörte Apollinaire mit Picasso zu den führenden Köpfen der Avantgarde. Seine 1913 veröffentlichte *futuristische Antitradition*, mit einer Liste alles dessen, was verachtenswert war, bestätigte ihn in französischen Künstlerkreisen als Vordenker der Moderne.
„Seine geradezu anarchistische Gesinnung dokumentierte er endgültig mit seinem einzigen Bühnenstück (*Les mamelles de Tirésias*), das am 21. Juni 1917, fünf Wochen nach *Parade*, aufgeführt wurde. Cocteau nannte dieses Stück das ‚erste absichtlich anarchische Stück', die jungen Leute dieser Tage begrüßten es als Akt der Auflehnung gegen alles Eingefahrene im Denken, in der Kunst und im Selbstverständnis der Gesellschaft."[215] Wie groß die Enttäuschung über Apollinaires Vortrag ‚L'ésprit nouveau et les poètes' vom 26.

November 1917 gewesen sein muß, läßt sich in Anbetracht der folgenden Textstelle leicht erahnen: „Der neue Geist, der sich kundtut, nimmt für sich vor allem in Anspruch, daß er von den Klassikern einen soliden Menschenverstand geerbt hat, einen sicheren kritischen Geist, eine Gesamtschau über die Welt und die menschliche Seele und jenes Gefühl der Pflicht, das die Affekte ausschaltet und ihre Äußerung begrenzt oder vielmehr unter Kontrolle hält. Er nimmt außerdem für sich in Anspruch, daß er von den Romantikern eine Neugierde geerbt hat, die ihn dazu treibt, all jene Regionen zu erforschen, in denen sich literarisch verwertbares Material finden mag, durch das man das Leben in all seinen Erscheinungsformen verherrlichen kann. Die Erforschung der Wahrheit, die Suche nach der Wahrheit, z.B. auf dem Gebiet der Völkerkunde genauso gut wie auf dem der Vorstellungskraft, das sind die Hauptmerkmale des neuen Geistes."[216] Diesem Vortrag lauschten neben seinen alten Freunden – Picasso, Jacob, Léger, Salomon, Cendrars – auch die Surrealisten: Breton, Soupault, Aragon und Birot. Sie alle erwarteten viel von diesem Vortrag und wurden mehr oder weniger enttäuscht, denn was Apollinaire ihnen vortrug, war ein Loblied auf Ordnung und Nationalismus. Seit diesem Ereignis war Apollinaire bei den Surrealisten und den Dadaisten als angepaßt abgeschrieben, als einer, der die avantgardistische Position nicht hat halten können. Auch wenn sich Satie niemals vollständig zu einer der vielen Gruppen und Gesinnungsgemeinschaften bekannt hatte – auch nicht zu den Surrealisten[217] oder Dadaisten –, so zog es ihn gegen Ende seines Lebens doch eher zu jenen als zu den Trägern des ‚ésprit nouveau'. Denn zu diesen wurde er natürlich nach *Parade* gerechnet, und häufig wurde er auch zusammen mit Apollinaire genannt. Die Sätze in *Relâche* zeugen allerdings verstärkt von nonkonformistischer Gesinnung[218], von Desintegration und Anarchismus und sie machen deutlich, wie groß der Graben im Jahre 1924 zwischen ihm und dem ‚Esprit nouveau' bereits gewesen sein muß.

Die Beziehung zu Le Corbusier und Ozenfant – und somit Saties Präsenz im *Esprit Nouveau* – war seit der Affäre um den sogenannten ‚Congrès de Paris' deutlich abgekühlt. André Breton hatte die Absicht, einen – seither ‚Congrès de Paris' genannten – Kongreß zu organisieren, der so etwas wie eine Bilanz der zeitgenössischen Tendenzen in der Kunst sein sollte. Uneingestandenes Ziel der Initiative war, den Dadaismus zu bremsen. Dessen Repräsentanten durchkreuzten allerdings die diesbezüglichen Pläne, worauf eine harte Auseinandersetzung mit teilweise sehr unschönen Pressecommuniqués entstand, bei der sich Breton, Aragon, Desnos, Picabia und Ozenfant auf der einen und Tzara, Satie, Eluard und Ribemont-Dessaignes auf der anderen Seite gegenüberstanden. Letzteren gelang es, das Kongressprojekt zu vereiteln und Bre-

ton von einem ‚Tribunal' aus Pariser Intellektuellen unter Saties Vorsitz verurteilen zu lassen. Allerdings konnte der Dadaismus diese Belastung auf Dauer nicht überstehen. Die surrealistische Bewegung hingegen, die Breton im Oktober 1924 ins Leben rief, nahm nach und nach alle früheren Dadaisten – mit Ausnahme von Satie, der im Juli 1925 sterben sollte – in ihre Reihen auf, ohne sich jemals mit all denen ausgesöhnt zu haben, die Breton die ‚Faux-Dadaisten' nannte.
Satie ließ in der nur einmal erschienenen, von Georges Ribemont-Dessaignes herausgegeben Zeitschrift *Le Cœur à Barbe* einen seiner bitter-zynischen Texte erscheinen, in welchem er mit den Initiatoren des Kongresses abrechnet. Im Text *Office de la Domesticité* wird auch Ozenfant Opfer von Saties Spottlust. Satie spricht ihn als Ozvieillard an und ersetzt dabei das ‚enfant' (Ozenfant) durch vieillard (Greis). Da dieser Text auch das einzige Schriftstück Saties ist, in dem Le Corbusier genannt wird, sei er im folgenden vollständig wiedergegeben, obwohl sich die vielen verdeckten Anspielungen kaum mehr entschlüsseln lassen:
„Büro für Bedienstete
Zeugnis: Nicht alle Tiere sind domestiziert wie das Dienstpersonal gleichen Namens
(Wie der Löwe sagt).
Schürzenstreich: Der Congrès de Paris ist keine Versammlung von Dienstpersonal (Wie ‚Besagter' sagt).
Dienerei: M. Ozenfant ist für die Taten seines Personals nicht verantwortlich (Congrès de Paris).
Gestreifte Weste: M. André Breton ist nicht der Hausangestellte von M. Ozenfant (Wie er sagt).
Wie der Herr, so's Gescherr: Ein guter Diener muß kriechen – zumindestens katzbuckeln (Congrès de Paris).
Alter Diener: M. Ozvieillard ist seinen Dienern ein guter Meister – wie auch der Malerei (Wie M. Jeanneret sagt).
Gesucht wird: Ein junger Hausangestellter, um ein weiteres Bild desselben Malers zu zerstechen wie beim letzten Mal (L'Esprit nouveau)."[219]
Nach den Auseinandersetzungen um den Congrès de Paris und insbesondere nach der Veröffentlichung des zitierten Artikels dürfen die Beziehungen zwischen den Köpfen des *Esprit Nouveau* und Satie als abgebrochen gelten.
In der Tat wurde der Satie von *Parade* und *Socrate* gleichsam einbalsamiert und zum Klassiker erhoben, damit auch in eine bestimmte Distanz gerückt, die eine weitere Auseinandersetzung erübrigte. Als Klassiker finden wir ihn noch erwähnt in Albert Jeannerets Artikel ‚Musique' (Esprit Nouveau No.23,

Mai 1924) oder auch in Milhauds Vortrag von über ‚Les ressources nouvelles de la musique' (Esprit Nouveau No.25, Juli 1924). Ansonsten hat zu diesem Zeitpunkt bereits Igor Strawinsky die Rolle eines puristischen ‚Chefkomponisten' eingenommen. Die späten Ballette *Mercure* und *Relâche* (Musik von Erik Satie), werden mit keiner Zeile mehr gewürdigt, auch über Aufführungen – *Relâche* wurde am 29. November 1924 uraufgeführt, *Mercure* ebenfalls im Jahre 1924 – wird in den entsprechenden Monatsrückblicken nichts berichtet.

Auf der anderen Seite scheint sich die Beziehung von Apollinaire zu Ozenfant und Le Corbusier intensiviert zu haben, kaum verwunderlich, denn das, was auf die Surrealisten im Vortrag ‚L'ésprit nouveau et les poètes' abstoßend gewirkt haben mag, wie etwa das Kontrollieren der Affekte oder das Sich-der-Wahrheit-Verpflichten, war dafür um so mehr Musik in Le Corbusiers Ohren.[220] Diese Tendenz läßt sich bestätigen mit dem Hinweis auf die Nummer 26 des *Esprit Nouveau* (Oktober 1924), eine Sondernummer zu Apollinaire mit Texten verschiedener Autoren.

Weitere Kriterien der Musikbewertung im *Esprit Nouveau*

Sicherlich ist Satie im Hinblick auf eine Musikästhetik des ‚ésprit nouveau' die wichtigste Musikerpersönlichkeit, da er den meisten Kriterien, die nach der Auffassung der Herausgeber für Qualität im musikalischen Werk ausschlaggebend sind, in seinen Kompositionen gerecht wird.
Auf zwei Komponenten, die bei ihm jedoch fehlen, – das Einbeziehen volksmusikalischer Elemente[221] sowie die Arbeit mit ‚Musikmaschinen' – sei an dieser Stelle hingewiesen.
Wie sehr sich Le Corbusier für kunsthandwerkliche Produkte aus den Balkanländern interessiert hat, belegen die Briefe und Reportagen seiner Orientreise. Während sich Le Corbusier in erster Linie auf das Sammeln von Vasen, keramischen Gegenständen oder Textilien konzentrierte, ist in Henry Prunières Artikel über die polnische Musik bereits von Volksliedern die Rede, die bis dahin im osteuropäischen Raum gesammelt worden sind.
„D'admirables chants populaires ont été recueillis en Serbie, en Dalmatie, en Grèce [...] et pourtant les historiens seraient mal fondés à parler d'écoles musicales pour ces pays. En général, la musique spontanée, populaire, est d'autant plus prospère et vivante que la musique ‚composée' est peu développée."[222]

7 *L'Esprit nouveau*, Titelblatt zur Sondernummer ‚Guillaume Apollinaire', Oktober 1924

Die im letzten Satz dieses Zitates zum Ausdruck kommende Einsicht, ist mehr als eine bloße Feststellung. Das „plus prospère et vivante" bezog man generell auf jene Erscheinungen, die nach und nach als Zeugnisse ‚exotischer' Lebensformen in verschiedenen europäischen Städten aufgetaucht waren. Die Einbeziehung außereuropäischer oder ländlicher Kunstwerke bot ein weiteres willkommenes Mittel, dem spätromantischen Pathos zu entkommen. Daß derartige Einflüsse besonders im Pariser Musik- und Kunstleben Eingang gefunden haben, wird auch von Béla Bartók bestätigt:
„Die reine Volksmusik fängt erst Ende des 19. und Anfang des 20. Jahrhunderts an, einen überwältigenden Einfluß auf unsere höhere Kunstmusik auszuüben. Als erste Beispiele haben wir die Werke Debussys und Ravels zu betrachten, auf welche die Volksmusik Osteuropas und Ostasiens ihren bleibenden und gewissermaßen richtunggebenden Einfluß ausübte. Noch mehr ausschlaggebend ist dieser Vorgang in den Werken des Russen Strawinsky und des Ungarn Kodàly: das Œuvre beider Musiker wächst derart aus der reinen Volksmusik ihrer Heimat heraus, daß es beinahe als eine Apotheose derselben gelten kann (wie zum Beispiel Strawinskys *Sacre du printemps*). Bemerkt sei: es handelt sich hier nicht um die bloße Anwendung von Volksmelodien oder um die Umpflanzung einzelner Wendungen derselben: es offenbart sich in diesen Werken eine tiefinnere Erfassung des mit Worten schwer zu schildernden Geistes der betreffenden Volksmusik. Demzufolge beschränkt sich auch dieser Einfluß nicht auf einzelne Werke; die Ergebnisse des ganzen Schaffens der betreffenden Komponisten sind von diesem Geiste durchtränkt."[223]
Bartók, der zusammen mit seinem Freund Kodàly 1904 seine erste Reise ins ungarische Hinterland machte, um Bauernmusik zu erforschen, gehört zu den Pionieren musikethnologischer Forschungsarbeit. Bis 1920 hatte er bereits über 5000 Melodien gesammelt. Auch wenn sich von Bartók zum *Esprit Nouveau* keine direkte Linie ausmachen läßt[224], der von ihm bezeichnete ‚Geist der Volksmusik' ist durchaus – mindestens teilweise – Bestandteil des ‚ésprit nouveau'. Ganz besonders deutlich werden die Berührungspunkte aber in folgender Auffassung: „Die reine Volksmusik kann zur Beeinflussung der höheren Kunstmusik ebenso als Naturerscheinung in Betracht kommen wie die mit dem Auge wahrnehmbaren Eigenschaften der Körper für die bildende Kunst oder wie die Lebenserscheinungen für den Dichter."[225]
Die Entwicklung von mechanischen Musikreproduktionsmaschinen wurde bereits im 19. Jahrhundert vorangetrieben. Gegen Ende des Jahrhunderts machte die Erfindung eines mechanischen Klaviers Furore, das mit gestanzten Lochkartenrollen betrieben werden konnte. „Um die Jahrhundertwende setzte die Massenproduktion ein, welche in den Jahren des Erscheinens des

Esprit Nouveau ihren Höhepunkt erreichte und dabei sogar die Produktion von ‚normalen' Klavieren übertraf."[226] Für das von der Firma Pleyel erbaute ‚Pleyela' wurde in 16 Nummern des *Esprit Nouveau* inseriert, der Reklametext stammte von Albert Jeanneret. Reproduktionsmaschinen für Musikwerke haben offensichtlich fasziniert; im besonderen galt diese Faszination aber dem ‚Pleyela', das es erlaubt, sich mit „zwanzig oder dreissig flinken und sicheren Fingern in schwindelerregender Geschwindigkeit zu bewegen". Vom *Sacre* gab es eine eigens von Strawinsky eingespielte Klavierfassung. Aber nicht nur mit Konserven, die sich dank ‚Pleyela' zu einer musikalischen Sammlung ausbauen ließen, wurde geworben. Offensichtlich ging die Euphorie so weit, zu glauben, daß es fortan eine eigene ‚Werkgattung' von ‚Pleyela'-Kompositionen geben werde: „On composera pour le Pleyela. Jusqu'ici il fallait un point de départ: on registra donc des œuvres instrumentales ou l'on transcrivit l'orchestre. C'est ce qui nous vaut les très complets fragments du *Sacre* sur le Pleyela. Posséder le *Sacre* chez soi, pour soi et le faire sonner en appuyant simplement sur un déclic. Posséder sa bibliothèque d'œuvres musicales, comme l'amateur d'art sa collection de photos!"[227]
In dem Artikel *Le crépuscule des virtuoses* (Esprit Nouveau No.19, Dezember 1923) nennt Albert Jeanneret die Gründe dafür, warum die Klangwiedergabe durch mechanische Geräte derjenigen durch Interpreten vorzuziehen sei, und beschwört die Zeit, in der der Komponist sein Werk direkt in eine Maschine einspeichert. Er geht so weit, den Untergang des Interpreten vorauszusagen. Sicherlich setzt er sich damit in erster Linie von der Gattung des spätromantischen Instrumentalvirtuosen ab, wie sie Liszt oder Paganini verkörperten; darüber hinaus klingen aber die Argumente schon ganz ähnlich wie diejenigen, die man dreißig Jahre später zur Rechtfertigung der elektronischen Musik bemühte: „Une esthétique attardée, nimbée d'impressionnisme et teintée d'un crépusculaire romantisme, veut multiplier l'effort du compositeur par celui de l'exécutant, sorte de valeur ‚au carré', que s'étend dans un champ impur, défavorable à l'action de la musique pure. Bien au contraire, le compositeur a pourvu une fois pour toutes, définitivement, à l'expression de sa pensée. Il n'attend pas d'interprétation. Son œuvre, longtemps mûrie, sort une de son cerveau, bardée de toutes pièces pour la bataille que lui livreront les siècles."[228]
Auch Darius Milhaud wußte die Vorzüge neuer Technologien zu schätzen. Bei einem Vortrag ließ er amerikanische Jazz-Platten laufen[229]: „Grâce au grammophon, je vais pouvoir vous faire entendre des disques de musique nègre que j'ai rapportés des Etats-Unis, enregistrés et publiés par des nègres.

Il est vraiment bien précieux de pouvoir étudier le folklore de tout l'univers grâce à cet instrument."²³⁰
Offensichtlich aber war damals das Grammophon noch nicht so verbreitet wie das ‚Pleyela':
„Mais le phonographe, jusqu'à présent, ne sort pas de son rôle d'archives. Il n'en est pas de même du Pleyela."²³¹
Nicht nur Strawinsky hatte eigene Kompositionen direkt auf eine Pianola-Rolle gestanzt, auch Paul Hindemith hatte sich dieser Technik bedient. Sicherlich war die Offenheit von Hindemith gegenüber neueren technischen Errungenschaften ein Faktor, der die Redakteure des *Esprit Nouveau* bewog, einen ausführlichen Artikel von Weissmann über neue musikalische Tendenzen in Deutschland am Beispiel Hindemith zu orientieren.²³² Aber auch im Umgang mit konventionellen Instrumenten empfahl Hindemith die Orientierung an der Maschine: „Nimm keine Rücksicht auf das, was Du in der Klavierstunde gelernt hast. Überlege nicht lange, ob Du Dis mit dem vierten oder sechsten Finger anschlagen mußt. Spiele das Stück sehr wild, aber stets sehr stramm im Rhythmus, wie eine Maschine. Betrachte das Klavier als eine interessante Art Schlagzeug und handle dementsprechend."²³³
Hindemith, damals noch nicht dreissig Jahre alt, erregte durch einen radikalen und bedenkenlosen Umgang mit musikalischen Traditionen einiges Aufsehen. Er galt als einer der ersten deutschen Komponisten, die sich virtuos zwischen ‚anständiger Musik' und Unterhaltungsmusik bewegten und sich von den damals aktuellen Tanzformen – Ragtimes, Bostons, Foxtrotts oder Shimmies – inspirieren ließen: „Man steht einer Musik gegenüber, wie sie zu denken, geschweige zu schreiben noch nie ein deutscher Komponist von künstlerischer Haltung gewagt hat", schreibt Alfred Heuss, „eine Musik von einer Laszivität und Frivolität, die nur einem ganz besonders gearteten Komponisten möglich sein kann. Es hebt da ein Zischen und Brodeln, ein Reißen, Stoßen und Drängen an, Gekreische und Schreien dringen an unser Ohr, man sieht sinnlich verzerrte, gemeine Gesichter, hört Peitschen und Schlagen, Lachen und Schreien, Gestöhn und Jauchzen, Pfeifen und Johlen, in laszivster Art mengen sich Paare auf buchstäbliche Foxtrottmelodien, barbarische Laute halb vertierter, im Taumel sich ergehender Menschen machen sich Luft, zum Schluß ein langer, alles durchdringender Pfiff, wohl ein Warnungspfiff, im Nu ist dann das Stück zu Ende. Es ist die lasterhafteste, frivolste und dabei gegenständlichste Musik, die vielleicht bei Strawinsky Gegenstücke hat, aber doch wohl kaum von ihm übertroffen wird."²³⁴

Obwohl sich Weissmann in seiner Rezension geflissentlich ans musikalische Material, vorallem ans Streichquartett op.16, hält, unterstreicht er doch dieselben Eigenschaften, die auch Heuss beschrieben hatte.
„Si Paul Hindemith donne son nom à ce chapitre, c'est qu'il est le seul des jeunes compositeurs allemands qui par son tempérament ne s'est laissé lier à aucun dogme."
Gemeint ist hier in erster Line das ‚Dogma' der Zwölftontechnik, das von Schönberg und seiner Wiener Schule in den Jahren davor entwickelt worden war. An Hindemiths Temperament werden Qualitäten gelobt, die man geradezu als ‚französisch' bezeichnen möchte: „Cet enfant du siècle possède une salubre impiété, pas trace de sentimentalité, une solide aversion pour la méthode."
Ferner scheint es Weissmann wichtig zu unterstreichen, daß man sich Hindemith ‚en plain carnaval de la vie' vorstellen müsse, um das Neue an seiner Musik verstehen zu können. Und schließlich erfährt Hindemith die höchste Ehre, die ihm von Vertretern des *Esprit Nouveau* im Jahre 1924 geboten werden kann: er wird mit Strawinsky verglichen: „Ce génie qui s'excite au chaos du monde moderne, au tempo de la vie économique et intellectuelle, c'est aussi celui de Strawinsky."
Mit der Einschätzung von Hindemith als einem der ‚Ihrigen' bewiesen die Herausgeber des *Esprit Nouveau* einmal mehr, wie gut sie die aktuellen Trends erkannten; sicherlich wären auch Hindemiths spätere Pioniertaten auf dem Gebiet der elektronischen Klangerzeugung[235] ganz im Sinne der Musikästhetik des *Esprit Nouveau* gewesen.
Der letzte Beitrag des *Esprit Nouveau*, der noch mit Musik zu tun hat, ist eine kurze Beschreibung des Films *Ballet mécanique* von Fernand Léger (Esprit Nouveau No.28, Januar 1925). Die Filmmusik dazu stammt von Georges Antheil, der als prominenter Vertreter einer ‚mechanischen' Musik gilt (von seinem Stück *Mechanisms* war bereits die Rede, vgl. Seite 63). So wird Légers *Ballet mécanique* zum Schlusspunkt einer musikästhetischen Entwicklungsgeschichte, die – ausgehend von einer antiromantischen Musik ‚sans sauce' – immer mehr zur Verherrlichung einer Musik des Mechanischen und Maschinenhaften geworden ist. In diesem Sinne ist also Albert Jeannerets zum Schluß seines Artikels *Le crépuscule des virtuoses* (Esprit Nouveau No.19, Dezember 1923) geäußerte Auffassung „Seule la mécanique musicale permettra le respect de l'œuvre" – mehr als ein persönliches Bekenntnis.
Wie weit Le Corbusier schließlich den musikästhetischen Maximen des *Esprit Nouveau* gefolgt ist, läßt sich nicht mit Gewißheit sagen. Wir haben Edouard Jeanneret als glühenden Verehrer romantischer Musik kennengelernt. Bis

zum Ersten Weltkrieg gehören Komponisten wie etwa Richard Wagner, César Franck oder Gustav Mahler zu seinen Favoriten. Wir erinnern uns an Le Corbusiers Ergriffenheit anläßlich eines Konzerts, in dem die *Ouverture Solennelle ‚1812'* von Peter Tschaikowsky gespielt wurde, und ihn im Jahre 1910 fast zum Weinen brachte (vgl. Seite 15). Richard Strauss findet er lediglich „interessant". Einige Jahre später begegnen wir ihm im Kreise von Satie-Anhängern, die gerade mit dem romantischen Pathos abgerechnet haben. Mit den Forderungen nach einer ‚Musik ohne Sauce' richtet sich anscheinend auch Le Corbusier gegen die Musik, die ihm in seiner Jugend so viel Freude bereitet hatte. Liegen die Ursachen dieses auffälligen Positionswechsels wirklich im Wandel seines Musikgeschmacks? Hat ihn Saties Musik wirklich berührt? Konzertberichte zu Satie sind nicht auszumachen; was ihn an *Parade* allem Anschein nach am meisten interessiert hat, ist das Bühnenbild. In seinem persönlichen Exemplar des Katalogs *Les Ballets Russes* (1917) machte sich Le Corbusier Skizzen von Bühnenkulissen. Auch wenn sich die entsprechenden Zeichnungen nicht auf *Parade* beziehen, sondern auf Strawinskys *Feuervogel*, ist damit das damalige Interesse für den Bühnen- und den Kulissenbau wenigstens angedeutet.

Vor dem Hintergrund der Antipathie gegen alles Deutsche, die Le Corbusier seit dem Ersten Weltkrieg entwickelt hat (und bis an sein Lebensende beibehalten hat), erscheint freilich auch dieser Bruch in Le Corbusiers Musikästhetik in anderem Licht. Unter dem Eindruck der Bombardierung von Reims durch die Deutschen im Jahre 1916 bezog Le Corbusier Position für Frankreich. Sein Entscheid, nach Paris zu übersiedeln, war von dem Wunsch begleitet, Franzose zu werden. Die Anziehungskraft, die die deutsche Kultur einmal auf ihn ausgeübt hatte, wurde fortan verschwiegen oder schlichtweg geleugnet. Sogar der deutschen Sprache wollte er nicht mehr mächtig gewesen sein, obwohl er sich doch deutsch verständigen konnte.[235a]

Seinem Ausspruch, daß große Musik einen weinen machen müsse, ist Le Corbusier auch in Frankreich treu geblieben. Wir erinnern uns an den Eindruck, den Josephine Baker im Jahre 1929 auf ihn gemacht hat. („Dans un spectacle idiot de variétés, Joséphine Baker chante *Baby* avec une si intense et dramatique sensibilité que je suis prêt a pleurer."[236]) Satie? Das ist mit Sicherheit keine Musik, die einen Weinen macht.

4 Das *Poème électronique* – ein musikalisches Testament?

Le Corbusier und Edgard Varèse

Die Ausführungen über die Musikästhetik des *Esprit Nouveau*, so informativ sie in bezug auf das kulturelle Umfeld, in dem sich Le Corbusier zwischen 1920 und 1925 bewegt hatte, auch sein mögen, haben den Nachteil, daß sie über sein Musikverständnis letztlich nur indirekt Auskunft geben. Auch wenn man annehmen muß, daß sich die im *Esprit Nouveau* vertretenen musikästhetischen Haltungen mit persönlichen Auffassungen und Interessensphären Le Corbusiers gedeckt haben, gilt es doch, Berührungspunkte in entsprechenden Äußerungen oder Umsetzungen im theoretischen Œuvre Le Corbusiers aufzuzeigen.

Zuvor soll jenes Werk Le Corbusiers diskutiert werden, das eine ganz konkrete ‚Schnittstelle' zur Musik enthält und Le Corbusier in eigener und direkter Auseinandersetzung mit einer Komponistenpersönlichkeit zeigt, die den Musikbegriff des Architekten wie keine zweite beeinflußt hat. Die Rede ist vom *Poème électronique* und von Edgard Varèse.

Das für die Brüsseler Weltausstellung (1958) von der Firma Philips in Auftrag gegebene *Poème électronique* ist ein Gesamtkunstwerk, das sich aus den Elementen Raum, Licht, Farbe, Rhythmus, Bild und Klang zusammensetzt. Die so gewonnene Synthese steht im Dienst einer Aussage, die gar als Le Corbusiers ‚Testament' bezeichnet worden ist.[237] Hinzu kommt, daß ja auch der Titel ‚*Poème électronique*' über die bloße technische Verbindung einzelner Aspekte hinaus die poetisch-philosophische Aussage ins Zentrum rückt. Zur Realisierung eines solchen interdisziplinären Projekts bedurfte es neben dem vielseitigen Künstler Le Corbusier, der die architektonischen sowie alle visuellen Seiten des Unternehmens verantwortete, noch des Musikers. Während der Auftraggeber, der Elektronik-Konzern Philips, zunächst den britischen

Komponisten Benjamin Britten in Erwägung gezogen hatten, beharrte Le Corbusier in seiner Position als ‚Alleinunternehmer' auf der Verpflichtung des Klangextremisten Edgard Varèse. Beide damals bereits über Siebzig schon so etwas wie ‚Altmeister der Avantgarde', trafen hier zu einer losen Zusammenarbeit aufeinander.[238]
Das Interesse an Varèse geht allerdings weiter zurück. Bereits 1951 dachte Le Corbusier an Varèse und hatte im Sinn, ihm den Auftrag zu einer Klanginstallation (Musique Bruitage du Chantier) zu erteilen, die anläßlich der Einweihung der Unité d'Habitation in Marseille hätte realisiert werden sollen.[239] Warum Edgard Varèse und nicht Strawinsky, Milhaud oder Hindemith? Hätten sie nicht vor dem Hintergrund des *Esprit Nouveau* besser zu Le Corbusiers Musikgeschmack passen müssen? Warum nicht Albert Jeanneret? Hier hätte sich Gelegenheit geboten, den Bruder mit einem Schlag ins Rampenlicht einer breiten internationalen Öffentlichkeit zu befördern?[240] Warum nicht Oliver Messiaen, war er doch damals die bedeutendste Kapazität im zeitgenössischen Pariser Musikleben, schon seit den frühen fünfziger Jahren vielbesuchter Meister der neuen ‚elektronisierenden' Komponistengeneration?[241] Und überhaupt, was war denn schließlich so inakzeptabel an der Person Benjamin Brittens?
Das *Poème électronique* ist, wie es der Name ja deutlich genug sagt, ein Gedicht, das seine Ausdrucksformen aus den Möglichkeiten der Elektronik zu schöpfen sucht. Allein daß der Auftrag an Le Corbusier vom damaligen Elektrogiganten Philips gegeben wurde, verweist auf eine kommerzielle Absicht: Demonstrationen jener elektrotechnischen Möglichkeiten, mit denen der Auftraggeber sein Geld verdient.[242]
Erstaunlich auch, daß Le Corbusier den elektronischen Errungenschaften noch mehr zu huldigen gedenkt als Philips, denn Benjamin Britten hätte sicherlich nur eine lediglich elektronisch auszustrahlende Musik geschaffen. Wollte Le Corbusier partout elektronische Musik? Das würde freilich erklären, warum die obengenannten Alternativen bei der Wahl des Komponisten nicht in Frage gekommen wären.[243]
Wäre es aber nur um die Fähigkeit, elektronische Musik komponieren zu können gegangen, so hätten sich ebenso jene jungen Musiker angeboten, die bereits Anfang der fünfziger Jahre mit ersten Resultaten elektronischer Experimente an die Öffentlichkeit getreten waren, wie etwa der 1928 geborene Karlheinz Stockhausen. Daß Le Corbusier aber unbedingt Varèse als Mitarbeiter haben wollte, muß noch andere Gründe gehabt haben: Für ihn war Varèses Musik der Inbegriff einer ‚bruitistischen' Klangkunst, die den Impetus der technischen Zivilisation am besten zum Ausdruck bringen konnte.

Ein weiterer Grund war aber auch das Interesse an der Person des Komponisten, zudem der Wunsch, mit ihm in persönlichen Kontakt zu treten; immerhin spürte Le Corbusier zu Varèse eine gewisse Geistesverwandtschaft.[244] Bisher sind zwar kaum Quellen publiziert worden, die frühere Kontakte belegen könnten, und dennoch spricht einiges für die Vermutung, daß Le Corbusier und Varèse sich bereits in den zwanziger Jahren begegnet sein könnten, zumal der mit Fernand Léger befreundete Komponist während des Sommers 1925[245] in dessen Atelier gewohnt hatte. Louise Varèse beschreibt dieses Appartement in ihren Tagebüchern: „Im Winter war es so etwas wie eine Schule, in der Léger einer der wichtigsten Lehrer war. Da dort bei weitem zu viele Léger-Bilder herumstanden, und vorwiegend harter und unumgänglicher Léger – stellten wir sie alle in eine Ecke des Riesenraums mit dem Gesicht zur Wand."[246]
Da zu jener Zeit auch Le Corbusier mit Léger in persönlichem Kontakt gestanden hatte, wäre es erstaunlich, wenn Léger ihm nicht einmal von seinem Besuch berichtet hätte.
Auch Varèses Freundschaft zu dem chilenischen Dichter Vicente Huidobro (1893–1948) scheint in diesem Zusammenhang erwähnenswert. Huidobro lebte seit 1909 in Paris und war Redakteur bei verschiedenen Zeitungen. Wie Apollinaire, mit dem er übrigens befreundet war, pflegte Huidobro die typografische Poesie sowie die Lautdichtung. Die Leser des *Esprit Nouveau* kannten ihn aus verschiedenen Artikeln.[247] Insbesondere seine Theorie des ‚Creacionismo', die in dem Aufsatz *La création pure* (Esprit Nouveau No.7, 1921) zur Erklärung gelangte, dürfte, wie Helga de la Motte vermutet, auch für die Schaffenstheorie von Varèse zentral gewesen sein.[248] Jedenfalls verwendete Varèse im Jahre 1921 für sein Stück *Offrandes*[249] Huidobros *Chanson de làhaut* als Textvorlage. Es wäre also durchaus denkbar, daß Le Corbusier von Huidobro auf Varèse aufmerksam gemacht worden wäre.
Die Angaben über eine Begegnung zwischen Varèse und Le Corbusier in den zwanziger Jahren bleiben hypothetisch. Le Corbusier hat nirgends explizit erklärt, warum er sich für die Arbeit am *Poème électronique* unbedingt mit Varèse zusammentun wollte, und ebenso schweigt er sich über die Geschichte ihrer Bekanntschaft aus. Fernand Ouellette zitiert eine Briefstelle, die einen Hinweis auf die Dauer der Bekanntschaft mit Varèse enthält, obwohl daraus noch nicht hervorgeht, ob es sich um eine persönliche Bekanntschaft gehandelt hatte oder lediglich um die Begegnung mit einem Werk des Komponisten.[250]
„Immédiatement j'ai pensé à Varèse [es geht also immer noch um Varèses Teilnahme am *Poème électronique*, P.B.] dont je n'avais pas eu à m'occuper

depuis près de vingt-cinq ans. Et cela fut si fort que je déclarai que je n'entreprendrais cette tâche qu'à la condition que ce soit Varèse qui fasse la musique. On me disait: ‚Nous avons nos musiciens; nous avons nos compositeurs'. Je répondis: ‚C'est à prendre ou à laisser et, plus que cela, je mets comme condition, pour Varèse, une rétribution digne de lui'."[251]
Nimmt man den Hinweis auf die 25 Jahre beim Wort, so ergibt sich als Zeitraum einer ersten persönlichen Begegnung zwischen Varèse und Le Corbusier das Jahr 1935.[252] Auch Bart Lootsma stützt sich auf diese Quelle und nimmt an, daß Le Corbusier Varèse 1935 in New York zum ersten Mal getroffen hat. Lootsma gibt ferner an, daß Le Corbusier Varèse beim Dirigieren von Chören ‚entdeckt' habe und daß ihm dabei bewußt geworden sei, daß Varèse ‚etwas' habe.[253] Schließlich bleiben aber Le Corbusiers Formulierungen zu vage, als daß sie eindeutig belegten, ob dies auch die erste Begegnung war. Bart Lootsmas Hinweis mag zutreffen, dem zufolge Le Corbusier schon wenigstens zehn Jahre zuvor auf Varèse aufmerksam geworden war, zumal er ja zur Zeit des *Esprit Nouveau* mit verschiedenen Personen zu tun hatte, die Varèse bereits von früher her kannten und Le Corbusier von Varèse hätten berichten können: „Wahrscheinlicher ist es, daß Le Corbusier in jedem Fall von dem Namen, aber vielleicht auch von den Ideen Varèses schon länger unterrichtet war, da Varèse in der Zeit vor 1935 einige Zeit in Paris gewohnt hat, oder auch durch die vielen Namen, die Le Corbusier dank dem *Esprit Nouveau* kannte."[254]
Ob Le Corbusier wirklich an Varèses Ideen mehr interessiert war als an der Musik, wie Lootsma meint, sei bezweifelt, denn wie Lootsma auf die Idee kommen konnte, daß Le Corbusier einen „Widerwillen gegen die Musik" haben könnte, ist nicht nachvollziehbar – vermutlich war er einfach falsch informiert.[255] Entgangen ist Lootsma offensichtlich auch, daß in den Jahren 1929 bis 1933 in Paris mindestens vier Konzerte mit Kompositionen von Varèse gegeben wurden (vgl. Seite 87). Le Corbusier hätte also durchaus Gelegenheit gehabt, Musik von Varèse zu hören. André Baltensperger, der sich auf Angaben von André Jolivet, Varèses einzigen Schüler in Frankreich, stützt, nimmt an, daß Le Corbusier Varèse und sein Werk um 1930 in Paris kennenlernte.[256] Da aber bislang keine Dokumente gefunden wurden, die hierüber Aufschluß geben, muß man es bei bloßen Vermutungen bewenden lassen. Die Widerstände gegen Varèse von seiten der Philips-Verantwortlichen blieben aber auch nach der sicherlich widerwillig gegebenen Zustimmung bestehen. So wurde Varèses Arbeit von für den akustischen Teil, die er im Herbst 1957 im bestens eingerichteten Philips-Studio in Eindhoven beginnen konnte, nicht gerade freundlich begleitet. Im Dezember hörten sich

die Philips-Leute einen Teil der Komposition an und verurteilten sie mit der Begründung, sie entbehre jeglicher Melodie und Harmonie. Wie der Projektleiter der Firma Philips, Kalff, in einem Brief an Le Corbusier mitteilte, beunruhigte man sich über die Musik so, daß die Beauftragung eines zweiten Komponisten veranlaßt wurde[257], den eher traditionellen, weiter aber kaum bekannten französischen Komponisten Henri Tomasi. Dessen *Poème électronique* für Chor und Orchester überzeugte jedoch nicht und wurde von Philips ebenfalls abgelehnt. Schließlich reagierte Le Corbusier auf die Aufforderung, sich von Varèse doch wieder zu trennen, so unerbittlich, daß auch ein gelungenes Werk Tomasi kaum viel genützt haben dürfte. Ohne Varèse hätte Le Corbusier den ganzen Plan des Pavillon ohnehin zurückgezogen.[258]
Aus all dem geht deutlich genug hervor, wie viel Le Corbusier an Varèse gelegen war. Zudem fühlte er sich anscheinend ganz wohl in der Rolle desjenigen, der sich für Varèse stark machen und sich nach außen sogar als ‚Förderer' des Komponisten präsentieren konnte – schließlich war Varèse um 1950 in Europa nahezu unbekannt. Le Corbusiers selbstverständliche Loyalität bestand darin, Varèse keine Vorschriften zu machen, sondern ihn bei der ihm anvertrauten Aufgabe völlige Freiheit zu lassen. Daß das nicht nur etwas mit prinzipieller Generosität zu tun hatte, sondern ganz einfach die einzige Möglichkeit war, mit Varèse zusammenzuarbeiten, geht schon daraus hervor, daß die Skizzen, die Le Corbusier zum Ablauf der Musik gemacht hatte, wieder aufgegeben wurden. Und schließlich konnte sich Le Corbusier auch mit seiner ursprünglich gewünschten Idee der Stille in der Mitte des Stückes[259] nicht durchsetzen: „Mon cher Corbu", schreibt ihm Varèse, „je n'ai pas pu réaliser ce silence; c'est précisément le moment où il y a le plus de bruit dans mon affaire."[260]
Offensichtlich war Varèse sogar noch etwas kauziger als Le Corbusier. Jedenfalls scheint es, daß Le Corbusier vor ihm einen großen Respekt hatte.[261] Varèse war nicht nur ein Mitarbeiter des ganzen Weltausstellungs-Projekts, sondern Teil der ‚Botschaft'. Schließlich hinterließ Varèses Musikauffassung in Le Corbusiers theoretischem Denken so deutliche Spuren, daß allein schon die frappante Übereinstimmung der beiden Musikbegriffe Varèse als den wichtigsten Musiker in Le Corbusiers zweiter Lebenshälfte hätte hervorgehen lassen.
Edgard Varèse wurde am 22. Dezember 1883 in Paris geboren. Seine Mutter stammte aus dem Burgund, sein Vater war Ingenieur und italienischer Abstammung. Obwohl Varèse bereits als Kind starke Neigung zur Musik zeigte, sollte er in die Fußstapfen des Vaters treten und ebenfalls die Laufbahn eines Ingenieurs beginnen. Mit 21 Jahren verließ Varèse den Vater (die Mutter war

bereits vier Jahre zuvor gestorben), der ihn nicht nur bei seinen musikalischen Plänen behindert hatte, und ging 1904 nach Paris, wo er in die Schola Cantorum aufgenommen wurde. Ebenso wie Erik Satie war er hier Schüler von Vincent d'Indy und Albert Roussel. Die Freundschaft zwischen Varèse und Satie geht auf die gemeinsame Zeit (1905/1906) an der Musikschule zurück.[262] Nachdem er auch als Chorleiter von sich reden machte, erhielt er auf Empfehlung von Charles-Marie Widor ein Stipendium der Stadt Paris (Bourse Artistique). Damals wurde Romain Rolland auf den jungen Komponisten aufmerksam, dessen Musik er studierte und immer wieder empfahl – vielleicht auch in einer jener Vorlesungen, die Le Corbusier im Jahre 1908 besucht hatte? Jahrelang standen Rolland und Varèse im Briefwechsel, und als der Dichter in seiner Romantrilogie *Jean-Christophe* ein Musikerportrait aus Zügen mehrerer moderner Komponisten zusammentrug, war Edgard Varèse eines seiner Modelle.[263]

Im Jahre 1907 verlegte Varèse seinen Wohnsitz nach Berlin. Die Stadt war seinerzeit zu einem Brennpunkt künstlerischer Ideen avanciert, und offensichtlich erhoffte sich Varèse von Berlin bessere Arbeitsmöglichkeiten sowie bessere Chancen, seine Werke öffentlich Gehör bringen zu können. Er dirigiert dort zunächst den auf Alte Musik spezialisierten Symphonischen Chor, einen Laienchor, ist aber zur Bestreitung seines Lebensunterhaltes in erster Linie auf Kopistenarbeiten angewiesen.

1908 lernte Varèse den berühmten Pianisten und Komponisten Ferruccio Busoni (1866–1924), dessen *Entwurf einer neuen Ästhetik der Tonkunst* ihn außerordentlich fasziniert hatte, persönlich kennen. Zwischen den beiden entwickelte sich trotz des großen Altersunterschiedes eine Freundschaft: „Gemeinsam diskutierten wir darüber, welchen Weg die Musik der Zukunft nehmen könnte oder besser nehmen sollte, aber nicht nehmen konnte, solange die Zwangsjacke des temperierten Systems (,das diplomatische Zwölfersystem' wie er es nannte) sie unbeweglich hielt. Er beklagte, daß sein eigenes Tasteninstrument unsere Ohren dazu konditioniert habe, nur einen Bruchteil der unendlich vielen Abstufungen des Klanges in der Natur aufnehmen zu können. Wenn ich jedoch sagte, ich sei fertig mit der Tonalität, antwortete er rasch: ,Du verzichtest auf eine feine Sache.'"[264]

In Busonis prophetisch anmutender Musiktheorie des Jahres 1906 (*Entwurf einer neuen Ästhetik der Tonkunst*) wird der Maschine eine große Zukunft vorausgesagt. Varèse hält dazu fest: „Busoni interessierte sich sehr für die elektronischen Instrumente, von denen man damals zu hören begann, und ich erinnere mich besonders an eines, von dem er gelesen hatte, das ,Dynamophon', das ein Dr. Thaddeus Cahill erfunden hatte, und das ich später in New York vorgeführt sah. Durch seine sämtlichen Schriften ziehen sich Voraussagen über die Musik der Zukunft, die inzwischen Wirklichkeit geworden sind. Es gibt kaum eine Entwicklung, die er nicht vorausgesehen hätte."[265] In Busonis bahnbrechendem ‚Entwurf' finden wir auch eine Beschreibung von Dritteltönen, in welcher ebenfalls die Möglichkeit, das temperierte Tonsystem zu verlassen, durchgedacht wurde.

In die Berliner Jahre (bis 1914) fallen weiter die Begegnungen mit Richard Strauss und Hugo von Hofmannsthal, die beide versucht hatten, den von finanziellen Nöten geplagten Varèse auf ihre Weise zu unterstützen. Auch von Mahler, den er während eines Aufenthaltes in Wien kennengelernt hatte, existiert ein Empfehlungsschreiben.[266] Vom Kriegsausbruch wird Varèse in Paris überrascht, wo er dann bis zum 18. Dezember 1915, dem Tag seiner Abreise nach Amerika, bleibt. Aber bereits anläßlich eines Besuches im November 1913 schreibt Apollinaire in seinen *Anecdotiques*: „Obschon in Frankreich weniger bekannt als in Deutschland, wo man ihn zu den eigenständigsten Talenten von heute zählt, wird Edgard Varèse bald Paris erobern wie er Berlin erobert hat."[267]

Daß Varèse aber nicht nur von Apollinaire, sondern etwa auch von Jean Cocteau[268] geschätzt wurde, geht aus dessen Inszenierungsplan von Shakespeares *Sommernachtstraum* aus dem Jahre 1914 hervor: Varèse war mit Teilen des musikalischen Arrangements beauftragt worden.

In Amerika war Varèse zunächst ebenfalls als Kopist und Arrangeur tätig. Darüber hinaus entfaltete er aber auch sein erstaunliches Organisationstalent. So rief er 1919 das New Symphonic Orchestra für die Aufführung moderner Musik ins Leben und war Mitbegründer der International Composers' Guild, in deren Konzerten viele moderne Werke zum ersten Male in den USA aufgeführt wurden. 1928 gründete Varèse die Pan American Society für die Pflege der Musik Süd- und Nordamerikas.

Seit 1927 amerikanischer Staatsbürger verläßt Varèse am 10. Oktober 1928 New York und kehrt für fünf Jahre nach Frankreich zurück. Während dieser Zeit kommen die meisten seiner in Amerika komponierten Werke in Paris zur Aufführung: *Intégrales* (1924) (Concert M.F. Gaillard) am 23. April 1929, *Amériques* (1918–1922) (Leitung: Gaston Poulet) am 30. Mai 1929, *Offrandes* (1921) (Leitung: E.Varèse) am 14. März 1930 und *Arcana* (1925–1927) in der Salle Pleyel am 25. Februar 1932.[269] Alejo Carpentier, ein damaliger Freund und Mitarbeiter von Varèse, bezweifelte allerdings, daß die Pariser in dieser Zeit viel von Varèse verstanden. „Es waren eher unsichere, doch gar nicht so üble Aufführungen vor einem Publikum, das fürchtete, sich nochmals wie einst beim *Sacre* zu blamieren. Der Beifall, der *Hyperprism*,

Octandre oder *Intégrales* begrüßte, zog keinerlei wirkliches Verständnis der Notentexte nach sich. Man applaudierte bei den Concerts Gaillard in der Salle Gaveau nach *Amériques* unter Poulet, in der Salle Pleyel nach *Arcana* unter Slonimsky, weil Varèses Musik offensichtlich recht dissonant war. Damals wurde viel über ‚Dissonanzen‘, ‚Polytonalität‘ und ‚Heterotonalität‘ geredet, schließlich mußte man die Dissonanzen Strawinskys ebenso wie diejenigen Milhauds und Honeggers akzeptieren; ihnen aber hatten die Varèseschen voraus, daß sie das Gehör sprengten."[270]

Um 1930 war in Paris der Neoklassizismus Mode geworden[271], und sicherlich dürfte von jenem Publikum, das an den neoklassizistischen ‚Concerti grossi‘ Gefallen fand, für die Musik von Varèse kaum Verständnis erwartet werden. Varèses Werke wurden zwar aufgeführt, aber jedes nur einmal, und so gewaltige Irritationen sie im Publikum auch hervorrufen konnten, so wenig mühte sich dieses um ihr Verständnis.

Es wäre natürlich besonders interessant zu erfahren, ob Le Corbusier eine oder mehrere dieser Aufführung besuchte; wir wissen es nicht.[272] Der Wirtschaftszusammenbruch, die daran anschließenden politischen Wirrnisse und schließlich der Krieg bringen auch für Varèse eine düstere Zeit voller Depressionen, Krankheit und Selbstmordgedanken. Rainer Riehn zufolge dauerte diese Zeit persönlicher Krisen bis ins Jahr 1948, Varèses Werkverzeichnis weist zwischen den Jahren 1936 und 1947 ein großes Loch auf. In dieser Zeit schien der Komponist einem Vorhaben nachgekommen zu sein, das er bereits 1930 gegenüber Carpentier einmal angedeutet hatte: die Musik aufzugeben.[273] Vielleicht waren dabei auch die Absagen, die er von der Filmindustrie erhalten hatte, ausschlaggebend, hatte er sich doch verschiedentlich bemüht, seine Experimente mit neuen Klangkörpern in den Dienst der Filmmusik zu stellen, um damit in Hollywood Fuß zu fassen.[274]

Nachdem Varèse Europa im Jahre 1933 ein zweites Mal verlassen hatte, geriet er dort fast in Vergessenheit: „Der mühsame kulturelle Aufbau nach dem Zweiten Weltkrieg kann dafür mitverantwortlich gemacht werden, daß er um 1950 auf dem alten Kontinent praktisch ein Vergessener war. Iannis Xenakis erinnerte sich, daß um diese Zeit Olivier Messiaen einmal gesagt haben soll, daß vielleicht der größte Komponist des 20. Jahrhunderts ein in den USA lebender Exilfranzose, nämlich Edgard Varèse sei."[275]

1954 meldet sich Varèse mit *Déserts*, einem Werk zurück, das erstmals elektronische Klänge als ‚son organisé‘ in die vom Orchester erzeugte Musik eingeschoben enthielt. Hier sind auch die Arbeiten an *Espace*, einem nicht vollendeten Werk für Chor und Orchester, das bereits auf das Jahr 1929 zurückgeht, einbezogen, so daß damit das Intervall eines Vierteljahrhunderts um-

schlossen ist. Die Stationen im Werkkomplex[276] *Déserts* sind auch bezeichnend für Varèses persönliche Entwicklung: Ein Stück, das er *Espace* (= All) nennen wollte, ging nach 25 Jahren in ein Stück ein, das *Déserts* (= Einöde) heißt. „Ich habe *Déserts* als Titel gewählt, weil das für mich ein Wort ist, dessen Klang in mir Assoziationen bis ins Unendliche auslöst. *Déserts* bezeichnet für mich nicht nur Einöden wie Sand, Meer, Gebirge, Schnee, Raum, verlassene Straßen in Städten, nicht nur den Teil der Natur, der Unfruchtbarkeit, Ferne, Ausserhalb-von-Zeit-sein hervorruft, sondern auch den weiten inneren Raum, den kein Teleskop erreichen kann, wo der Mensch sich allein findet, auf einer Welt von Rätsel und Ureinsamkeit."[277]
Im Gegensatz zu *Espace* und *Etude pour Espace*[278] enthält *Déserts* keine Vokalteile mehr, und auch von der ursprünglich geplanten Feier der menschlichen Gemeinschaft, die durch eine gleichzeitige Ausstrahlung aller Rundfunkstationen der Erde verschiedenste Chöre rund um die Welt in wechselnder Abfolge verbinden sollte, ist in *Déserts* nichts übrig geblieben. In der Tat stellte sich Varèse für *Espace* ein modernes und reales ‚Seid umschlungen Millionen' vor und brachte seine Absicht mit Beethovens neunter Symphonie in Zusammenhang. Das war 1938, der Krieg entmutigte ihn vollends. Die Idee zu *Espace* ist durch die Geschichte überholt worden.
In unserem Zusammenhang besonders aufschlußreich ist aber Varèses „heldisch optimistischer Appell"[279], den er im dritten Satz des Werkes an die Menschheit gerichtet wissen wollte. In einer Beschreibung dazu entdeckt man eine derart frappierende Verwandtschaft zu Le Corbusiers *Poème électronique*, daß hier ein längere Textstelle wiedergegeben werden soll: „Die Welt soll aufwachen. Die Menschheit auf dem Marsch. Nichts kann sie aufhalten. Eine bewußte Menschheit, die man nicht ausbeuten kann und die kein Mitleid braucht. Vorwärts! Auf den Weg! Sie marschieren! Der Tritt von Millionen Schritten hallt dumpf, unablässig. Der Rhythmus wechselt. Schnell, langsam, staccato, schleppend, dumpfes Stampfen. Marschiert. Das Schlusscrescendo klingt so, als ob der unerbittliche Marsch nach Vorwärts nie zum Stehen käme, so als ob er sich ins All erstreckte. Sätze, Parolen, Stimmen aus dem Äther, als ob Zauberhände unsichtbar an den Knöpfen von imaginären Radios drehten, Stimmen, die das All erfüllen, sich kreuzen, sich überlagern, einander durchdringen, zerspringen, sich gegenseitig abstoßen, aufeinanderprallen, aneinander zerschellen. [...] Ich will die Stoßkraft unserer Zeit entblößt von ihren Manierismen und ihrem Snobismus darstellen. Ich möchte hier und da Bruchstücke von Sätzen aus amerikanischen, französischen, russischen, chinesischen, deutschen Revolutionen verwenden; Sternschnuppen und Wörter wie von Presslufthämmern oder wie der Pulsschlag eines unterir-

dischen, hartnäckigen rituellen Ostinatos. Ich stelle mir eine hochgespannte, prophetische, beschwörende Redeweise vor, wobei die Form trocken, nüchtern bleibt. Und dazu etwas aus den Folkloren wegen des Menschlich-Erdverbundenen. Ich möchte alles einschließen, was mit dem Menschen zu tun hat, vom Urtümlichsten bis zu den vorgeschobensten Punkten der Wissenschaft."[280]

Nach der Arbeit am *Poème électronique* komponierte Varèse *Nocturnal*, ein Werk für Sopran, Männerchor und Orchester nach Texten von Anaïs Nin, das – unvollendet – am 1. Mai 1961 uraufgeführt wurde. Varèse starb am 6. November 1965, zehn Wochen nach Le Corbusier, mit 82 Jahren.

Edgard Varèse: die Befreiung des Klangs

> *Ich persönlich benötige für meine Konzeption ein völlig neues Ausdrucksmedium: ein Klang produzierendes Gerät – nicht ein Klang reproduzierendes.* Edgard Varèse

Der Wunsch, die musikalischen Ausdrucksmöglichkeiten durch Verwendung von Geräuschen zu erweitern, ist zu Beginn dieses Jahrhunderts bei verschiedenen Komponisten ausgereift. Während atonale Kompositionen oder der Gebrauch der 12-Ton-Technik auf ihre Art auf die Verabschiedung des spätromantischen Pathos[281] zielten, erhoffte man sich durch unkonventionellen Gebrauch des überkommenen Instumentariums[282], aber auch durch die Erweiterung des Schlagwerkapparats[283] eine Erneuerung der Musik.
„Ohne Zweifel liegen in der rhythmischen und klangfarblichen Organisation des Geräusches noch unentdeckte künstlerische Möglichkeiten. In den primitiven und den exotischen Musikkulturen wird von ihnen weitgehend Gebrauch gemacht. In der abendländischen Musik sind sie seit Jahrtausenden verschüttet und ungenutzt. Erst die moderne Welt des Industriezeitalters hat die Erinnerung an solche archaische Geräuschkünste geweckt. Die Maschinen haben das Leben des Menschen seit dem 19. Jahrhundert zunehmend mit Lärm imprägniert; eine moderne Großstadtstrasse, eine Maschinenhalle, ein Bahnhof, ein Flugplatz bringen mehr Geräusch hervor, als die gesamte Welt im Zeitalter der Postkutsche zusammen. Der Urbanismus in den modernen Künsten ist der Maschine emphatisch zugetan. Er bejaht das Tempo, das sie in das zeitgenössische Leben getragen hat, die Konstruktionsform, die sie inspiriert, von der Schiffsschraube bis zur Stromlinie."[284]

Das erste eigentliche Programm einer Geräuschmusik wurde von den Bruitisten formuliert. 1913 schrieb der futuristische Musiker Luigi Russolo an den Freund Balilla Pratella seinen berühmt gewordenen Manifestbrief, in dem die Axiome des Bruitismus formuliert waren.[285] Im Gegensatz zu diesem Manifest haben sich die kompositorischen Produkte der Futuristen in der Musikgeschichte des 20. Jahrhunderts kaum einen Stammplatz erobern können. Erst 1931 wird dasjenige Stück komponiert, das als „weitaus konsequenteste Arbeit mit bruitistischen Mitteln"[286] die Geräuschmusik gleichsam etabliert: *Ionisation* von Edgard Varèse. Unter den vierzig Instrumenten, die von dreizehn Musikern bedient werden, finden sich große und kleine Trommeln, Becken und Holztrommeln, Klaviere und Glocken, Sirenen und große sogenannte Löwensirenen.

„Von den Geräuschfarben sind die der Sirenen die fremdartig beunruhigendsten. Wenn schon zu Beginn zwei Sirenen in Gegenbewegung ein Glissando ausführen, scheint der ins Riesenhafte vergrößerte Schatten einer mechanisierten Kundry beschworen, und alle Visionen, die Thomas Mann dem Urgeheul einer Musik von Adrian Leverkühn andichtet, sind übertrumpft."[287]
In seinen eigenen ästhetischen Konzeptionen bricht Varèse radikal mit dem tradierten Musikbetrieb: „Wir finden es nötig, veraltete Werkzeuge durch andere zu ersetzen, die durch neue Bedürfnisse angefordert werden, und wir finden, daß das Boulderdamm-Kraftwerk uns besser ausdrückt als die ägyptischen Pyramiden und die gotischen Kathedralen. Aber in der Musik muß sich der Komponist noch mit Instrumenten begnügen, die wie die Streicher schon vor zwei Jahrhunderten vervollkommnet waren. Für unseren täglichen Gebrauch hat menschlicher Geist etwas Bequemeres ausgearbeitet als die Handpumpe. Aber wir fahren fort, in einen veralteten und komplizierten Mechanismus von Röhren zu blasen, während gleichzeitig ein unzulängliches Notationssystem uns nicht einmal erlaubt, alle Töne zu notieren, die solche Instrumente produzieren können. Ganze Symphonien von neuen Tönen sind in der industriellen Welt aufgekommen und bilden unser ganzes Leben lang einen Teil unseres täglichen Bewußtseins. Es erscheint unmöglich, daß ein Mensch, der sich ausschließlich mit Tönen beschäftigt, durch sie unverändert bleiben kann. So muß man also, wenn man ein Konzert mit zeitgenössischer Musik verläßt, folgern, die meisten Komponisten seien taub oder ihr Auffassungsvermögen sei beschränkt auf diejenigen Töne, die seit ein paar hundert Jahren von Orchestern hervorgebracht werden."[288]
Obwohl die konventionellen Instrumente damals noch lange nicht alle möglichen Geräusche zur Entfaltung gebracht hatten, sieht Varèse die Möglichkeit zur Befreiung der Musik erst durch die Entwicklung der elektronischen

Musik gegeben. Dennoch ist mit dem energischen und kämpferischen Engagement für eine Befreiung des Klangs keine Abwertung der Musik der Vergangenheit verbunden. Insbesondere für die Musik vor Bach hatte Varèse eine große Vorliebe.
Für ihn ging es bei der Erneuerung auch nicht um eine prinzipielle Distanzierung von der Romantik, wie sie sich zum Beispiel bei den Zwölftönern oder auch in der Ästhetik der ‚Groupe des Six' feststellen läßt – so war ihm auch der an der Schola Cantorum praktizierte Anti-Wagnerianismus fremd[289] –, sondern vielmehr um die Restauration einer aus dem quadrivialen Musikbegriff gewonnenen ‚Klanguniversalität'. Das atonale System hielt er für eine „falsche Konzeption". Reihenorganisationen, wie etwa diejenigen in der Zwölftonmusik, betrachtete er als unfruchtbar, weil sie nicht alle verfügbaren Klangressourcen ausschöpften, und für den Neoklassizismus hegte er eine tiefe Verachtung.[290]
Die Befreiung der Musik, wie Varèse sie sich vorgestellt hatte, ist allerdings nicht nur auf die Erfindung neuer Klangfarben beschränkt, Befreiung ist hier konkreter gemeint: als Befreiung vom fixen Standort, das heißt Klangbewegung, ‚spatiale Musik'.
Varèse setzte an die Stelle von Tönhöhen, die es durch bisherige Vorstellungen vom Tonsatz zu organisieren galt, den Klang als schwingende Materie. Er beschrieb einst, wie er anläßlich eines Konzerts den Eindruck hatte, die Musik löse sich von den Musikern ab, um sich in den Raum hinaus zu bewegen, weil dort, wo er saß, zu viele Resonanzen erzeugt wurden.[291] Das Erlebnis, in Klangbewegungen Gestalten wahrzunehmen, die sich durch räumliche Eigenschaften ausweisen, ist – obwohl keineswegs neu[292] – auch hier von fundamentaler Bedeutung. „Für Varèse gab es keinen Tonsatz mehr, der orchestriert werden konnte, sondern musikalische Formen gingen aus den Timbres, Farben und körperlichen Qualitäten der Klänge gleichermaßen wie aus deren Höhe hervor. Klangmasse, verschiedene Volumina, modifiziert durch die Intensität, bilden die Grundlage der musikalischen Struktur. In abstrakten Ton- und Intervallbeziehungen zu denken, erschien ihm als eine Form des Intellektualismus, bei der in Noten auf dem Papier, nicht aber in konkreten Klängen gedacht wurde. Die vormals in der Musik nur der Darstellung des Tonsatzes dienenden Eigenschaften, wie die Farbe und die Dynamik, rückten damit ins Zentrum des Dargestellten."[293]
Horizontale und vertikale, durch Dynamik unterstützte Tonbewegungen (als zeitliche Abfolge von Tonhöhenverhältnissen), bildeten seit langem die drei Dimensionen der Musik.[294] Durch Varèses Konzeption einer ‚spatialen Musik' kommt eine vierte Dimension hinzu: „Klangprojektion – jenes Gefühl,

daß Klang uns ohne die Hoffnung verläßt, durch Reflexion zurückgeworfen zu werden, ein Gefühl vergleichbar dem, das durch Lichtbündel hervorgerufen wird, die ein mächtiger Scheinwerfer aussendet –, Projektion für das Ohr vergleichbar jener für das Auge, jenes Erlebnis von Projektion, von Abreise im Raum."[295]

Varèse hatte als Chorleiter verschiedentlich Gelegenheit, durch die Aufführung von mehrchörigen Werken die Wirkungen von ‚räumlicher' Musik zu erleben. So studierte er mit dem von ihm gegründeten *Greater New York Chorus* vor allem alte Meister ein, Gabrieli, Schütz und Monteverdi, Komponisten, die seinerzeit in Amerika weitgehend unbekannt waren. Aber auch anläßlich einer Aufführung von Berlioz' *Requiem*, das am 1. April 1917 einen überwältigenden Erfolg in New York hatte, konnte Varèse vom guten Standort des Dirigenten profitieren. Er bot dazu einen Chor von über 300 Sängern und ein Orchester von 150 Musikern auf und hatte damit die Uraufführungsbesetzung teilweise überboten. Nicht nur die ungewöhnlichen Klangeffekte, sondern auch das Wandern der Stimmen durch den Raum, das Berlioz mit entfernt aufgestellten Bläserchören erzielt, hat Varèse sicherlich fasziniert.[296]

Diese Erlebnisse sind nicht nur in die eigenen Kompositionen eingegangen, sie haben in gewisser Hinsicht auch die Terminologie der theoretischen Erörterungen mitgeprägt. Begriffe wie Projektion und Reflexion oder Metaphern aus dem Bereiche der Beleuchtung deuten an, wie visuelle und auditive Rezeption zu verschmelzen beginnen. In diesem Sinne trifft eine Charakterisierung von Varèses Musik von Morton Feldmann, der sie als „floating sculpture"[297] bezeichnete, zu.

Zur sprachlichen Erfassung der die ‚spatiale Musik' bestimmenden Phänomene bieten sich Ausdrücke und Begriffe aus der Geometrie an. So bedient sich Varèse zur Beschreibung von *Intégrales* (1924) der folgenden geometrisch-anmutenden Formulierung: „Wir betrachten die wechselnde Projektion einer geometrischen Figur auf eine Fläche, wobei Figur und Fläche sich beide im Raum bewegen, aber jede nach ihren eigenen Geschwindigkeiten, die veränderlich und verschieden sind, die sich verschieben und rotieren. Die augenblickliche Form dieser Projektion ist durch die Relation zwischen Figur und Fläche in diesem Augenblick bestimmt. Aber wenn man erlaubt, daß die Figur und die Fläche ihre eigenen Bewegungen haben, ist es möglich, mit der Projektion ein äußerst komplexes und scheinbar unvorhersehbares Bild zu erhalten. Diese Qualitäten können noch vermehrt werden, wenn man die Form der geometrischen Figur ebenso wie ihre Geschwindigkeit variiert."[298]

In einer Programmnotiz zu *Intégrales* bemerkt er: „I often borrow from higher mathematics or astronomy only because these sciences stimulate my imagination and give me the impression of movement, of rhythm. For me there is more musical fertility in the contemplation of the stars – preferable through a telescope – and the high poetry of certain mathematical expositions than in the most sublime gossip of human passions."[299]
Karlheinz Stockhausen erinnerte sich in einer Gedenksendung anläßlich des Todes von Varèse im Norddeutschen Rundfunk, daß bei ihrer letzten Begegnung das Fasziniert-Sein von den Sternen ein Gesprächsthema gewesen sei.[300] Helga de la Motte weist darauf hin, daß in den theoretischen Texten von Varèse die Befreiung des Klangs und die Idee der spatialen Musik eng verbunden seien: „Die neue Magie des Klanges durch neue Frequenzzusammensetzungen, die Varèse in seiner Vorlesung in Santa Fe 1936 beschwor, verbindet sich mit wichtigen Ausführungen über die räumliche Projektion der Klänge. Rückgreifend auf den mittelalterlichen Begriff von Musik als einer wissenschaftlichen Disziplin, die neben der Arithmetik, Geometrie und Astronomie ihren Platz im Quadrivium hatte, äußerte er in einer anderen Vorlesung von 1939 zur ars scientia einmal mehr seinen Wunsch nach einem klangproduzierenden Gerät, das jede beliebige Schwingungszahl realisieren kann und sprach auch hier von Raumprojektionen. In der im engeren Sinn der spatialen Musik 1959 gewidmeten Vorlesung hielt es Varèse für wichtig, wenigstens ‚nebenbei' auf die nicht-systemliche Bindung seiner Klänge einzugehen."[301]
Die Suche nach einem neuen Musikbegriff wurde angeregt durch die Auseinandersetzung mit Wronskys Philosophie[302] und Duruttes ‚Harmonielehre'[303]. Die Definition der Musik als „Verkörperlichung der in den Klängen selbst gelegenen Intelligenz" verdankt Varèse dem Studium dieser Arbeiten.[304] Die Bemühungen um eine streng wissenschaftliche Grundlage seines Musikverständnisses führten ihn ferner auf die Untersuchungen von Helmholtz, der in seiner Tonphysiologie[305] von Experimenten mit Sirenen berichtet hatte. Angeregt durch diese Lektüre, ging Varèse auf den Flohmarkt, um sich Sirenen zu beschaffen. Mit diesen und auch mit Kinderpfeifen macht er seine ersten Experimente dessen, was er später ‚spatiale Musik' nannte, und erzeugte auf diese Weise parabolische und hyperbolische Klangkurven.[306]
Sirenen waren es auch, die Varèse später in seinen Kompositionen verwendete[307] – in *Hyperprism* (1922) sogar im Unisono mit Posaunen und Hörnern – und „die bereits 1925 bestimmte Kritiker veranlaßten, seine Musik als Bewegung im Raum zu begreifen."[308] Die Sirenen sind aber an einem einzigen Ort und schaffen durch ihre parabolischen und hyperbolischen Klangkurven le-

diglich ein ‚trompe l'oreille'. Was Sirenen aber effektiv zu leisten vermögen, sind Crescendi und Decrescendi, die in charakteristischer Weise von der Rotationsgeschwindigkeit des Motors ausgehen. Mit der Veränderung der Lautstärke geht eine geringfügige, doch unverhältnismäßig empfindlich wahrzunehmende Veränderung der Tonhöhe und der Klangfarbe einher. Die Verwendung der Sirene hat bei Varèse, anders als bei den Bruitisten, für die eher der symbolische Geräuschwert im Vordergrund gestanden hatte, ihre primäre Bedeutung als Instrument, das einen kontinuierlichen Tonhöhenverlauf ermöglicht. In einer Vorlesung an der Yale-Universität im Jahre 1962 bemerkte Varèse, daß fernöstliche Musiker sich am fehlenden Fluß der abendländischen Musik zu stören scheinen. Für ihre Ohren gleitet unsere Musik nicht, sondern klingt ruckhaft, aus Intervallen gleich Messerschneiden und aus Löchern zusammengesetzt, oder, wie es ein indischer Schüler von Varèse einmal ausdrückte „wie ein Vogel von Zweig zu Zweig hüpfend"[309]. Aber auch das stetige An- und Abschwellen des Klangvolumens, das eine Sirene produziert, inspirierte Varèse. Auf seinem Weg von der Technik der Klangschichtung[310] zur Bewegung von Klangmassen spielt die zunehmend virtuosere Beherrschung der dynamischen Ausdrucksmittel eine entscheidende Rolle. Sind an *Offrandes* (1921) und *Amériques* (1922) – vermutlich auch in seinen verschollenen früheren Werken – noch eher Schichtungstechniken festzustellen, so ist in *Intégrales* (1924) eine Unabhängigkeit von Klängen erreicht, in denen Zonen durch unterschiedliche Timbres oder Farben und verschiedene Lautstärken differenziert werden. Auch Helga da la Motte unterstreicht die Bedeutung der den Sirenen abgelauschten Lautstärkebehandlung: „Wesentlich zum Eindruck einer Bewegung unabhängiger Klangkörper trägt jedoch die Behandlung der Dynamik bei. Für die zu einem Timbre zusammengefaßten Instrumente sind die Dynamikvorschriften gleich; sie differenzieren jedoch die verschiedenen Klangzonen, wobei die zahlreichen Crescendo-Decrescendo-Vorschriften, die ein ungleichzeitiges An- und Abschwellen in den Klangzonen bewirken, wesentlich zum Eindruck einer Bewegung eines Klangkörpers beitragen. Diese Klangkörper scheinen im Lauterwerden auch näher zu kommen. Manchmal werden durch Spielanweisungen ‚lointain' – als hörte man nur ein Echo – Klänge in Entfernungen gerückt."[311]
Das Denken in Klängen, Klangmassen oder Klangblöcken führte schließlich zur weitgehenden Eliminierung der Einzelstimme. In *Déserts* sind die Töne, die ein Instrument erzeugt, als Teilfrequenzen eines Klanges zu verstehen: „In dieser ihrer Funktion als Teilfrequenzen können sie Klangflächen in einen bewegten irisierend-bunten Teppich verwandeln [...] Die Flächen, die aus liegenden Klängen bestehen, denen durch die Dynamik ein Verlauf gegeben

wird, erinnern an Bilder von Robert Delaunay mit ihren sich gegeneinander bewegenden Farbmustern. In einer derart subtilen Weise wie in *Déserts* finden sie sich nicht in früheren Werken von Varèse. Manchmal werden solche Klangflächen auch ganz bunt durch die Mischfarben des Schlagzeugs gestaltet. Ihnen stehen einige scharfkantige Fortissimo-Blöcke gegenüber, die durch große Septimen und kleine Nonen eine intensive Spannung erhalten. Auch für sie gilt, daß die Einzelstimme eines Instrumentes nur eine oft mit anderen Instrumenten durch rhythmische Parallelführung gemischte Teilfrequenz eines Klangspektrums bildet."[312]
Was diese Behandlung des einzelnen Tones im Hinblick auf Le Corbusiers Musikverständnis bedeutet, wird später noch zu bedenken sein (vgl. Seiten 124ff).

Verwirklicht wird die tatsächliche räumliche Klangbewegung über den ‚trompe l'oreille' der Sirenenverwendung hinaus erst im *Poème électronique*. „Die Musik, auf 425 Lautsprecher verteilt – es gab zwanzig Verstärkerkombinationen –, war auf einem Dreispurtonband aufgenommen, dessen Dynamik und Klangqualität verändert werden konnte. Die Lautsprecher waren in Gruppen und in sogenannten ‚Klangbahnen' angeordnet, um verschiedene Effekte zu erzielen: als ob die Musik sich um den Pavillon bewege oder als ob sie aus verschiedenen Richtungen käme, zurückgeworfen würde etc. Zum ersten Mal hörte ich meine Musik buchstäblich in den Raum projiziert."[313]

Wenn wir an dieser Stelle noch einmal nach Le Corbusiers Gründen für seine hartnäckig durchgesetzte Komponistenwahl fragen, so lassen sich nun im Œuvre von Varèses jene Elemente seines Kunstverständnisses ausmachen, mit denen sich Le Corbusier buchstäblich im Einklang fühlte. Ob es dabei zur Adaptation von Varèseschen Überlegungen gekommen ist, oder ob es sich lediglich um eine – allerdings frappierende – Übereinstimmung zwischen zwei voneinander unabhängig entwickelten Haltungen geht, sei vorläufig dahin gestellt.

Die „Verherrlichung des Raumes", in der Le Corbusier Architektur, Skulptur und Malerei als ‚Eroberung des Raumes' auf einen gemeinsamen Nenner bringt, kann ebenso gut auf die Musik bezogen werden: mit dem einzigen Unterschied, daß hierbei als Beispiel für ‚Raum-Eroberer' eigentlich nur Varèse genannt werden könnte: „Ohne jede Anmaßung möchte ich mich zu der ‚Verherrlichung' des Raumes äußern, die die Künstler meiner Generation, also um 1910, im ungeheuren Feuer der Schöpfung des Kubismus zuerst verkündeten. Mit mehr oder weniger Klarheit oder Eingebung haben sie von einer vierten Dimension gesprochen. Ein ganz der Kunst und der Suche nach Harmonie geweihtes Leben, die Ausübung dreier Kunstformen – Architektur,

Malerei und Skulptur – haben mir Gelegenheit gegeben, mich selbst mit dem Problem auseinanderzusetzen. Wenn man sich auf dem Umweg einer tiefen Erregung von allem Zeitbedingten freigemacht hat, offenbart sich einem die heute mögliche Synthese der drei Kunstformen, Architektur, Skulptur und Malerei, im Bereich des Raumes. Die ‚italienischen Perspektiven' haben damit nichts zu tun, hier geht es um etwas ganz anderes. Dieses andere hat man vierte Dimension getauft, warum auch nicht? Sie ist subjektiv, unwiderlegbar, aber undefinierbar, keine euklidische Entdeckung, die die oberflächlichen modernen Redensarten wie: das Bild darf die Mauer nicht durchbrechen, die Skulptur hat ihren Platz am Boden [...] mit einem Schlag zunichte macht. Für mich gibt es kein Kunstwerk ohne unfaßbare Tiefen, ohne Loslösung von einem festen Punkt. Die Kunst ist in erster Linie Raumwissenschaft; Picasso, Braque, Léger, Brancusi, Laurens, Giacometti, Lipschitz – ob Maler oder Bildhauer, – alle haben sich der Eroberung des Raumes gewidmet. Man begreift jetzt, was sich aus der Verbindung der Künste und der Architektur ergeben kann: eine Einheit, so fest in sich gefügt wie ein Cézanne."[314]

Das *Poème électronique*

Inhalt und Aufbau

Mit der Arbeit am *Poème électronique* ist für Varèse sozusagen ein ‚Knabentraum'[315] in Erfüllung gegangen. Nach so vielen Jahren hatte er endlich einmal – es sollte das einzige Mal bleiben – Gelegenheit, seine musikalischen Konzeptionen mit einer entsprechend aufwendigen akustischen Anlage zu realisieren. Philips machte es möglich, aber bis es soweit war, brauchte es Le Corbusiers hartnäckiges Ringen.
Aber auch für Le Corbusier eröffneten die von Philips skizzierte Aufgabe und die dafür in Aussicht gestellte Infrastruktur eine bisher nicht dagewesene Möglichkeit zur Vermittlung seiner kulturpolitischen Intentionen. Von diesen Möglichkeiten war er dermaßen fasziniert, daß er keinesfalls bloß einen ohnehin nur kurze Zeit bestehenden Bau liefern wollte, um gleichsam die Füllung des Bauwerks anderen zu überlassen.[316] „Vielmehr war er begeistert von der Vorstellung, seine Botschaft, deren Verbreitung seit mehr als dreissig Jahren in Gestalt von Bauten, Schriften und Vorträgen sein Anliegen gewesen war, nun einem großen internationalen Publikum unter Verwendung neuester elektronischer Techniken nahe zu bringen."[317]

So machte er dem künstlerischen Direktor der Firma Philips, L.C. Kalff, der 1956[318] mit dem Auftrag zum Bau eines Ausstellungspavillons an Le Corbusier gelangte, den Vorschlag, nicht nur das Bauwerk zu entwerfen, sondern inhaltlich auch zu füllen: „Je ne ferai pas de pavillon; je ferai un ‚*Poème électronique*' avec la bouteille qui contiendra. La bouteille sera le pavillon et il n'y aura pas de façade à cette bouteille."[319]
Und er erklärte dem erstaunten Monsieur Kalff, daß mit dem *Poème électronique* der Versuch unternommen würde, verschiedene künstlerische Äusserungsformen durch die Möglichkeiten der Elektronik zu einem Gesamtkunstwerk zu vereinen, das bei Zuschauern und Zuhörern in jeder Hinsicht bislang unerhörte Affekte produzieren werde.

„... Le *Poème électronique*, c'est à dire d'une œuvre capable d'affecter profondément la sensibilité humaine par les moyens audiovisuels. Hollywood existe depuis longtemps, les concertes symphoniques, l'opéra, les livres également, la photographie, le cinéma, mais je sentais obscurément que quelque chose pouvait naître sur le plan créatif grâce aux moyens peut-être prodigieux de l'électronique: vitesse, nombre, couleur, son, bruit, puissance illimitée."[320]
Le Corbusiers Botschaft beschränkte sich zu diesem Zeitpunkt freilich nicht mehr auf den bloßen Kultur- und Technologieoptimismus, dem er über weite Strecken seines Lebens verpflichtet gewesen war.[321] Seine Botschaft, das ist in erster Linie sein Welt- und Kunstverständnis.
Wie wir wissen, hatte Le Corbusier während seines ganzen Lebens versucht, seine Weltanschauung in immer neuen Varianten und Äußerungsformen verständlich zu machen. Mit Gebäuden, Bildern und Skulpturen und nicht zuletzt mit seinem kunsttheoretischen Werk hatte er versucht, einen Beitrag zur Bewältigung des 20. Jahrhunderts zu leisten. Mit dem *Poème électronique* erhoffte er sich eine noch wirksamere Möglichkeit, sein Weltbild zum Ausdruck bringen zu können. Entgegen ursprünglicher Pläne ist das *Poème* schließlich ein Werk ohne Worte geworden (im ersten ‚Drehbuch' war noch eine Spalte für Texte vorgesehen). Durch den Verzicht auf die Sprache ließen sich die Probleme der Verständlichkeit gegenüber einem wirklich internationalen Publikum elegant umgehen.
Kern des elektronischen Gedichts bildeten die von Le Corbusier zusammengestellten Lichtbildprojektionen – neben den vielfach in Sekundenschnelle wechselnden Schwarz-Weiß-Fotografien gab es auch einige wenige Filmsequenzen. Um die Diaprojektionen wurden an manchen Stellen kleinere Figuren projiziert und zudem wurde die ganze Abfolge von suggestiven Farbeffekten begleitet, die Helga de la Motte zufolge eine geradezu „magische" Wirkung hervorgerufen hätten. Hinzu kommt, daß die auf etwa 6 x 8 Meter ver-

größerten Dias durch Krümmungen und Oberflächenstörungen der Wände (Lautsprecher und Stahlgerüste) verzerrt und verfremdet waren.
„Im Philips-Pavillon 1958 waren wechselnde farbige Beleuchtungen vorgesehen, die ihrerseits in Zonen eingeteilt waren, um das Gebäude von innen zu strukturieren. Es konnte eine rote Sonne, ein Mond und Sterne erscheinen. Technische Schwierigkeiten mußten dabei gemeistert werden, damit die Bildprojektionen durch die auf der restlichen Fläche erfolgenden Farbprojektionen nicht beeinträchtigt wurden. Ein cineastischer Spezialist namens Agostini wurde hinzugezogen. Er schlug vor, die Probleme durch schwache Beleuchtung zu lösen, was der Idee entsprach, daß es im Pavillon grundsätzlich recht dunkel sein sollte. Eine umlaufende fluoreszierende Balustrade, hinter der unter anderem die Basslautsprecher standen, verhalf dem Besucher beim Hereinkommen zu einer schwachen Orientierung."[322]
Den Pavillon gibt es nicht mehr, das ‚nouveau spectacle' läßt sich nicht mehr erleben. Während man sich über den Pavillon anhand von Fotos und Modellen einen hinreichenden Eindruck verschaffen kann, ließe sich aus den im Philips-Archiv (Eindhoven) eingelagerten Diapositiven wohl die Thematik des *Poème*, nicht aber die Wirkung rekonstruieren.[323] Von Varèses Musik wurde zwar eine Stereoversion hergestellt, die noch verschiedentlich zur Aufführung gelangte[324] und auch für Schallplatteneinspielungen verwendet wurde; zum Original verhält sie sich wie eine durchschnittliche Schwarz-weiß-Fotografie zu einer farbigen Skulptur.[325] Wie sich aus Presseberichten ermitteln ließ, konnte sich „kaum einer der Besucher des Philips Pavillon dem aus der gleichzeitigen Beanspruchung verschiedener Sinne entstehenden emotionalen Erlebnis, dem von Le Corbusier gewünschten *poetischen Schock*, entziehen"[326]. Wo dieses Erlebnis aber fehlt, beschränkt sich die Rezeption auf die einzelnen Elemente, die Architektur, die Bilderfolge oder die Musik und bleibt ohne Anschauung. So steht der Synthese der Künste eine Rezeption durch unsere zuweilen reichlich ‚unsynthetisierten' Kunst-[327] oder Naturwissenschaften gegenüber.
Grundgedanke des *Poème* ist die Darstellung einer Entwicklungsgeschichte der Menschheit[328], die in prähistorischer Zeit beginnt und über die aktuelle Situation der späten fünfziger Jahre hinaus auch einen Ausblick in die Zukunft einschließt. Die acht Minuten dauernde Aufführung ist in sieben Sequenzen mit folgenden Titeln gegliedert:
1. Genesis (eine Minute)
2. Materie und Geist (eine Minute)
3. Von der Düsternis zur Dämmerung (eine Minute und 24 Sekunden)
4. Götter von Menschen geformt (35 Sekunden)

5. So prägt die Zeit (eine Minute)
6. Harmonie (eine Minute)
7. Um allen zu geben (zwei Minuten)

Die erste Sequenz beginnt mit der Beleuchtung der beiden an der Decke hängenden Figuren, einer weiblichen Schaufensterpuppe und einem geometrischen Gegenstand. „Die rot aufleuchtende nackte Frau sollte den Besucher daran erinnern, daß die Materie weiblich sei und das blau-grüne geometrische Gebilde symbolisierte den Geist, der von Le Corbusier als das männliche Pendant gedacht war."[329]
Ersten farbigen Flächen, die sich wie eine Morgendämmerung ausnehmen, folgen Fotos von Affen, die auf die evolutionäre Vorstufe des Menschen verweisen. Stier und Torero sollen vielleicht einen Spannungszustand versinnbildlichen und daran erinnern, daß Evolution auch etwas mit dem Kampf in der Natur zu tun hat – am Beispiel des Stierkampfes freilich ein Kampf mit unnatürlichen Voraussetzungen. Auf eine Abbildung von Michelangelos Skulptur *Der Tag* folgt eine kurze Filmsequenz: eine Frau, die eben erwacht und sich die Spuren des Schlafs aus den Augen reibt: Der neuzeitliche Mensch ist erwacht.
In der zweiten Sequenz wird erneut auf Stationen der Evolution zurückgegriffen. Hier sehen wir verschiedene Schädelformen sowie das berühmte Skelett von Cro-Magnon.[330] Im Gegensatz zur ersten Sequenz ging es Le Corbusier hier aber darum, die unterschiedlichen Zivilisationsformen anzudeuten, die sich daraus entwickeln konnten. Die Abbildungen bringen eine Gegenüberstellung von hochentwickelter technischer Zivilisation und naturverbundenen Gesellschaftsformen nicht urbanisierter Kulturen; einem Foto, das vier ‚Weise' zeigt, folgen ‚Negerköpfe'. „Die Konfrontation von Masken exotischer Völker mit Köpfen von Affen und Büffeln verdeutlicht hingegen die allmähliche Emanzipation des menschlichen Geistes von dem entwicklungsgeschichtlichen Niveau des Tieres."[331] Kunstobjekte aus frühen Kulturen, wie etwa der sumerischen, der keltischen oder der ägyptischen beschließen die zweite Sequenz.
Die weitere Entwicklung der menschlichen Zivilisation zeichnet die dritte Sequenz nach: Bedrohliche Figuren, grimmige afrikanische Könige und Kriegsgottheiten verweisen ebenso wie Fotos von Konzentrationslagern und Kriegsspielzeug auf das enorme Aggressionspotential der Gattung Mensch. Ob die anschließend gezeigten mittelalterlichen Kunstwerke die christliche Religion in ihrer tröstenden Funktion lediglich als historische Stationen darstellen oder aber als persönliche Alternative präsentieren möchten, sei dahingestellt. Erinnern wir uns daran, daß Le Corbusier in *Quand les Cathédrales*

*etaient blanches*³³² die Aufbruchstimmung der zwanziger Jahre mit dem Zeitraum um 1200 verglichen hatte und sich über die Bauwerke der Gotik – ganz im Gegensatz zu denjenigen der Renaissance – enthusiastisch geäußert hatte! Um die Bedeutung von Kult und Glauben geht es auch in der vierten Sequenz. Hier werden Götterbilder aus verschiedenen Religionen nebeneinandergestellt, so daß es scheint, als ob für Le Corbusier die Objekte der Verehrung letztlich austauschbar bleiben.³³³
Die fünfte Sequenz ist von der vierten durch eine deutliche Zäsur getrennt. Für einige Sekunden verstummt die Musik und die Projektionen werden gestoppt, während der Pavillon in grelles Licht getaucht wird. Dann begegnen wir den Ikonen des 20. Jahrhunderts: Fotos von technologischen Produkten, Wissenschaftlern, Ingenieuren, Konstrukteuren. Hohen Rang nimmt dabei die Astronomie ein, an die Bilder von Teleskopen erinnern. Aus der Gegenüberstellung mit Arbeitsverhältnissen aus der Dritten Welt (indische Bauern bei der Feldarbeit mit einfachsten Geräten u.a.m.) sollen „die grundsätzlich positiven Auswirkungen der neuen technischen Errungenschaften"³³⁴ vor Augen geführt werden. Andererseits erinnert Le Corbusier mit den Fotos von Atombomben auch an die düsteren Seiten des Fortschritts. Der in dieser Bildfolge enthaltene moralische Appell an die Besucher des Pavillons wird noch gesteigert durch Fotos von ängstlichen Kindergesichtern, die ihre Zukunft durch das gewissenlose Verhalten der Elterngeneration bedroht sehen. Entsprechend Le Corbusiers ursprünglichen Absichten hätten die Schattenseiten der Zivilisation den Schwerpunkt der Präsentation bilden sollen. Le Corbusier entschied sich jedoch für eine optimistische Sicht.
In der sechsten Sequenz läßt er seinem Harmoniebedürfnis freien Lauf. Die hier gewählten Bildfolgen beschwören eine nahe Zukunft, in welcher die Menschen Maschinen in aufbauender Weise zu nützen verstehen. Kriegsbilder sind verschwunden. Sich küssende Liebespaare und friedlich lächelnde Babys dienen als Boten des Glaubens an die Zukunft. Von kleinen Glühbirnen simulierte Sternbilder sowie Abbildungen von Galaxien, die in den Pavillonwänden aufscheinen, verweisen auf kosmische Gesetzmäßigkeiten, die Le Corbusier offenbar besonders inspiriert haben.
Unter dem Titel „Et pour donner a tous" ruft nun Le Corbusier seine eigenen Arbeiten als Beiträge zur positiven Gestaltung des menschlichen Zusammenlebens in Erinnerung. Die Urbanisierungsprojekte für New York, Paris und Algier, die Bauten in Chandigarh und Marseille verdeutlichen nicht nur sein eigenes Lebensziel, „das sich nicht im Bau luxuriöser Villen für begüterte Intellektuelle erschöpft"³³⁵, sondern wollen hier als „Verwirklichung eines – vielleicht utopischen – Lebensmodells" verstanden werden, „einer Welt, in

der alle Menschen ihren eigenen Grundbedürfnissen gemäß, unter Verzicht auf architektonische Repräsentation, leben können"[336]. Das Thema dieser letzten Sequenz, vielleicht auch die Quintessenz des ganzen *Poème*, wird im Symbol der *offenen Hand*, das als Denkmal für Chandigarh geplant war, zusammengefaßt: „es verkörpert den Akt des gleichzeitigen Nehmens und Gebens, die Grundlage des gesamten Schaffens Le Corbusiers, aber auch ein Zeichen für das von ihm angestrebte Verhältnis zwischen Industriestaaten und den Ländern der Dritten Welt"[337]. Abgerundet wird das *Poème électronique*, das sich über weite Strecken den Motiven aus dem Vorstellungsbereich der künstlerischen Avantgarde der zwanziger Jahre verpflichtet zeigt, erneut mit Fotos von Menschen aus verschiedensten sozialen Schichten und Kulturen. Und schließlich sind es wiederum Kinder und Babys, welche den Zuschauern zum Abschluß noch einmal eine „Lektion in Optimismus"[338] erteilen, wie es Karen Michels formuliert hat.

Die Musik

Wie steht es nun um die Musik von Edgard Varèse und wie stehen Bild und Ton miteinander in Verbindung? Trotz gegenteiliger Äußerungen sowohl von Le Corbusier[339] als auch von Varèse selbst gibt es Anhaltspunkte für die Vermutung, daß eine bestimmte Koordination zwischen Bildfolge und Geräuschen intendiert war: „So entsprechen den Kriegsbildern Le Corbusiers Klänge, die an Marschmusik erinnern, und die Göttersequenz wird akustisch durch die von einer menschlichen Stimme geseufzten Worte ‚oh god' eingeleitet."[340] Man muß sich aber gar nicht auf derartige Zusammentreffen stützen, um Bezüge zwischen Licht- und Tonspektakel herzustellen. Bereits die rein formalen Aspekte zeigen, daß sich Le Corbusier und Varèse zum mindesten auf ein Formschema geeinigt hatten. Als Vorlage zu seiner Arbeit diente Varèse übrigens ein von Le Corbusier erarbeitetes Drehbuch, das den Ablauf des *Poème électronique* im Sekundenraster festhielt.
Die von Le Corbusier angelegte Zweiteilung des *Poème* wird in der Musik durch das stärkere Hervortreten von Menschenstimmen unterstützt. Aber auch die Übergänge zwischen den anderen Sequenzen sind durch kurze Zäsuren kenntlich gemacht. Es fällt auf, daß einige Sequenzen mit eher statischen Geräuschflächen beginnen, die mittels Crescendo eingeblendet werden (Sequenz 4 und 7), während andere durch das Auftreten neuer Geräuschgruppen (Sequenz 2, 3 und 6) ihre Abgrenzung erfahren. An manchen Stellen läßt sich allerdings ohne das eigentliche Live-Erlebnis nicht genau ermitteln, wie

die Dinge zusammengehören. Fassen wir das dreitönige chromatische Motiv, das zwischen den ersten beiden Sequenzen dreimal wiederholt, dann innerhalb der zweiten Sequenz erneut aufgegriffen wird und übrigens auch im siebten Abschnitt nochmals erklingt, als Schluß der ersten Sequenz auf oder als Anfang der zweiten? Das Motiv beginnt nach 55 Sekunden und ist dann 15 Sekunden lang hörbar.

Auf der anderen Seite muß wohl die Tatsache, daß Varèse zu Fotos von Babies ganz am Schluß des *Poème* Sirenengeheul und Düsenjägergeräusche ausstrahlen läßt, als offensichtliches Merkmal einer losen und in gewisser Hinsicht unverbindlichen Zusammenarbeit gedeutet werden. Michels sieht darin einen „Reflex der ursprünglich als Schlusspunkt geplanten apokalyptischen Vision"[341], die aber doch noch in ein hoffnungsvolles ‚Happy End' überführt wurde.

Dieser Reflex ließe sich aber auf zwei Arten deuten: Entweder erfolgte die gegenseitige Absprache zu einer Zeit als Le Corbusier seine Botschaft entsprechend der ursprünglichen Fassung mit einer apokalyptischen Vision enden lassen wollte, oder Varèse konnte dem später von Le Corbusier angestrebten harmonisierend- hoffnungsvollen Ausgang nicht zustimmen und hielt an der ursprünglichen Fassung fest, da es seiner Haltung kaum entsprochen hätte, sich der „Lektion in Optimismus" anzuschließen.

Die Musik des *Poème électronique* besitzt einen schier unglaublichen Reichtum an Klangmaterialien. Orgelklänge, Klavierakkorde, Chor- und Sologesang, Schlagzeugeffekte (ich zähle die Glockenklänge sowie das bloße Klopfen auf Holz hier dazu) erinnern zwar noch an konventionelle Instrumente, ebenso stark vertreten sind aber Geräusche aus Montagehallen und Flugzeugmotoren, Detonationen und Sirenengeheul simulieren am Schluß des *Poème* einen veritablen Bombenangriff.[342] Auch durch Tongeneratoren erzeugte Sinusgemische spielen im *Poème électronique* eine Rolle. Die Aufgabe der Elektronik besteht aber vor allem im Verfremden der aufgenommenen Klänge und Geräusche sowie in der räumlichen Projektion der gesamten Musik. Die Idee, Klangwege zu verdeutlichen und den Klang durch stereophone Technik im Raum wandern zu lassen, stammt indessen von Le Corbusier.[343] Überhaupt scheint es so, als ob sich Le Corbusier viel stärker mit den musikalischen Fragen beschäftigt hatte, als er später, nachdem Varèse auf seine Vorschläge kaum eingegangen war, eingestehen wollte. Seinen Aufzeichnungen für das *Poème électronique* läßt sich jedenfalls entnehmen, daß er eigene Vorstellungen von den Klängen hatte, die seine Bilder begleiten sollten.[344] Andererseits verwundert, daß Varèse sich um die räumliche Inszenierung seiner Musik kaum gekümmert haben soll. Wie sein damaliger, von Philips zur

8 Philips-Pavillon, Brüssel 1958

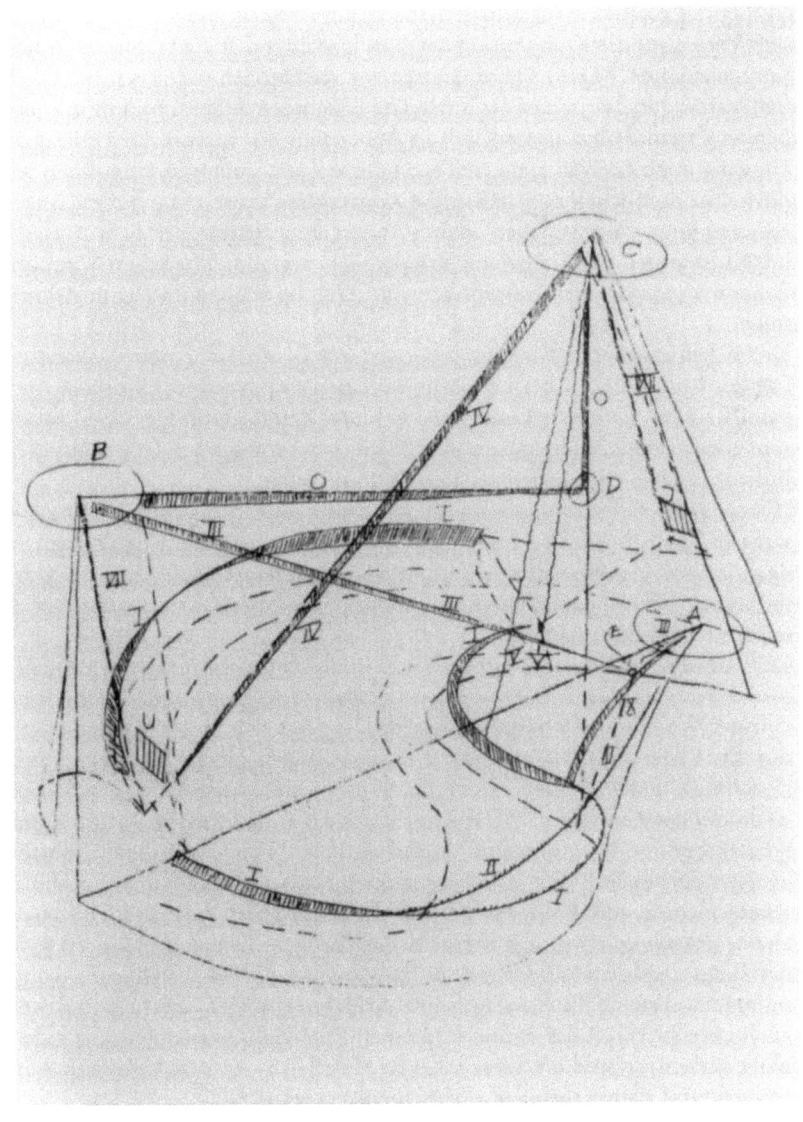

9 Routes du son, Skizze der Klangbahnen im Philips-Pavillon von Iannis Xenakis

Verfügung gestellter, Mitarbeiter, Ingenieur W. Tak, bestätigt, beschränkte sich Varèse auf die Komposition der Musik, während er die räumliche Projektion delegierte.[345] Diese Haltung erscheint verständlich, wenn wir bedenken, daß Varèse zur Zeit seiner neun Monate dauernden Arbeit im Philips-Studio bereits 75 Jahre alt war, und ihm in Anbetracht des vorgerückten Alters der Umgang mit einer völlig neuen Technologie kaum immer leicht gefallen sein dürfte. Erstaunlich genug, daß er die Apparaturen, soweit es um die Klangerzeugung ging, zu handhaben wußte. Andererseits stehen aber Taks Aussagen im Widerspruch zu Skizzen von Varèses eigener Hand, in welchen Wege und Bahnen (*routes sonores*) festgehalten sind, die die Klänge im Raum nehmen sollen.

8, 9

Die Erfahrungen mit Klangprojektionen am Beispiel der *routes sonores* des Pavillons hinterließen bei Le Corbusier einen nachhaltigen Eindruck. Auch beim Bau des *Carpenter Center for the Visual Arts* (Cambridge, USA) sollten *routes sonores* eine Rolle spielen. Am 2. Februar 1960 schrieb Le Corbusier an Jullian de la Fuente, einen damaligen Mitarbeiter:

„Des sonneries électroniques seront composées et réalisées pour 1, 2, 3 émissions par jour, à heures fixes, émission de nature formidable de douceur ou de puissance. Ces émissions seront une route sonore, stéréophonique, en spiral montante – descendante, en vertical montante – descendante, en mettant du sonore au sol et au ciel."[346]

Das *Poème électronique* steht in einem bestimmten Zusammenhang mit *Etude pour espace*, aber auch mit *Déserts*, so daß diese Kompositionen sich als ein einziger Werkkomplex auffassen lassen. Das zeigt sich in der Wiederverwendung des Materials der genannten Kompositionen im *Poème électronique*. „Große Teile des Fragments der *Etude pour espace* bestimmen den zweiten Teil des *Poème électronique*. Die Partitur der *Etüde* hatte Varèse dazu mit neuen Taktbezifferungen ausgestattet und auch mit Hinweisen darauf, welcher Teil der Schallplatte [Die *Etudes pour espace* lagen damals in einer Schallplatteneinspielung vor, P.B.] auf welcher der drei Spuren [Die Produktion des *Poème électronique* wurde auf einem dreispurigen Tonband realisiert, P.B.] des Bandes gespielt werden sollte. Es wurden jedoch Umstellungen vorgenommen, einzelne Teile herausgelöst, Schlagzeugpartien separiert und wohl auch im ersten Teil des *Poème* verwendet. Eine Collage entstand, die jedoch nicht geklebt ist, weil die Werke, die zu Materialien wurden, elektronisch bearbeitet und damit ineinander verschmolzen wurden."[347]

Auch die Probleme einer Kombination zwischen Bild und Musik waren Varèse nicht neu. Bereits *Déserts* war als Musik zu bewegten Bildern geplant gewesen. Bei diesem Plan ging es allerdings um die nachträgliche Bebilderung der Komposition. Der geplante Film wurde zwar nie realisiert, Varèses dazu geäußerte Ideen finden wir aber im *Poème*. „Es ist nötig, daß der Film im Gegensatz zur Partitur steht. Nur der Gegensatz verhütet Paraphrase."[348] Mit diesem Postulat ist auch die Autonomie des Klanges gegenüber dem Bild sichergestellt, so daß die beiden Medien bestenfalls parallel nebeneinander laufen, ohne daß dabei eine ‚Vertonung' entstehen könnte oder sollte. Ob sich eine derart lockere Gegenüberstellung von optischen und akustischen Reizen nicht auch als kontraproduktiv hätte erweisen können, ist verschiedentlich vermutet worden. So läßt Michels die Frage offen, ob Varèses Musik die optische Kraft des *Poème électronique* nicht gar übertönt hätte. Auch Albert Jeanneret teilte seinem Bruder mit, daß er eine Aufführung der Musik ohne die optische Komponente weitaus mehr geschätzt hatte: „De Brueyn [ein Techniker der Firma Philips, P.B.] m'a fait auditionner la musique seule entre deux spectacles complets et j'ai été rempli de joie par cette partition puissante et variée. Je l'ai goûtée beaucoup plus qu'associée à l'image où il y a amoindrissement, éparpillement de l'une pour l'autre. La voix humaine, pour finir, fait figure de chant de libération, les schémas de Ville radieuse, de programme, face aux images de destruction; les coquilles, figures de pierre, d'éléments de perfection proposés. On y sent un cheminement déjà rencontré précédemment, tandis que la musique seule – est vraiment une création spontanée douée de l'infini vers lequel tend toute musique."[349]

Akustische Form – unaussprechlicher Raum: Zur Architektur des Philips-Pavillons

Die Idee, zwischen der Raumkunst Architektur und der Zeitkunst Musik eine Synthese herzustellen, hat Le Corbusier freilich schon vor dem Philips-Projekt für die Weltausstellung 1958 beschäftigt. Ganz besonders deutlich werden seine diesbezüglichen Bemühungen in seinem Begriffspaar „Akustische Form – unaussprechlicher Raum", die sozusagen im Vorfeld des Pavillonprojekts aufgetaucht waren. Bereits 1945 verfaßt Le Corbusier einen Artikel mit dem Titel *L'Espace indicible*.[350] Darin greift er die Idee auf, daß von einem Kunstwerk Strahlen oder Schwingungen wie Vektoren ausströmen und damit das jeweilige Umfeld auf unsichtbare Weise beeinflussen – eine Auffassung, die er bereits in der Zeit des Purismus vertreten hatte.[351] 1947 berichtet er aus New York, er beabsichtige ein Buch herauszugeben, das hauptsächlich Reproduktionen seiner Gemälde enthalten sollte. Dieses Buch sollte ebenfalls den Titel *L'Espace indicible* erhalten.[352] Da aber dieses Projekt nie realisiert

wurde, findet der *unaussprechliche Raum* – oder vielmehr das Begriffspaar „Akustische Form – unaussprechlicher Raum" einen ersten Niederschlag offenbar in der Bilderserie *Stiere und Ikonen*, die Le Corbusier zur selben Zeit in Angriff nahm. Diese, „sowie gewisse kleine Bilder aus der Besatzungszeit, vor allem die Serie der Ubus (monströse Fabelfiguren von Alfred Jarry), von denen Joseph Savina gemeinsam mit Le Corbusier Skulpturen machte, deuten den Begriff des unaussprechlichen Raums und der akustischen Formen an, die in der Kapelle von Ronchamp und dem Philips-Pavillon das Erlebnis des unaussprechlichen Raums bestimmen und auswerten sollten."[353]
Der Bretone Joseph Savina war ein Tischler, den Le Corbusier 1935 in Tréguier kennenlernte. Die beiden freundeten sich an, und Le Corbusier schlug Savina vor, „seine Bilder zu bebildhauern". Damit begann zwischen den beiden eine enge Zusammenarbeit, aus der zahlreiche Skulpturen entstanden. Wie seine Bilder nach und nach vor allem zu „unaussprechlichem Raum" und zu „akustischer Form" geworden waren, so hatten auch Le Corbusiers polychromen Skulpturen die Erschaffung von Raum zum Hauptthema. Die Formen achten nicht mehr auf das unmittelbar Konkrete. Über die Zusammenarbeit mit Savina schreibt Le Corbusier: „Das merkwürdige an diesen Skulpturen ist die Tatsache, daß sie aus großer Entfernung (in der Bretagne) geschnitzt wurden und ohne ein anderes Band als Sympathie und die von Le Corbusier gelieferten Entwürfe. Meistens blieben sie so, wie Savina sie geschnitzt hatte. Manchmal mußten aber auch ein paar Abänderungen vorgenommen werden, weil etwas nicht richtig gedeutet worden war. Ab und zu folgte auf den ersten Versuch noch ein zweiter und sogar ein dritter. Es ist eine Art Skulptur ‚akustischer Natur', das heißt, sie projiziert die Wirkung ihrer Formen ins Weite und erleidet umgekehrt den Druck des sie umgebenden Raumes."[354]
Im Gegensatz zu Savinas Skulpturen, aber auch zur Kapelle von Ronchamp, wird im Pavillon der unaussprechliche Raum doch noch ‚ausgesprochen'. Einige gehen gar soweit, die Substanz des Pavillons gerade mit dem darin Ausgesprochenen (dem *Poème*) gleichzusetzen, ganz im Sinne von Le Corbusiers eigener Einschätzung: „Der Pavillon selbst ist in erster Linie ‚Hülle' für das Elektronische Gedicht."[355]
Offensichtlich wurde aber diese Einschätzung nicht von allen geteilt, denn in der Öffentlichkeit hatte allem Anschein nach das Bauwerk mehr Eindruck gemacht als das darin beherbergte ‚spectacle'. So ist denn auch der Sonderdruck aus Philips' *Technischer Rundschau* Nr.20, der der Brüsseler Weltausstellung gewidmet ist, überwiegend mit Photos von der architektonischen Konstruktion ausgestattet.

Beim Blick auf die Entstehungsgeschichte des Pavillons rückt allerdings noch eine weitere, bedeutende Komponisten-Persönlichkeit in den Vordergrund: Iannis Xenakis, der damals, sechsunddreißigjährig, als Architekt und Leiter des Philips-Projekts in Le Corbusiers Büro arbeitete.[356] Aus unserer Perspektive bildete gerade seine Mitarbeit eine glückliche Voraussetzung für die angestrebte Verbindung von Architektur und Musik. Denn wie sich heute zeigt, steht innerhalb der Musikgeschichte des 20. Jahrhunderts sein Name wie kaum ein zweiter für die wechselseitige Durchdringung von Visuellem und Auditivem.[357] Zudem ist Xenakis als studierter Mathematiker und Architekt, aber auch als Komponist – im Gegensatz zu Corbusier und Varèse – wirklich in beiden Disziplinen zu Hause.

Daß zwischen der Architektur des Pavillons und Varèses Musik von ein gesetzmäßiger Zusammenhang besteht, der Inhalt und Form mindestens teilweise in Übereinstimmung bringt, muß als Xenakis' Verdienst eingestuft werden. Er hat den Pavillon, nachdem er von Le Corbusier lediglich einige ‚flüchtige Skizzen'[358] übernommen hatte, weitgehend selbst entworfen. Einzig funktionale Aspekte dienten als verbindliche Vorgaben. Diese wiederum waren bestimmt durch die Anforderungen an Bild- und Klangprojektionen einerseits, während es andererseits darum ging, „alle zehn Minuten rund 500 Personen den Eintritt in den Raum zu ermöglichen und gleichzeitig ebenso viele aus ihm herauszuschleusen"[359]. Dabei galt es, „jede Erinnerung an eine gewöhnliche Kino-Atmosphäre zu verhindern. Deformierungen und Verzerrungen der auf die gebogenen Innenwände des Pavillon zu projizierenden Bilder waren erwünscht, Tiefenvolumina sollten einen möglichst phantastischen, irrealen Raumeindruck und ungewöhnliche Farbeffekte entstehen lassen. Für die Musik von Varèse, dem es besonders um die räumliche Wirkung seiner Komposition ging, mußten gerade, parallel verlaufende Wände wegen unerwünschter Schallreflexionen vermieden werden."[360]

All dem[361] wird der realisierte Pavillon auf eindrucksvolle Weise gerecht. Wie die von Jean Petit zusammengetragenen Dokumente im Ausstellungskatalog[362] zeigen, hat die definitive Gestalt des Pavillons jedoch mit den ersten Skizzen und der ursprünglich in Erwägung gezogenen „in einen Käfig eingehängter Flasche"[363] nicht mehr viel gemeinsam. Einzig und allein der Grundriß erinnert noch an die von Le Corbusier zunächst vorgesehene Magenform. Alle anderen Elemente der ursprünglichen Pläne, die Michels ausführlich mit weiteren Bauten Le Corbusiers in Beziehung bringt, sind nicht einmal mehr entfernt zu erkennen. Anstelle von schornsteinähnlichen Türmen oder zylindrischen Raumerweiterungen ragten drei scharf in die Luft stechende Ecken empor. Kegelförmige Wände mit gleichbleibendem Krümmungsradius wurden durch hyperbolische Paraboloide ersetzt. Die selbsttragende Konstruktionsweise machte ein Stahlgerüst für Aufhängungen überflüssig. Michels sieht diese deutlichen Abweichungen vom ursprünglichen Plan als Resultat des „Umsetzungsprozesses" und mißt in diesem Zusammenhang Xenakis „eine bedeutende Rolle" zu. Beim Studium der Ausführungen von Xenakis zum Bauvorgang, die in Petits Katalog abgedruckt sind, fällt auf, daß Xenakis stets allein von sich spricht, wenn es um die Projektierung des Bauwerkes geht – und nicht von einem ‚wir', wie er es sicherlich hätte tun müssen, wenn Le Corbusier dabei nennenswert mitgearbeitet hätte.[364] Wo aber von Resultaten gemeinsamer Arbeit gesprochen wird, ist nicht Le Corbusier gemeint, sondern ist von den Ingenieuren „de l'Entreprise Parisienne"[365] die Rede.

Auch Le Corbusier selbst unterstreicht dies mit eigenen Aussagen deutlich genug: „On avait d'abord pensé construire en staff – qui est le matériel fondamental et fragile de l'exposition temporaire – une bouteille suspendue à une cage d'échafaudage tubulaire. Mais Xenakis, qui fut chargé, 35 rue de Sèvres, de l'étude, abandonna vite le plâtre. Xenakis, qui avait bien connu Bernard Lafaille, après avoir songé à la charpenterie et au béton, s'orienta vers les surfaces gauchies autoportantes. Ayant fait ses épures, Xenakis construisit une première maquette avec du fil de fer et du fil à coudre. Puis uns seconde maquette qu'il revêtit de papier à cigarettes."[366]

So scheint es mir nahezuliegen, den Pavillon nicht primär als eine „Folgeerscheinung der Atelierorganisation Le Corbusiers" oder als „Ergebnis eines konstruktiven Dialoges zweier unterschiedlicher Persönlichkeiten"[367] aufzufassen, sondern ganz einfach als ein Bauwerk von Iannis Xenakis.[368] Dies wird besonders deutlich, wenn wir den häufig angeführten Zusammenhang zwischen der Musik, die Xenakis in den Jahren vor 1958 komponiert hatte, und der Konstruktionsweise des Pavillons betrachten. Xenakis selbst verweist auf diesen Zusammenhang allerdings nur am Rande: „Mes propres recherches musicales sur les sons à variation continue en fonction du temps me faisaient pencher pour des structures géométriques à base de droites: des surface réglées."[369]

Xenakis war aber nicht nur der Architekt des Philips-Pavillons, auch sein Engagement für Varèse während der häufig unerfreulichen Auseinandersetzungen mit den Philips-Leuten war beträchtlich. Überhaupt wird Xenakis zu jenen Komponisten gerechnet, die sich bereits um 1950, als Varèse in Europa nahezu vergessen war, für die Musik dieses Komponisten zu interessieren begannen und sich auch dafür einsetzten. Als Varèse mit seiner Arbeit am *Poème électronique* in Eindhoven begann, hielt sich Le Corbusier in Indien

auf und konnte ihn gegen die Feindseligkeiten der Philips-Verantwortlichen nicht immer abschirmen. In dieser Situation ist Xenakis eingesprungen, hat sich für Varèse eingesetzt und ihm alle Unterstützung zukommen lassen, die ihm möglich war – und man darf annehmen, daß diese Hilfe Varèse sehr willkommen war, für Xenakis aber eine Ehre bedeutete.
„Surtout ne vous laissez pas fléchir dans votre esthétique. Le Corbusier vous a demandé de faire cette musique. Il est obligé de faire front commun avec vous. Il vous défendra jusqu'au bout [...] Je crois qu'un coup de poing sur la table de la part de Le Corbusier mettra les loups dans le droit chemin. Bien entendu, je suis entièrement de votre côté, parce que j'aime beaucoup votre musique."[370]
Von Iannis Xenakis stammt übrigens auch die Musik, die zwischen den Aufführungen des *Poème* die in den Pavillon strömenden Zuschauer in Empfang nahm. Die zwei Minuten dauernde Komposition trägt den anspielungsreichen Titel *Concret PH*. *Concret* steht dabei für konkrete Musik, die in diesem Beispiel durch das Verbrennen eines Mikrophons zustande gekommen war. „Darüber hinaus steht PH für Philips, auch für die hyperbolischen Parabeln [Paraboloide?], zugleich verweist der Name auf den englischen Ausdruck für Beton [concrete = Beton, P.B.], das Material, aus dem der Pavillon gebaut war."[371]
Noch mehr aber als über das freundliche Wohlwollen, das Varèse auch Xenakis' Komposition entgegengebrachte, freute sich dieser über die geglückte Bemühung, ein Gebäude zu schaffen, das der Musik von Varèse entsprach.
„Xenakis lui-même avait composé une musique sur ruban pour l'entracte, entre les séances. ,Varèse', comme me l'a écrit Xenakis, ,ne s'en est jamais offusqué, tout au contraire comme un vrai grand homme qu'il est, il m'a soutenu dans les difficultés pratiques et morales contre les Philips et parfois contre Le Corbusier. Et moi personnellement je suis fier d'avoir réussi une architecture qui convienne à sa musique'."[372]
Diese Leistung wird Xenakis längerfristig auch über die Entfremdung gegenüber Le Corbusier, die sich im Zusammenhang mit der Frage nach der Autorschaft des Pavillons einstellte, hinweggetröstet haben. Differenzen bezüglich der Urheberrechtsfragen, die schließlich zum Bruch zwischen beiden geführt haben, betreffen übrigens nicht nur den Philips-Pavillon. Wie Xenakis in Interviews mit Balint Andras Varga berichtet[373], ist auch sein Anteil am Kloster La Tourette sowie am Chandigarh-Projekt bedeutend größer, als Le Corbusier zugestehen wollte.[374] Xenakis hat in La Tourette die innere Struktur gestaltet (während von Le Corbusier die äußere Form stammt), die Glasfront unterhalb der Zellen, die Kirche sowie die Rundkapellen, aus denen die

‚Lichtkanonen' aufragen. Xenakis hat sie so ausgerichtet, daß sie das Sonnenlicht zur Tagundnachtgleiche einfangen können. Der Kindergarten auf dem Dach des Le Corbusier-Gebäudes in Nantes stammt von Xenakis. Für Chandigarh entwarf Xenakis die Grundstruktur des Palastes und der Ministerien sowie verschiedene Teile des Parlaments. Aber erst beim Philips-Pavillon kam es soweit, daß Xenakis im Atelier Le Corbusier etwas ganz Selbständiges und Eigenes machen konnte: „Ich hatte mir selbst bewiesen, daß ich in der Lage war, auf dem Gebiet der Architektur etwas zu schaffen, das vorher noch nie da gewesen war."[375]
Schließlich war es Xenakis' Eigenständigkeit, die, als sie auch noch erfolgreich war, Le Corbusiers Mißgunst vielleicht ein wenig anstachelte; jedenfalls kam es über der Frage nach der Urheberschaft des Pavillons zum Streit. Es wäre unrichtig, allein die Position von Xenakis zu beleuchten. Da sie es ohnehin schwer haben dürfte, die Aufmerksamkeit von Architekten zu finden – ich nehme an, daß Architekten, die ein Buch mit dem Titel *Gespräche mit Iannis Xenakis* lesen, eher selten sind –, sei hier aus Xenakis' Interview zitiert um Le Corbusiers biografische Selbststilisierungen zu relativieren:
„Anfänglich war er aufrichtig an meinen Entwürfen interessiert; sie gefielen ihm. Wenn ihn die Mönche von La Tourette wegen des Klosterbaus aufgesucht haben, verwies er sie an mich: ‚Wenden Sie sich an Xenakis, er hat es entworfen.' So tat er es auch beim *Philips-Pavillon*. Später jedoch, als er sah, daß meine Arbeit auch von anderen Leuten anerkannt wurde, da begann er, glaube ich, eifersüchtig zu werden. Plötzlich bestand er darauf, alles allein getan zu haben. Ich machte ihm Vorwürfe – aber er stellte sich taub. Ich war entrüstet und verzweifelt über sein Verhalten; schließlich hatte ich ihn doch bewundert und verehrt und hätte ihm ein solches Benehmen nie zugetraut. Und dann tat ich etwas Dummes: Ich schrieb an Philips und erklärte, daß der Pavillon mein Werk sei. Die Firma wandte sich daraufhin an Le Corbusier, der sie wissen ließ, daß er nun vierzig Jahre seinem Atelier vorstehe, daß jede Idee von ihm stamme und der *Philips-Pavillon* darin keine Ausnahme bilde. Ich erklärte ihm, er verhalte sich mir gegenüber genauso wie die Architekten des UNO-Gebäudes in New York, als sie ihm die Entwürfe stahlen. Ich erinnere mich noch an eine Pressekonferenz in den frühen fünfziger Jahren, in der Le Corbusier zu beweisen versuchte, daß der Umriß des Gebäudes sein Entwurf war, und daß ihm die Pläne dazu während seines sechsmonatigen Aufenthalts in New York abhanden gekommen seien. Jetzt tue er das gleiche mit mir, sagte ich ihm. Er fragte zurück: ‚Was glauben Sie denn, was Sie erfunden haben? Alle diese Formen sind doch längst bekannt!' – ‚Ja', antwortete ich, ‚das ist wahr. Diese Formen sind bekannt. Aber auch Sie arbei-

ten mit den Flächen, Säulen und Rechtecken, die die Architekten seit Jahrtausenden verwenden. Worauf es ankommt, ist nicht, daß es sie schon seit Urzeiten gibt, sondern die Art und Weise, wie man sie verwendet.' Es ging in unserem Streit also gar nicht um die Urheberschaft des Pavillons. Er wollte nur beweisen, daß mein Werk ohne Bedeutung sei. Zuletzt hat er dann doch einen Artikel in ‚Le Poème électronique' geschrieben, in dem er bestätigt, daß der Philips-Pavillon meine Arbeit war. Aber er hat die Veröffentlichung des erwähnten Artikels nicht gerade publik gemacht ..."[376]
Der Zugang zur Architektur von der Musik her ist keineswegs neu. Auch für Le Corbusier steht die Musik am Anfang der Architektur. Dennoch sind Xenakis' Lösungen ein Novum: „Jamais ces surfaces n'avaient été utilisées synthétiquement en un tout à l'exclusion des parois verticales et à l'exclusion d'une ossature étrangère à leur nature."[377] „Le Pavillon s'insère non seulement dans une démarche plastique nouvelle, mais a provoqué en outre la découverte d'un moyen original et général de mise en œuvre sans coffrage de ces surfaces difficiles."[378]
Wie diese Textstellen zeigen, betrachtet Xenakis diese Neuheiten selbst als rein technische Errungenschaften. Darüber hinaus sind aber die engen Zusammenhänge zwischen optischer und akustischer Umsetzung derselben mathematischen Idee, wenn auch nicht ganz neu, so doch in dieser Konsequenz seit Jahrhunderten nicht mehr üblich gewesen. Und man muß schon an die pythagoreischen Monochordzahlen, die für Musiktheorie wie auch für Proportionslehren gleichermaßen verbindlich waren, anknüpfen, um etwas Vergleichbares herbeizuziehen.
Im Gegensatz zur Frage nach den eigentlichen Zahlenqualitäten, wie sie von den Harmonikern gestellt wird, dienen hier eher geometrische Grundfragen als Ausgangspunkt: „Quelle est la forme géométrique que doit avoir la couverture pour que la quantité de matière qui constitue cette couverture soit minimale?"[379] Damit wird auf das Gebiet der Topologie, einen relativ jungen Zweig der Mathematik, verwiesen, eine erst knapp hundert Jahre alte Disziplin, deren Ideen teilweise zwar schon auf Euler und Gauss zurückgehen, deren eigentliche Entwicklung jedoch erst mit den Arbeiten von Henri Poincaré und anderen Mathematikern des ausgehenden neunzehnten Jahrhunderts einsetzte. Als treibende Kraft in der Entwicklung erweist sich seit Mitte der fünfziger Jahre zweifellos die Untersuchung von Mannigfaltigkeiten. „Die Topologie untersucht jene Eigenschaften geometrischer Objekte, die bei stetigen Deformationen unverändert bleiben. Intuitiv kann man sich die stetige Deformation, auch topologische Abbildung genannt, als eine Operation vorstellen, bei der das Objekt gebogen, gedehnt, zusammengedrückt oder ver-

dreht wird oder aber einer Kombination solcher Verformungen unterzogen wird, wobei man davon ausgeht, daß das deformierte Objekt vollkommen elastisch ist und beliebig viele solcher Manipulationen unbeschadet übersteht. Die einzige Bedingung ist, daß jene Punkte des Objekts, die vor der Verformung benachbart waren, auch danach benachbart bleiben müssen."[380]
Daß sich Xenakis intensiv mit topologischen Fragen beschäftigt hatte, belegen allein schon seine *Polytope*[381], die ihn als einen Mathematiker ausweisen, der sich in der Mitte der fünfziger Jahre mit den damals aktuellsten Resultaten der Topologie auseinandersetzte. Aus der Beschäftigung mit deren Fragen bezieht er nicht nur Anregungen für seine seinerzeitigen Kompositionen, vielmehr gewinnt er daraus auch die Lösung für die Konstruktion des Pavillons.

Hyperbolisch-paraboloide Flächen und Glissandi

Bereits die erste Komposition, mit der Xenakis an die Öffentlichkeit tritt, bringt ihm den Durchbruch: *Metastaseis* (1954) beginnt mit einem auskomponierten Glissando.[382] Man hört keine festen Töne mehr, geschweige denn Motive, Themen oder zusammenhängende Melodien. Auch eine Reduktion auf einzelne Tonpunkte, wie sie damals in der seriellen Musik in diffizilen Parameterabstufungen realisiert wurde, findet sich hier nicht: Die Musik verläuft vollkommen kontinuierlich. Mit den Glissandi knüpft Xenakis an die Sirenenversuche von Varèse an[383] und verarbeitet somit indirekt auch Musikkonzepte, die Le Corbusier in seinem *Modulor* zum Ausdruck gebracht hatte. Fibonacci-Zahlen dienen der formalen Gliederung der Komposition, begründen aber auch die rhythmischen Ordnungen sowie einzelne Tonhöhen-Relationen. Diese Kompositionstechnik ist für Le Corbusier wiederum Anlaß, die Komposition *Metastaseis* – und mit ihr auch den Komponisten, in dem „drei Begabungen glücklich vereint"[384] sind – am Ende des Buches *Modulor 2 (Die Antwort haben die Benutzer)* zu würdigen.[385] In *Metastaseis* ging es jedoch auch um den Versuch, „zu beweisen, daß ein menschliches Orchester fähig ist, durch neue Klangwirkungen und Feinheiten die neuen elektromagnetischen Mittel zu überbieten, die es überflüssig machen wollten"[386].
In *Pithoprakta,* wie *Metastaseis* vorwiegend durch solistisch gesetzte Streicher bestimmt, spielen Glissandi ebenfalls eine wichtige Rolle. Als Xenakis im Oktober 1956 mit der Arbeit am Pavillon beginnt, hatte er *Pithoprakta* soeben beendet. Hier erweist sich also auch die Wechselwirkung zwischen musikalischer und architektonischer Arbeit auch chronologisch in nahtlosen Übergängen.

Der Zusammenhang zwischen *Metastaseis* und dem Philips-Pavillon wird sofort augenfällig, wenn wir einen Blick in Xenakis' ursprüngliche grafische Notierung des Werkes werfen. Die Darstellung der Glissandi zeigt kontinuierliche Linien (ähnlich wie eine Hyperbel oder ein anderer Funktionsgraph), die, dreidimensional umgesetzt, den kontinuierlich verlaufenden Wandflächen des Pavillons entsprechen. Um das Werk für die Musiker eines Orchester interpretierbar zu machen, mußte Xenakis die ursprüngliche Fassung jedoch in das konventionelle Notensystem übertragen. Aus dieser Zeit stammen auch erste Überlegungen zu einem System, bei dem die notwendige grafische Notierung der Partitur zur vollen musikalischen und aufführbaren Geltung gelangen könnte – mit dem Ziel, über die traditionelle Notierung von Musik hinaus einen universelleren Weg zu finden, durch den sich musikalische Gedanken ausdrücken und direkter interpretieren lassen. In diesem Zusammenhang begann Xenakis zusammen mit anderen den ersten Wandler digitaler Information zu Klang zu konstruieren, der etwa 1967 ausgereift war. 1966 hatte Xenakis das EMAMu gegründet, seit 1972 besser bekannt als CEMAMu: Centre d'Etudes de Mathematique et Automatique Musicales, Institut für angewandte musikalische Informatik und Mathematik. Dessen Zielsetzungen führten Anfang der siebziger Jahre zur Fertigstellung des ersten UPIC (Unité Polyagogique Informatique du CEMAMu),[387] von Xenakis entworfen und unter seiner Leitung hergestellt.

Man darf über diesen technischen Pionierleistungen aber nicht vergessen, daß *Metastaseis* mehr ist als das Werk eines bloßen Konstruktivisten.[388] Die Überführung eines Tones in die zwölf chromatischen Töne unseres Tonsystems kann nämlich durchaus als topologische Angelegenheit innerhalb des Klangphänomens[389] aufgefaßt werden. Im Eröffnungstakt erklingt der Ton ‚g' im Streicher-Unisono. Nach 34 Takten (Fibonaccizahl!) haben alle Streicher einen neuen Ton durch Glissandobewegungen erreicht. Wir hören jetzt einen Cluster aus allen chromatischen Tönen. Im folgenden Abschnitt werden diese Töne durch Tremoli zum Geräusch gesteigert, so daß „aus dem Anfangston nun ein gespreizter Ton (als einheitlicher Eindruck seiner Teiltöne) als Klangfläche erscheint (sein Obertonspektrum ist um Grade diffuser als das des Ausgangstones)"[390]. Derartige Überlegungen mögen an den Haaren herbeigezogen scheinen, sind aber wesentlich, weil damit die philosophischen Grundfragen des Gestaltungsprozesses angesprochen werden. Für Xenakis, den promovierten Philosophen, sicherlich nicht zu weit hergeholt ...

„Für mich ist die Musik ein Gebiet, in dem die grundsätzlichsten Fragen der Philosophie, des Denkens, des Verhaltens, der Theorie des Universums sich

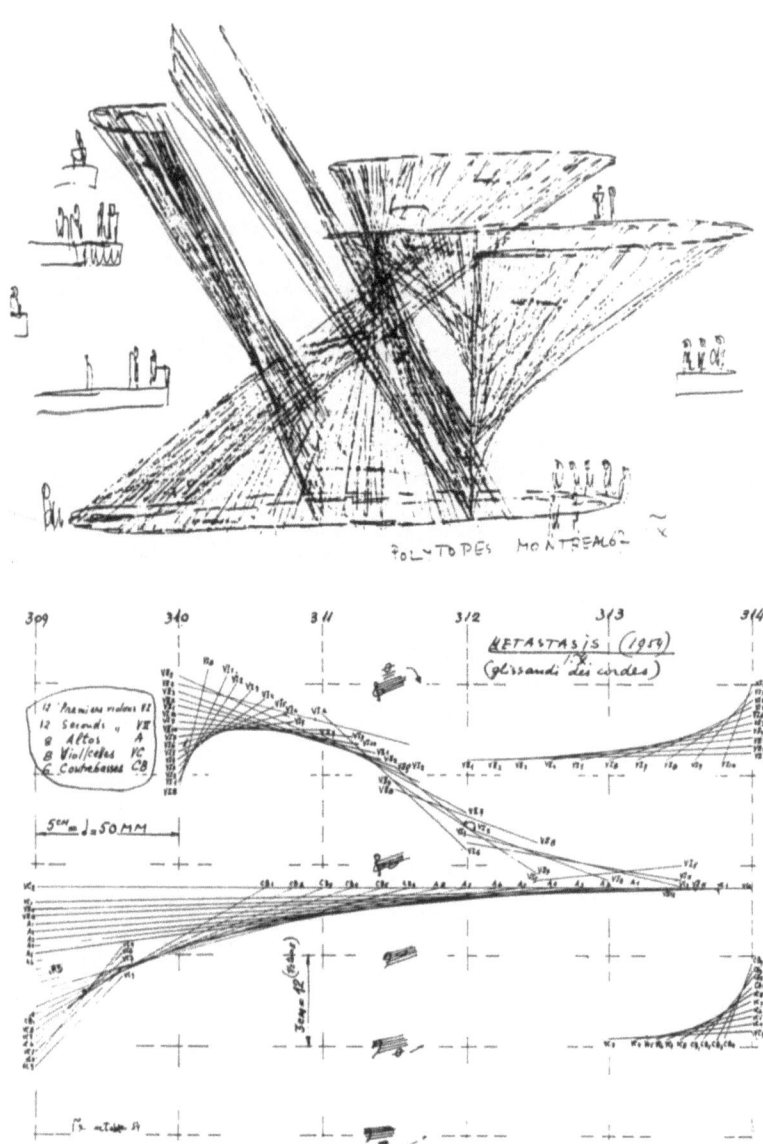

10 Iannis Xenakis, Skizze zum Polytop in Montreal, 1967
11 Iannis Xenakis, Grafische Notation der Glissandi in *Metastaseis*, 1954

dem Komponisten stellen sollten", sagt Xenakis. „Die Rolle des Musikers muß in dieser Grundsatzforschung aufgehen: Antworten auf die Phänomene zu finden, die wir nicht verstehen, und somit unsere Verstandeskräfte und unsere Handlungsfähigkeit zu vergrößern."[391]

Das *Poème électronique* und die musikalischen Folgen

1958 hielt Olivier Messiaen (1908-1993) an der Weltausstellung in Brüssel einen Vortrag. Die darin geäußerten Gedanken über die Zukunft der Musik lassen vermuten, daß ihn das *Poème électronique* sehr beeindruckte. „Die elektronischen Surrealisten werden ‚Nächte ergründen und den Rausch festhalten', wie Rimbaud sagte – die seriellen Dodekaphonisten werden wechselnde Klangregister, isolierte Töne, vielfältige Intensitäten und Dichten, Klangfarbenmelodien, Melodien von Anschlagsarten (Einschwingvorgängen) ausprobieren – die Stereophonisten werden die Schallquellen beweglich machen und Raumkontrapunkte schaffen, die wirklich unerhört im wahren Sinne des Wortes sein werden"[392] Sicherlich spricht Messiaen mit den „unerhörten Raumkontrapunkten" die räumlichen Klangprojektionen an, deren Ausstrahlungen er im Philips-Pavillon – vielleicht mehrere Male – miterlebt hat. In Messiaens Musik spielt „Stereophonie" keine Rolle; so hat er an dieser Art der Komposition nur indirekten Anteil – über seine Schüler Boulez, Stockhausen und Xenakis. In den fünfziger Jahren ist es vor allem Stockhausen (*1928) der sich als Pionier der elektronischen Musik einen Namen gemacht hat. Dessen erste elektronische Kompositionen (*Studie 1* und *2*) stammen aus den Jahren 1953 und 1954. Die Komposition *Gesang der Jünglinge* (1955/1956) ist für fünf Lautsprechergruppen komponiert, die rings um den Hörer im Raum verteilt sein sollen.
„Von welcher Seite, mit wie vielen Lautsprechern zugleich, ob mit Links- oder Rechtsdrehung, teilweise starr und teilweise beweglich die Klänge und Klanggruppen in den Raum gestrahlt werden: das alles ist für das Verständnis des Werkes maßgeblich."[393]
Einen Zenith erreichten diese Bemühungen 24 Jahre später 1970 an der Weltausstellung in Osaka. Hier war der deutsche Beitrag das von Stockhausen konzipierte Kugelauditorium, das Stockhausens Anforderungen an einen der Raummusik angemessenen Hörsaal ideal erfüllte. Der rundum mit Lautsprechern versehene kugelförmige Raum enthielt in der Mitte eine schalldurchlässige und durchsichtige Plattform, auf der die Zuhörer die extra für diesen Raum komponierte Musik von oben, von unten, überhaupt von allen

Himmelsrichtungen vernehmen konnten. Im Verlaufe der siebziger Jahre haben sich auch Rockbands wie etwa Pink Floyd mit monumentalen Vier-Spur-Anlagen publikumswirksame Raumeffekte beschert. Die HiFi-Industrie arbeitet ebenfalls an der Optimierung räumlicher Klangentfaltung, Quadrophonie hieß damals die Losung. Nach den offensichtlich befriedigenden Ergebnissen des Kugelauditoriums[394] sah man gar in der Errichtung derartiger Gebäude eine Möglichkeit, dem traditionellen, neuen Musik feindlichen Konzertbetrieb etwas Zeitgemäßeres entgegenzustellen. „Befänden sich in jeder größeren Stadt solche Räume", bemerkte Stockhausen, „so bekäme auch das gemeinschaftliche Hören in Musikhallen, im Gegensatz zum Radiohören, wieder einen neuen Sinn. Die bisher übliche Konzertpraxis würde – was das Hören elektronischer Raummusik betrifft – von einer Form abgelöst, die dem Besuch von Bildergalerien entspräche. Es gäbe permanente Programme, die periodisch wechselten, und man könnte zu jeder Tageszeit das elektronische Programm hören."[395] Was aber ist aus all den damals mit ‚Pioniergeist' propagierten Zukunftsvisionen geworden? Abgesehen von entsprechenden Einrichtungen in diversen Radiostudios und vereinzelten Installationen hat sich keine breitere Verankerung von Raummusik in unserem Musikbetrieb durchsetzen können. Von Kugelauditorien, die demnächst in jeder größeren Stadt aufgestellt würden, fehlt bisher jede Spur. Die HiFi-Industrie ist entgegen aller Prognosen über Stereoanlagen kaum hinausgekommen. Demgegenüber hat die Produktion von klangerzeugenden Geräten durch Digital- und Sampling-Technik erstaunliche Fortschritte gemacht. Klangcollagen in der Art von Varèses *Poème électronique* oder auch von Stockhausens *Studien* könnten heute in technischer Hinsicht von jedem Soundbastler am eigenen PC-gesteuerten Keyboard realisiert werden. Während die Errungenschaften im Bereiche der Digitaltechnik die Erzeugnisse der Pop- und Rockindustrie nachhaltig geprägt haben, ist die Bedeutung der elektronischen Klangerzeugung für die zeitgenössische E-Musik geschmolzen. Entgegen allen Prognosen und in die „Zukunft geworfenen Sonden" hat sich gezeigt, daß Kunstwerke nicht durch bloße Handhabung einer auch noch so ausgereiften Technologie hervorgebracht werden können. Dieses Empfinden mag wohl bei einigen Komponisten eine Reflexion der ontologischen Grundlagen der Kunst veranlaßt haben. Bei Stockhausen scheint dieses Empfinden von einer Rückbesinnung auf religiöse Werte begleitet zu sein. Jedenfalls kehrt er in den siebziger Jahren dem konventionellen Musikbetrieb den Rücken und läßt in seinen weiteren Arbeiten eine intensive Auseinandersetzung mit esoterischen Fragen erkennen.[396] Schließlich richtet er sich ausdrücklich an „Hörer, die religiös sind"[397].

Durch den nahezu messianischen Verkündungsgestus, welcher die Werke der letzten Jahre kennzeichnet[398], ist Stockhausen heute einem großen Teil seines Publikums entrückt. Pierre Boulez hat sich schon seit längerer Zeit dem Dirigieren verschrieben und hat kaum mehr komponiert. Bei Xenakis sind elektronische Kompositionen seit den achtziger Jahren eher selten.[399] Schade, daß auch das UPIC, das Xenakis und seine Ingenieure so billig produzieren wollten, daß es in Schulen hätte Einzug halten können, keine Breitenwirkung erreichen konnte.

Im Zeichen eines möglichen Wirtschaftszusammenbruchs sowie des gänzlichen Zerfalls der gesellschaftlichen Strukturen unserer ‚Wohlstandsgesellschaft' kann auch nicht mehr damit gerechnet werden, daß für derartig aufwendige Technologien in absehbarer Zeit die nötigen Mittel bereitgestellt werden. Und die Beschwörung einer „menschlichen Energie, die letzten Endes über allem steht"[400], kann sich in Anbetracht der jüngsten politischen Tendenzen eines bitteren Zynismus nicht mehr erwehren. Vielleicht ist es deshalb mehr als ein pikantes Detail, daß im *Poème* eines erklärten Atheisten ein geseufztes ‚O god' das einzige gesprochene Wort ist.

Neben Le Corbusiers selbstbeweihräucherndem, hoffnungsvollen Zukunftsausblick in der Schlußsequenz des *Poème* erweist sich die eher apokalyptische Perspektive von Varèse als realitätstüchtiger.

Bleiben noch die Bemühungen, in Formen und Klängen gesetzmäßige Entsprechungen zu erkennen, die über vorläufige ästhetische Kriterien erhaben sind. Es scheint, als ob die Substanz der ganzen Arbeit da am deutlichsten greifbar wird, wo im Sinne eines ontologischen Kunstanspruchs neue mathematische Erkenntnisse – durchaus als Modulorbenützungen – Gestalt werden. In diesem Sinne würde ich Xenakis' *Metastaseis* als Element des ganzen Pavillon-Projekts auffassen. Insofern gerade die kontinuierlichen Klangbewegungen in Le Corbusiers *Modulor* als Ausgangspunkt des Klangphänomens schlechthin verstanden werden (vgl. Seiten 124 ff), schließt sich mindestens hierin ein im *Poème* behandelter Themenkreis auf eindrückliche Weise.

5 Der Modulor – ein Proportionssystem aus dem Geiste der Musik?

> *J'en viens à l'objet du travail entrepris ici: sait-on qu'en ce qui concerne les choses visuelles, les longueurs, nos civilisations n'ont pas encore franchi l'étape accomplie par la musique? Tout ce qui est bâti, construit, distribué en longueurs, largeurs ou volumes, n'a pas bénéficié d'une mesure équivalente à celle dont jouit la musique, – outil de travail au service de la pensée musicale.*
>
> Le Corbusier, Der Modulor 1977,15

Der Modulor ist ein Proportions- oder vielmehr ein Maßsystem, dessen quantitative Werte sich aus zwei Zahlenreihen, einer roten und einer blauen, ermitteln lassen. Die verschiedenen Maßzahlen ergeben sich als Ableitungen eines Norm-Menschen mit der Körpergröße von 183 cm, der mit ausgestrecktem Arm eine Höhe von 226 cm erreicht und dessen Solarplexus mit einer Höhe von 113 cm angegeben wird. Durch Hinzunahme der Differenz zwischen Solarplexus und Körpergröße (70 cm), sowie des Abstandes zwischen Kopfhöhe und Gesamtlänge mit ausgestrecktem Arm (43 cm) läßt sich mit den Zahlen 43, 70, 113, 183 eine erste Reihe bilden, die die Eigenschaften einer Fibonacci-Reihe[401] besitzt. Die rote Reihe ist damit festgelegt; von hier aus können weitere Glieder auf jeder Seite in beliebiger Anzahl angesetzt werden. Für die blaue Reihe dient der Wert 226 als Ausgangspunkt, während die entsprechende Teilung durch den Punkt von 86 cm Höhe (etwaige Länge der Beine) definiert ist.

Durch den Gebrauch von Fibonacci-Reihen ergeben sich Proportionen im Goldenen Schnitt. Auf dessen Bedeutung verweist auch die aus ‚module' und ‚section d'or' zusammengesetzte Endsilbe ‚or' des Ausdrucks *Modulor*. Ebenso paradigmatisch wie der Name des ganzen Schemas wurde die ‚Modulor-Figur' mit dem hochgestreckten Arm. Eine erste Präsentation begleitete der folgende Text: „Der *Modulor* ist ein Maßwerkzeug, das von der menschlichen Gestalt und der Mathematik ausgeht. Ein Mensch mit erhobenem Arm liefert in den Hauptpunkten der Raumverdrängung – Fuß, Solarplexus, Kopf, Fingerspitze des erhobenen Arms – drei Intervalle, die eine Reihe von Goldenen Schnitten ergeben, die man nach Fibonacci benennt. Die Mathematik andererseits bietet sowohl die einfachste wie die stärkste Variationsmöglichkeit eines Wertes: die Einheit, das Doppel, die beiden Goldenen Schnitte."[402] Eines der wichtigsten Anliegen, das Le Corbusier mit dem neuen Maßsystem erfüllen wollte, war die harmonische Gestaltung von Bauwerken sowie seriell gefertigten Industrieprodukten.[403] „Wir wollen das gesteckte Ziel nicht aus den Augen verlieren: Die Flut der Erzeugnisse in der Welt harmonisch gestalten. Sie werden in einer Weltvorausfertigung organisiert werden; in der Geschichte der Menschheit wird diese Entwicklung von großer Bedeutung sein."[404] Daß die industrielle Produktion vorfabrizierter Serien nur dann einen Sinn hat, wenn ihr ein universal anwendbares Maßsystem zugrunde liegt, war selbstverständlich nicht nur Le Corbusier bewußt. Arithmetische Systeme, die auf Meter- und Zentimetermaßen beruhende Einheiten einer rein additiven Montage bereitzustellen gedachten, wurden von verschiedenen Seiten vorgeschlagen. In Frankreich war es während des Zweiten Weltkrieges die AFNOR (Association Française de Normalisation), die – allerdings ohne Le Corbusier miteinzubeziehen – diesbezügliche Untersuchungen anstellte.[405] Le Corbusier hingegen sah keinen Grund, sich durch bestehende Konventionen einschränken zu lassen. Das Metermaß ist zwar eine großartige Vereinbarung, jedoch als vierzigmillionster Teil des Erdumfangs eine reichlich abstrakte und rein zufällige Größe. Erschwerend kommt hinzu, daß sich die angelsächsische Welt durch den Meter nicht von ihrem Fuß-Zoll-System abbringen ließ (wohl nicht zuletzt, weil der Meter als französische Erfindung gilt). Obwohl Le Corbusier wie schon Vitruv den Standpunkt vertrat, daß die menschlichen Proportionen Ausgangspunkt für die Architektur sein müßten, war sein Ziel nicht eine anthropomorphe Architektur, sondern eine anthropometrische Ordnung, die sich vom Dezimaldiktat des Metersystems abhob und sich auch in das angelsächsische Maßsystem übertragen ließ. Immerhin hatte Le Corbusier in seinem *Modulor* das zukünftige Maßsystem gesehen, dessen Verwendung „eines Tages den Meter oder den Fuß-Zoll ersetzen" könnte.[406] „In der modernen Zeit hat der Mensch keinen freundschaftlichen Kontakt mehr mit seiner Umwelt. Die Elle, der Fuß-Zoll usw. erfordern außerordentlich schwierige Berechnungen. Der Meter mit seiner Dezimaleinteilung triumphiert. Jedoch sind 10, 20, 30, 40, 50 Zentimeter oder 1, 2, 3, 4, 5 Meter unseren Körpermassen äußerst fremd. Dem *Modulor* ist es gelungen,

ohne daß sein Erfinder es ahnte, eine Fülle mathematischer und geometrischer Kombinationen einzuführen, die in Metern oder in Fuß-Zoll usw. ausgedrückt werden können, die aber durch unseren Körper dimensioniert sind und auf solche Weise erlauben, die Gegenstände unseres Gebrauchs zu schaffen: Bauten und Fabriken und Handwerkserzeugnisse."[407]
Der *Modulor* wurde 1947 erstmals vorgetragen und 1948 in Paris veröffentlicht. Das meistrezipierte Resultat von Le Corbusiers Proportionieren mit dem *Modulor* ist wohl die *Unité d'habitation* in Marseille (1945–1952), ein riesiger Wohnblock mit 337 Wohnungen in 23 verschiedenen Typen. 15 Maße nach Corbusiers roter und blauer Reihe des ‚Goldenen Schnitts' reichten aus, um den ganzen Bau zu gestalten. Auch für die Kapelle in Ronchamp und weitere Arbeiten des Spätwerks war der *Modulor* wichtiges Gestaltungsmittel: „Überall der *Modulor*. Ich zwinge den Besucher, spontan maßgerechte Zeichen auf die verschiedenen Teile des Bauwerkes zu übertragen."[408]
Trotz der großen Resonanz, die der *Modulor* bereits kurze Zeit nach seiner Entwicklung hatte[409], blieb auch grundlegende Kritik nicht aus. Diese betraf nicht nur die durch Auf- und Abrundung entstandenen Ungenauigkeiten und Inkonsequenzen im Detail, sondern auch die praktischen Folgen bei den realisierten Bauten. Dennoch gilt der *Modulor* als „das wohl bedeutsamste Maßgesetz unseres Jahrhunderts"[410].
Probleme, die sich aus der Diskrepanz zwischen der Stichhaltigkeit des logisch-mathematischen Instrumentariums und der emphatischen Überhöhung der diesem Instrumentarium eigenen Gesetzmäßigkeiten durch ihren Autor ergeben, sind verschiedentlich angesprochen worden. Was die von Le Corbusier herangezogenen musikalischen Materialien betrifft, so werden wir auf diese Diskrepanz noch zurückkommen (vgl. Seiten 116ff). Im übrigen sei einmal mehr auf André Baltensperger verwiesen.[411]
Auch wenn es beim *Modulor* im wesentlichen nur um *eine* Proportionsregel, nämlich diejenige des Goldenen Schnitts, geht, und im übrigen vorgegebene Maßzahlen entscheidend sind, hat doch die ausgiebige Behandlung dieser einen Regel vorläufig gereicht, um den *Modulor* in der langen Tradition harmonikaler Kanones zu verankern.[412] Le Corbusier selbst weist darauf hin, daß zur Entdeckung des *Modulor* neben Intuition – „eine lange Beschäftigung mit den Dingen der Proportion"[413] vorausgegangen war; Gresleri zufolge war Le Corbusier bereits zur Zeit seiner Tätigkeit bei Peter Behrens (1910) stark mit dem Goldenen Schnitt beschäftigt.[414] Wie weit der *Modulor* allerdings als Frucht jener vielbesungenen Verbindungen zwischen Musik und Architektur verstanden werden darf und wie weit er in dieser Hinsicht den

von Le Corbusier so deutlich unterstrichenen Ansprüchen[415] gerecht geworden ist, wird im folgenden zu prüfen sein.

Musikalische Sachverhalte

Le Corbusier beginnt seine Ausführungen im *Modulor* mit Betrachtungen zu musikalischen Sachverhalten. Ausgangspunkt ist dabei der Ton, der als ein „fortlaufendes Geschehen, das ohne Unterbrechung von Tief zu Hoch führt" aufgefaßt wird. Le Corbusier macht also das Glissando zum Urphänomen der Musik schlechthin. Während sich das Glissando von der Stimme, von der Violine, aber auch von der Posaune mühelos erzeugen läßt, bilden die Tonorganisationen, die etwa dem Klavier oder der Flöte zugrunde liegen, bereits ein Stadium von menschlich organisierter Ordnung – mit diesen Instrumenten werden künstliche, also temperierte Intervalle zum Klingen gebracht. Aus unerfindlichen Gründen setzt Le Corbusier das Musizieren mit Glissandi einer ausschließlich mündlich überlieferten Musiktradition gleich. „Jahrtausende hindurch gebrauchte man die Töne, um zu singen, zu spielen und zu tanzen. Es war die erste Musik, eine mündlich übertragene, nicht mehr." Diesem prähistorischen Zustand wurde schließlich durch den Wunsch nach einer schriftlichen Fixierung von Musik ein Ende gesetzt: „Aber eines Tages – sechs Jahrhunderte vor Christi Geburt – bemüht sich irgend jemand darum, eines dieser Musikstücke anders als vom Mund zum Ohr übertragbar zu machen, für immer, es also aufzuschreiben. Um dies tun zu können, gab es weder eine Methode noch ein Instrument."[416]
Hier führte die Frage der Gliederung des im Glissando verbundenen Frequenzspektrums sozusagen zur Geburt der Tonleiter. „Es ging darum, die Töne in bestimmten Zeichen festzulegen, ihnen damit allerdings ihren ununterbrochenen Zusammenhang zu nehmen. Man mußte sie durch faßbare Elemente darstellen, folglich ihre Stetigkeit nach einer gewissen Übereinkunft unterbrechen und eine Folge in Graden daraus machen. Die Grade mußten die Sprossen einer (künstlichen) Leiter der Töne bilden."[417] Le Corbusier zufolge gebührt das Verdienst, das „zusammenhängende Tonphänomen"[418] mit einer brauchbaren Unterteilung versehen zu haben, keinem geringeren als Pythagoras: „Pythagoras löste die Aufgabe, indem er zwei Stützpunkte annahm, die imstande waren, Zuverlässigkeit und Verschiedenartigkeit zu vereinen: auf der einen Seite das menschliche Ohr – das menschliche Hörvermögen (und nicht etwa das Hörvermögen der Wölfe, Löwen oder Hunde); auf der

anderen Seite die Zahlen, das heißt die Mathematik (ihre Verbindungen), die selbst eine Tochter des Alls ist."[419] Unter Hinweis auf Pythagoras gibt Le Corbusier eindeutig zu erkennen, in welchem Zusammenhang er seine eigenen Vorstellungen über die Art der Verwandtschaft von Musik und Architektur verstanden wissen will.[420] Denn auf Pythagoras geht bekanntlich jene Auffassung zurück, nach welcher die Zahl als Wesen aller Dinge gilt und sowohl als Begriff der Quantität wie auch der Qualität als Dreh- und Angelpunkt verschiedenster Wahrnehmungsbereiche zur Verfügung steht. Pythagoras' Entdeckung der wechselseitigen Abhängigkeit von Saitenlänge und Tonhöhe steht am Anfang einer bisher rund zweieinhalbtausend Jahre alten Tradition, in der nicht nur die verschiedenen, in der Kunstgeschichte häufig diskutierten Proportionisierungslehren beheimatet sind, sondern auch so zentrale Fragen der Musiktheorie wie etwa die Intervallehre oder Stimmungssysteme. Pythagoras' Name steht also nicht nur für eine bedeutenden Initiationsfigur, sondern für eine ganze Begriffswelt, mehr noch, für einen eigenen Kosmos, ein eigenes Weltbild: das Weltbild der Harmonik.

Der Begriff darf jedoch nicht zu eng verstanden werden. Nicht von einer Harmonik der Akkordverbindungen, wie wir sie aus der musikalischen Harmonielehre und dem Tonsatz kennen, ist hier die Rede, vielmehr geht es um den Harmoniebegriff der Antike. Naredi-Rainer hat betont, daß der Begriff der Harmonie einer der zentralen und zugleich umfassendsten Begriffe in der abendländischen Geistesgeschichte sei: Der Harmoniebegriff schließe „gleichermaßen Theologie, Philosophie sowie die Künste ein und reicht auch in das Gebiet der Naturwissenschaften. Das Wort *harmonia* hat seinen Ursprung im Griechischen und bedeutet so viel wie Anpassung, Verbindung, Verknüpfung, Vereinigung von verschiedenartigen oder entgegengesetzten Dingen zu einer geordneten Ganzheit."[421]

Zahlen und ihre Proportionen bilden nicht nur die Grundlage der Harmonik, sie stehen auch am Anfang der Musiktheorie. Die Harmonik umfaßt also gleichermaßen die Zahl-Grundlagen der Musik wie auch die Lehre von den Musik-Grundlagen der Schöpfung. Von der Zeit des frühen Pythagoreismus, von Ptolemaios bis hin zu Johannes Kepler und dem Wiederbegründer dieser Anschauung in unserem Jahrhundert, Hans Kayser, wurde Harmonik in einem solchen Sinne verstanden, und auch heute ist Harmonik anfängliche und umfassende ‚Theoria' (Wesens-Schau) der Musik.[422]

Obwohl die oben skizzierten musikhistorischen Vorstellungen Le Corbusiers einige bemerkenswert eigentümliche Ideen enthalten, spricht der Erfinder des *Modulor*, wenn auch fragmentarisch genug, zwei grundlegende, für die historische Entwicklung der Musik in der Tat bahnbrechende Entdeckungen an, die auf Pythagoras zurückgehen: das Phänomen der Tonzahlen und die auf zwei Zahlenreihen basierende pythagoreische Tonleiter.[423] Le Corbusiers Wertschätzung des Glissando als musikalischen Urphänomens geht höchstwahrscheinlich auf Edgard Varèse zurück. Vielleicht aber tun wir Le Corbusier unrecht, wenn wir „fortlaufendes musikalisches Geschehen, das ohne Unterbrechung von Tief zu Hoch führt" lediglich als Glissando im Sinne von Varèses Sirenen interpretieren. Deshalb sei daran erinnert, daß bereits um die Jahrhundertwende die Frage, ob zwischen zwei Tönen einer Melodie eine kontinuierliche Veränderung der Tonhöhe vor sich gehe, vielfach diskutiert worden ist. Sieht man das Wesen einer Melodie nicht durch die Summe der einzelnen Tonhöhen erfaßt, liegt der Gedanke nahe, daß die fixierten Tonhöhen und Intervalle lediglich materielle Träger eines Spannungsverlaufes sind. Dem Wesen der Melodie wird man demnach am besten gerecht, wenn man sich entsprechende Folgen von Anspannung und Entspannung als ein mit kinetischer Energie vergleichbares Phänomen vorstellt. Ob Le Corbusier die entsprechenden Theorien von Hugo Riemann (1849–1919)[424], Ernst Kurth (1886–1946)[425] oder Jacques Handschin (1886–1955)[426] gekannt hatte, ist hingegen mehr als fraglich.

Harmonik als Lehre von Proportion und Entsprechung

Der Begriff der Proportion ist nicht eindeutig definiert. „Proportion ist im allgemeinen und auch im kunsthistorischen Sprachgebrauch ein terminologisch unklarer Begriff."[427] Auch der französische Harmonikforscher Matila Ghyka bemerkt die Schwierigkeiten, den Proportionsbegriff zu definieren: „La notion de proportion est, aussi bien en logique qu'en esthétique, une des plus élémentaires, des plus importantes, et des plus difficiles à préciser."[428] Der Ausdruck Proportion enthält als Kern das Wort pars (= Teil), wobei das *a* durch Assimilation an die benachbarten o-Silben zum *o* geändert wurde. Ursprünglich pro partione, zunächst pro portione, wurde der Begriff portione später auch ohne die Vorsilbe pro verwendet, unser heutiges Portion. Die Übersetzung des Ausdrucks Proportion lautet etwa ‚je nach dem Verhältnis der Teile zueinander'. Im deutschen Sprachgebrauch, zumal als Wort der Kunstbetrachtung, meint der Begriff in positiver Bestimmung Ebenmaß. Als Anschauungsobjekt (und Maßstab), das Ebenmaß in idealer Form verkörpert, wird nicht selten der menschliche Körper genommen. So lesen wir bei Winckelmann: „Die Regeln der Proportion, so wie sie in der Kunst von dem

Verhältnisse des menschlichen Körpers genommen worden sind [...]."[429] Aber auch in anderen Quellen sind derartige Bezüge nachweisbar, zum Beispiel in Simon Rots Fremdwörterbuch von 1571: „Ein wol proporcionirter leib, da kein glied gegen dem andern zu gross noch zu klein ist."[430] Bei Leon Battista Alberti (1404–1472) finden wir viele Stellen, die das Erwähnte belegen, etwa die folgende: „Doch wie beim Tier Kopf, Fuß und jedes andere Glied zu den übrigen Gliedern und zum ganzen übrigen Körper in Beziehung steht, so sind auch bei einem Bauwerke und insbesondere bei einem Tempel alle Teile des Körpers so zu gestalten, daß sie untereinander alle in Beziehung stehen, so daß man mit jedem beliebigen einzelnen Teile allein alle anderen genau messen kann."[431]

Sollen Proportionen ins Konkrete übertragen werden, so bedarf es eines Maßes (Maßstabes oder Maßeinheit). Daß häufig der Körper, bzw. einzelne Körperteile die zum Messen verwendete Einheit gebildet haben, liegt auch im Ausdruck *Gliedmaßen* verborgen, der als etymologisches Relikt diesen Zusammenhang enthält.[432] Mit der Einführung des Metermaßes, das gegen Ende des 18. Jahrhunderts in Frankreich festgelegt wurde, büßte der menschliche Körper seine Funktion als Maß aller Dinge ein. Lediglich in England hielt man sich die alten Körpermaße.

Die Vorstellung, daß das Wesen der Harmonie in bestimmten Zahlenverhältnissen begründet liege, wird auf Pythagoras zurückgeführt. „Die sogenannten Pythagoreer glaubten, die Prinzipien der Mathematik seien auch die Prinzipien allen Seins. Und da nun in allen übrigen Beziehungen die ganze Natur durch Zahlen nachgebildet zu sein schien, die Zahlen aber die erste Sache der ganzen Natur waren, nahmen sie an, die Elemente der Zahlen seien die Elemente aller Dinge, und der ganze Himmel sei Harmonie und Zahl."[433]

Pythagoras soll, als er einmal an einer Schmiede vorbeikam, im Klang der Hämmer die reinen Intervalle der Oktave, der Quint und der Quart gehört haben. Wie die Legende weiter berichtet, führte Pythagoras dies auf die Gewichte der Hämmer zurück, denn deren Verhältnisse waren 1 : 2 : 3 : 4. Obwohl die Entsprechungen in dieser berühmten Schmiedelegende jeglicher physikalischen Richtigkeit entbehren[434], läßt sich am Monochord, dem Versuchsinstrument der Pythagoreer, leicht nachweisen, wie Zahlen und Töne zusammenhängen.

Die einfachste Form eines Monochords ist ein Brett mit einer darauf zwischen zwei Stegen gespannten Saite beliebiger Länge. Meistens werden aus praktischen Gründen mehrere Saiten gleicher Tonhöhe über einen Resonanzkasten gespannt. Dann lassen sich die Klänge von abgemessenen Saitenabschnitten mit ihrer jeweiligen Grundschwingung vergleichen, oder es können mittels verschiebbarer Stege beliebige Proportionen auf die Saitenlängen übertragen werden, was bestimmten Intervallen, Akkorden oder Tonreihen entspricht. Vergleicht man die Töne zweier gleichartiger Saiten unterschiedlicher Länge, so zeigt sich folgendes: Verhalten sich die Saitenlängen wie kleine ganze Zahlen, dann hören wir wohlklingende (konsonante) Intervalle, in den anderen Fällen mißklingende (dissonante). Beispiele konsonanter Intervalle:

Verhältnis der Saitenlängen	Intervall
1 : 1	Prim
2 : 1	Oktave
3 : 2	Quint
4 : 3	Quart

Die Frequenz ist umgekehrt proportional der Saitenlänge. Als Bezeichnung der Intervalle können aus diesem Grund Saiten- oder Frequenzverhältnisse verwendet werden.

Läßt man nun auf dem Monochord nacheinander die Saitenlängen L, L/2, L/3, L/4, etc. erklingen, dann ergibt sich dabei eine Teilton- oder Oberton-, bzw. Naturtonreihe.

Am besten läßt sich eine Umrechnungstabelle erstellen, wenn wir von dieser Teiltonreihe ausgehen. Zupfen wir eine Saite und versetzen sie somit in Schwingung, dann erhalten wir einen Klang, der sich aus der Grundschwingung der ganzen Saitenlänge und weiteren Schwingungen einzelner bestimmter Saitenabschnitte zusammensetzt. Die sich bildenden Teilschwingungen entsprechen wiederum einer Saitenteilung nach der Zahlenreihe: 1/2, 1/3, 1/4, 1/5 etc. Benennen wir die entsprechenden Töne in dieser Reihenfolge, so erhalten wir eine Teiltonreihe über einem bestimmten Grundton, bzw. dem ersten Teilton.

Wenn wir die Zahlenwerte eines bestimmten Intervalls ermitteln wollen, so suchen wir in der Teiltonreihe zwei Töne, die das gesuchte Intervall umschließen. Die Positionen dieser beiden Töne in der Teiltonreihe ergeben sodann das Verhältnis der schwingenden Saitenabschnitte. Gehen wir von einer bestimmten Proportion aus und suchen für diese einen entsprechenden Zusammenklang, so wird der Vorgang umgekehrt.

Diese Zusammenhänge bilden nicht nur die Grundlage der pythagoreischen Zahlenlehre, sondern der ganzen Harmonik.[435] Die Schnittstelle verschiedener wissenschaftlicher Disziplinen bildet somit die Tonzahl, bzw. die auf musikalische Intervalle bezogene Proportion.⁴³⁶ „Auf diesem beiden Pfeilern [Kayser stellt dem Begriff der *Tonzahl* denjenigen des *Tonwertes* gegenüber, P.B.] beruht Ausgangspunkt, Weg und Methode der ganzen Harmonik. Vereint, bilden sie das Urphänomen des Tones schlechthin; denn in ihm sind Zahl (das Meßbare am Schwingungsvorgang resp. der Saitenlänge) und Wert (das hörbare, durch das seelische Wertempfinden Erfaßbare) a priori vereint. Wenn ein Ton erklingt, kann die Tonhöhe sowohl im Verhältnis zu einem Ausgangston durch die Schwingungsfrequenz oder Saitenlänge gemessen, als auch durch das Tonempfinden vermittels des Gehörs erkannt werden. Infolge dieses an sich durchaus nicht selbstverständlichen, im Gegenteil sehr merkwürdigen Zusammentreffens reiner Empfindungsgestalten (Töne) mit materiellen Größen (materieller Schwingungsvorgang) und zwar auf spontaner und exakter Basis ist im harmonikalen Ansatz des Urphänomens der Tonzahl die Möglichkeit der Entwicklung einer eigenen Wissenschaft gegeben, die wir mit dem Ausdruck *Harmonik* bezeichnen."⁴³⁷

Lineare Tonfortschreitung versus harmonikale Quantelung

Wir müssen uns in die zweifellos faszinierenden harmonikalen Forschungsbereiche nicht weiter vertiefen, um festzustellen, daß der Ausgangspunkt allen Musizierens keine lineare Fortschreitung des Tones (sprich Glissando) ist, wie Le Corbusier annimmt. Ausgangspunkt aller Musik ist der Klang mit seinen Teiltönen. Der Ton ist also kein „fortlaufendes Geschehen", sondern als Bestandteil des Klanges vielmehr ein Beleg für die Quantentheorie.⁴³⁸ Was die Tonhöhenempfindungen des Menschen betrifft, so sind diese bekanntlich logarithmisch organisiert und ebensowenig linear wie das Klangphänomen selbst. Im übrigen sind auf der Trompete Glissandi – im Gegensatz zur Posaune – kaum zu machen.

12 Teiltonreihe

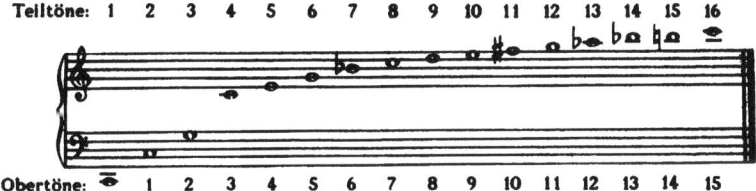

Ich habe bereits im vorangegangen Kapitel gezeigt, welche Bedeutung der Komponist Edgard Varèse für Le Corbusier besessen hat. In Le Corbusiers Wertschätzung von Glissandi erkennen wir einen weiteren Hinweis auf die Beeinflussung durch Varèse. Dieser hatte der kontinuierlichen Tonhöhenveränderung in seinem Werk großen Rang beigemessen und aus diesem Grund verschiedentlich Sirenen eingesetzt. Bei Varèse ging es aber dabei vor allem um die Möglichkeit, der von ihm empfundenen Beschränkung des temperierten Tonsystems zu entkommen und nicht darum, mit Sirenen oder mit anderen Mitteln erzeugten Glissandi ein vermeintliches Urphänomen des Klanges zu beschwören. Ganz im Gegenteil: Wie wir heute wissen, ist ein weit wichtigeres Element in Varèses Werk seine Technik der Klangschichtung, bei der er einzelne Töne als Elemente eines Klanges auffaßte und so auf eigene Weise die Struktur des Teiltonspektrums in seinen Kompositionen nutzte.

Das Phänomen der Tonzahl mit dem damit verbundenen Themenkomplex hatte Le Corbusier nicht besonders interessiert. Allerdings waren ihm diese Sachverhalte zur Zeit seiner Arbeit am *Modulor* ganz einfach nicht bekannt; sie wurden im wesentlichen erst wieder durch die Forschungen von Hans Kayser (1891–1964) zugänglich. Le Corbusier erwähnt Kayser erst im Vorwort zur zweiten Auflage seines *Modulor* (1951).[439] In der Zwischenzeit hatte Le Corbusier Gelegenheit, anläßlich der bereits erwähnten Mailänder Triennale (1951), wo auch Arbeiten Kaysers ausgestellt waren und der Autor selbst einen Vortrag hielt, Kayser und dessen Werk kennenzulernen. Im *Modulor 2* berichtet Le Corbusier ausführlich von der Triennale und läßt eine Übersicht über die Referate abdrucken. Bei der darauf folgenden Besprechung einzelner Vorträge wird auch Kaysers Redebeitrag über die ‚Harmonia plantarum' gewürdigt.[440] Le Corbusier scheint Kayser jedoch nicht zu jenen Gelehrten zu zählen, die als „Exegeten mit viel Wortesäuseln" okkultistische Tendenzen verkörpern. Im Gegenteil: „Im drohenden Chaos bietet Kayser dem Menschen einen Weiheort. Und in dieser Richtung und auf diesem Gebiet sind wir weit von den Tabus, sind zum Glück noch einmal Menschen geworden."[441] Ob sich Le Corbusier später mit Kayser noch einmal auseinandergesetzt hat, ist fraglich.[442]

Le Corbusier war sehr daran gelegen, seinen *Modulor* als eine Art architektonischer Tonleiter zu präsentieren. So schreibt er am Schluß der Einleitung zum *Modulor*: „Eine einfache Feststellung wird den Schluß bilden: daß nämlich in einer modernen, mechanisierten Gesellschaft, deren Technik sich von Tag zu Tag vervollkommnet, um neue Hilfsquellen des Wohlstandes zu schaffen, das Auftreten einer Tonleiter sichtbarer Maße zu begrüßen ist, weil die-

ses neue Werkzeug vor allem die Wirkung haben wird, die Arbeit der Menschen zu verbinden, zu sammeln und in Einklang zu bringen, eine Arbeit, die bis heute uneinig, ja zerrissen ist durch die Tatsache des Vorhandenseins zweier schwer zu versöhnender Systeme: des ‚Zoll und Fuß'-Systems der Angelsachsen, des metrischen Systems der übrigen Welt."[443]
Durch die Präsentation des Glissando als angeblichen Urphänomens der Musik kommt der Entwicklung einer Tonleiter zweifellos eminenter Stellenwert zu. Wollte Le Corbusier auf diese Art und Weise auch die Bedeutung des *Modulor* unterstreichen, indem er sie als Tonleiter der sichtbaren Maße präsentierte?
Zwischen dem verheißungsvollen Hinweis auf Pythagoras und der eben zitierten Schlußfolgerung wird in Le Corbusiers musikgeschichtlichem Abriß jedoch noch eine weitere Station gewürdigt, die in der Musikgeschichte von außerordentlicher Bedeutung gewesen ist: die Entwicklung der temperierten Stimmung.
Das gleichmäßig temperierte Tonsystem ist seit Beginn des 18. Jahrhunderts in der europäischen Musiktradition gebräuchlich. Es verwendet nur noch die Oktave als reines Intervall. Die elf übrigen Intervalle werden innerhalb der Oktave auf zwölf gleich große Halbtonschritte verteilt, so daß in diesem System gleiche Intervalle stets von gleicher Größe sind, unabhängig vom jeweiligen Ausgangston. Da das Zahlenverhältnis für die reine Oktave 1 : 2 ist, es in der Oktave zwölf Halbtonschritte gibt und bei den Tonberechnungen die Zahlenverhältnisse aufgrund der logarithmischen Eigenschaften des Hörens miteinander multipliziert bzw. durcheinander dividiert werden müssen, ist das Verhältnis eines temperierten Halbtones $\sqrt[12]{2}$. Die Töne, die auf diese rechnerische Weise gefunden werden, entsprechen näherungsweise den eigentlichen Intervallen, wie sie am Monochord gezeigt werden können. Durch den psychischen Vorgang des ‚Zurechthörens' wird der jeweils leicht vom reinen Intervall abweichende Ton als diesem zugehörig empfunden.
Le Corbusiers sieht die temperierte Stimmung mit der Entwicklung einer neuen Notenschrift in einem Zusammenhang: „Damals [Le Corbusier bezieht sich auf das 18. Jahrhundert, P.B.] schuf die Familie Bach, und besonders Johann Sebastian selbst, eine neue musikalische Notenschrift: das ‚Wohltemperierte Klavier', ein neues, vollkommeneres Werkzeug, das von da an der musikalischen Komposition einen ungeheuren Auftrieb gab. Seit drei Jahrhunderten wird dieses Werkzeug gebraucht, und es genügt, die feinste Blüte des Geistes auszudrücken: den musikalischen Gedanken – den Johann Sebastians, den Mozarts und Beethovens, den Debussys und den Strawinskys, Saties und Ravels, den der Atonalen der allerletzten Zeit."[444]

Warum Le Corbusier die Entwicklung der Stimmungssysteme mit derjenigen der Notenschrift kombiniert, ist allerdings ganz und gar unverständlich. Die diesbezüglichen Behauptungen – zuvor wurde auch die Entdeckung der pythagoreischen Tonleiter mit der Entstehung der ersten Notenschrift in Verbindung gebracht – sind so eigentümlich, daß man hier gerne an einen Übersetzungsfehler denken möchte. In der französischen Originalausgabe ist allerdings an diesen Stellen tatsächlich von „écriture musicale" und von einer „nouvelle notation musicale" die Rede. Le Corbusiers Begriff einer „gamme tempérée" wäre besser mit „temperierte Tonleiter" übersetzt. Der Ausdruck „wohltemperiertes Klavier" ist zudem verwirrend. Das ändert aber nichts an der Tatsache, daß die Familie Bach an der Entwicklung des temperierten Tonsystems keinen Anteil hat. Johann Sebastian Bachs *Wohltemperiertes Klavier*, das in zwei Bänden vorliegt (Bd. 1 1722; Bd. 2 1740), war dagegen an der *Etablierung* dieses Systems maßgebend beteiligt. Insofern kann durchaus vom Auftrieb gesprochen werden, das dieses Werk dem Komponieren gegeben hat.

Bereits in einem Artikel aus dem Jahre 1923 räumt Le Corbusier dem gleichschwebend-temperiert gestimmten Klavier besondere Bedeutung ein. Damals hing er Gedanken über Analogien zwischen Musik, Malerei und Dichtkunst nach. Während der Dichter rund 73.000 Wörter kennen müsse und der Maler aus unzählbaren Farbnuancen seine Palette immer wieder neu zusammenstelle, stehe dem Musiker – dank dem Klavier mit seinen 88 Tasten – ein System zur Verfügung, das ihm eine wunderbare Auswahl aus einer ebenfalls unüberblickbaren Fülle an Geräuschen und Tonhöhen bereitstellt: „Un choix de sons nécessaires et suffisants. En effet, ne peut-il jouer Bach et Puccini, Beethoven et Satie? Moyen schématique, certes, mais puissance des systèmes: il nous fait rire, ou pleurer, ou danser [...]. Heureux les musiciens que le Pleyel ont dotés de cet admirable moyen tout fait, si parfaitement économe et généreux."[445]

Die Beschränkung auf das Tonmaterial der temperierten Stimmung, wie sie durch ein Klavier gegeben ist, ermöglicht homogene und jederzeit kontrollierbare Ausdrucksmöglichkeiten. Immerhin verdanken wir dem Klavier – so Le Corbusier 1923 – die besten Stücke der modernen Musik.[446] Daß es aber für das Klavier weder in der Malerei noch in der Dichtkunst eine Entsprechung gebe, sei gerade das Problem der Maler und der Literaten: „Pauvres peintres! Les chimistes ne songent qu'à multiplier les nuances. Pauvres littérateurs servis par les fabricants de dictionnaires préoccupés surtout de multiplier les mots, sans en tuer jamais: ,Le nombre de mots du Petit Larive et Fleury s'élève à 73.000, supérieur de 24.000 à celui des ouvrages similaires

qui en comptent le plus'. Voyez-vous un piano qui donnerait 73.000 sons différents?"[447]
Auch wenn diese Vergleiche ein wenig hinken – Ausdrucksmöglichkeiten des Klaviers beschränken sich ja nicht nur auf Tonhöhen[448] –, ist doch klar ersichtlich, worauf Le Corbusier hinaus will. Was dem Musiker mit dem Klavier gegeben sei, müsse sich der Maler, der Dichter, der Bildhauer selbst erarbeiten, er müsse sich ein ‚Klavier' selbst zusammenstellen: „Littérateurs et plasticiens sont-ils obligés chacun pour leur compte de passer la meilleure partie de leur vie à se créer un piano; qui nous donnera le dictionnaire des formes, des couleurs et des mots nécessaires et suffisants, des Pianos?"[449]
Während sich Le Corbusier hier alle Mühe gibt, Parallelen zwischen Musik und Malern, Dichtern, Bildhauern ans Klavier zu binden, führen vergleichbare Überlegungen etwa am Bauhaus zur Anstellung der Musikpädagogin Gertrud Grunow, die in ihrer Harmonisierungslehre eine Art „Grammatik des Gestaltens" entwirft und dabei versucht, physische und psychische Eigenschaften von Ton, Farbe und Form erlebbar zu machen und als praktische Grundlage einer Gestaltungslehre aufzubereiten.[450]
Im Bereich der Farbe führen Le Corbusiers Untersuchungen zur Erfindung des *Farbenklaviers*, das 1931 für die Tapetenfabrik Salubra realisiert wird.[451] Bereits 1921 ordnet Le Corbusier Farben in Tonleitern an: „On peut, hiérarchiquement, déterminer la grande gamme, formée des ocres jaunes, rouges, des terres, de blanc, du noir, du bleu outremer et, bien entendu, de leurs dérivés par mélange; cette gamme est une gamme forte, stable, donnant de l'unité, tenant le plan (de la toile), car les couleurs tiennent essentiellement entre elles."[452]
Neben der „grande gamme", die als statische (architektonische) Tonleiter bezeichnet wurde, unterschied Le Corbusier eine „gamme dynamique" (Zitronengelb, Orange, Rot, Veroneser Grün, helles Kobaltblau) von einer „gamme de transition" (Krapprot, Smaragdgrün). Die Farbenklaviatur von 1931 besteht aus 43 Uni-Tönen sowie einigen Rauten- und Punktmustern. Die vorwiegend pastellfarbenen Töne stammen zum größten Teil aus der „grande gamme": Ocker- und Erdfarben, Ultramarin, Rosa, Hellblau. Mit Englischgrün, Orange, Kobaltblau und Karminrot sind aber auch Farben aus der „gamme dynamique" vertreten. „Obwohl die Wahl dieser Farben durch die große Erfahrung Le Corbusiers als Maler und als Architekt bereits ein immenses Gewicht besitzt, liegt die eigentliche Leistung in dem Werkzeug, das er für die Anwendung dieser Töne erfindet, die ‚claviers de couleurs'. Es handelt sich dabei um zwölf Musterkarten, auf denen in drei breiten Streifen hellere Töne aufgetragen sind, die sich für Hauptwände eignen. Auf zwei

schmaleren Streifen ist eine Abfolge von kleineren Mustern mit Kontrastfarben für Holzwerk, Türen und ähnliches angebracht. Diese Töne sind nun systematisch so angeordnet, daß sich mit einem Schieber jedesmal geeignete Kombinationen von 3 - 5 Farben isolieren lassen."[453]
Die Erarbeitung eines ‚Tonsystems' wird somit zur vornehmsten Aufgabe jener Besinnung auf die wesentlichen Eigenheiten eines künstlerischen Mediums: „On vient proprement de refouler des arts plastiques et de la musique tout ce qui ne leur est pas individuellement propre; c'est à dire tout ce qui se peut mieux exprimer autrement."[454]
Während in der Musik die Bestandsaufnahme an Ausdrucksmitteln „la statistique de tous leur moyens" bereits zu Beginn des 19. Jahrhunderts eingeleitet wurde, bilden entsprechende Bemühungen in der Architektur noch einen ganz jungen Zweig[455], so jung, daß die Fülle an aufgeführten Ausdrucksmitteln noch nicht zu einem System verarbeitet werden konnte, das demjenigen des wohltemperierten Klaviers ebenbürtig wäre.
Auch wenn Le Corbusiers *Modulor* kaum als „dictionnaire des formes nécessaires et suffisants" angesprochen werden kann – Le Corbusier spricht bezeichnenderweise in bezug auf den Modulor auch nicht von einem ‚Klavier', sondern von einer Tonleiter –, zielen doch die Funktionen dieser Analogien immer in dieselbe Richtung. Ob Tonleiter oder Tonsystem, Klavier oder Musikcomputer[456] – immer geht es um ‚Werkzeuge', die dem Musiker zur Verfügung stehen, dem bildenden Künstler nicht: „Damit komme ich zum Gegenstand der hier unternommenen Arbeit [dem Modulor, P.B.]; weiß man, daß unsere Kulturen in dem, was die sichtbaren Dinge betrifft, in den Größen, die von der Musik erreichte Etappe noch nicht erreicht haben? Alles, was gebaut, geformt, in Länge, Breite und Umfang eingeteilt wird, hat vom Vorteil eines Maßes, das dem der Musik gleichwertig ist – jenem Arbeitswerkzeug im Dienst des musikalischen Gedankens –, noch nicht profitieren können."[457]
„Outil de travail au service de la pensée musicale", wie es Le Corbusier genannt hat, ist die Musiktheorie. Wir dürfen allerdings diesen Begriff nicht zu eng fassen. Nicht unsere heutige Musiklehre, wie sie zum Beispiel an Konservatorien gelehrt wird, kann damit gemeint sein, sondern jene Musiktheorie, die im Bildungssystem des Humanismus als Element der ‚septem artes liberales' einen vornehmen Platz einnahm. Nicht nur die Musiktheorie hatte ihren Platz in der ‚artistischen' Fakultät der Universitäten zur Zeit der Renaissance, sondern die ganze Musik. Und da wir, um Le Corbusiers Intentionen an dieser Stelle zu folgen, auch den Musikbegriff nicht ohne weiteres unserem heutigen Sprachgebrauch entnehmen können, bedarf es dazu einiger Erläuterungen.

Zum quadrivialen Musikbegriff

Über den Unterschied zwischen einem Instrumentalisten und einem Musiker äußert sich Goethe in *Dichtung und Wahrheit:*
„Auf einmal meldete eine wunderliche Musik gleichsam die Ankunft voriger Jahrhunderte. Es sind drei Pfeifer, deren einer eine alte Schalmei, der andere einen Baß, der dritte einen Pommer oder Hoboe bläst. Sie tragen blaue mit Gold verbrämte Mäntel, auf den Ärmeln die Noten befestigt, und haben das Haupt bedeckt. So waren sie aus ihrem Gasthause, die Gesandten und ihre Begleitung hinterdrein, Punkt zehn ausgezogen, von Einheimischen und Fremden angestaunt, und so treten sie in den Saal. Die Gerichtsverhandlungen halten inne, Pfeifer und Begleitung bleiben vor den Schranken, der Abgesandte tritt hinein und stellt sich dem Schultheissen gegenüber."[458] Goethe spricht nicht von Musikern, sondern von Pfeifern. Seine Ausdrucksweise verrät die Verpflichtung gegenüber dem quadrivialen Musikverständnis der Renaissance und des Humanismus. Goethe folgt der Gepflogenheit seiner Zeit, Instrumentalisten lediglich nach der Gattung ihrer Instrumente zu bezeichnen[459], um den Titel ‚Musiker' für anderes zu reservieren.
Im quadrivialen Musikverständnis stand die Musik in nächster Verwandtschaft zur Arithmetik (als der Kunde von den Zahlen), zur Geometrie (als der Kunde von den räumlichen Beziehungen) und der Astronomie (als der Kunde von den Bewegungen der Himmelskörper und ihren Wirkungen auf einfache und zusammengesetzte Körper).[460] So war sie in erster Linie Ausdruck kosmischer Gesetzmäßigkeiten, die sich in Zahlen, Formen und Klängen offenbaren. Vor dem Hintergrund des antiken Bildungssystem steht die Musik aber auch in Zusammenhang mit den übrigen drei Künsten der *septem artes liberales*: der Grammatik, der Rhetorik und der Dialektik. Als Urheber des auf die freien Künste gegründeten Erziehungswesens gilt der Sophist Hippias aus Elis, ein Zeitgenosse des Sokrates. Platon wollte nur die Philosophie als Bildungsmittel gelten lassen. Er bekämpfte Homer, verspottete die Dichter, verwarf aber auch die ‚allgemeine Bildung'. Der ‚totalitäre' Anspruch, der traditionellen Welterklärungssystemen und Religionen innewohnt, ist auch von Platon leidenschaftlich und schroff vertreten worden. Sein Zeitgenosse, der Redner Isokrates, vermittelte im Streit zwischen Philosophie und Allgemeinbildung, indem er beide als berechtigt anerkannte. Die Fächer der allgemeinen Bildung sollten gleichwohl als Vorbereitung (Propädeutik) auf die Philosophie dienen. Der Standpunkt des Isokrates ist trotz vereinzelten theoretischen Widerspruchs praktisch für das ganze Altertum maßgebend geblieben. ‚Liberal' hießen diese Künste, weil sie zum Bildungsgut eines freien

Mannes gehörten. Malerei, Bildhauerei und andere Handwerkskünste blieben als ‚artes mechanicae' ausgeschlossen, während die Musik als mathematisches Fach im Kreise der freien Künste ihren festen Platz hatte. In der Spätantike büßte die Philosophie ihre übergeordnete Position ein, was bedeutete, daß am Ausgang des Altertums die Inhalte der *septem artes liberales* als einziger Wissensbestand übrigblieben. Sie waren inzwischen auf die Siebenzahl und die Reihenfolge festgelegt worden, die sie im Mittelalter behalten sollten: Grammatik, Rhetorik, Dialektik, Arithmetik, Geometrie, Musik, Astronomie. Die Einteilung in eine Dreier- und eine Vierergruppe geht auf Boëthius zurück, der die letzten vier als quadruvium (später quadrivium) zusammenfaßte.

Der Begriff ‚ars' muß von ‚Kunst' in modernem Sinne deutlich geschieden werden. Er bedeutet ‚Lehre' in dem Sinn, den das Wort etwa in ‚Sprachlehre' hat.[461]

Die Musik war zwar noch bis ins 17. Jahrhundert dem Quadrivium zugeordnet; dennoch hatte sie immer schon Qualitäten, die einen Bezug auch mit dem Trivium als sinnvoll erscheinen lassen. Während die einen in der Musik primär die Möglichkeit zu klanglicher Abbildung kosmischer Gesetzmäßigkeiten und im Ton die klingende Zahl gesehen haben, galt sie anderen in Anlehnung an die rhetorischen Gesetze des Sprachgebrauchs als Transportmittel menschlicher Gefühle, Leidenschaften und Affekte. Die Diskussionen darüber, welche der beiden Sichtweisen der Musik berechtigter wäre, begannen bereits in der Antike. Seit der Etablierung der Oper (um 1600) hatte aber die Musik zunehmend als Begleiterin der Sprache zu dienen. In Anlehnung an die Lehre der Rhetorik entwickelte sich in der barocken Figurenlehre eine kompositorische Technik, die durch rhetorische Terminologie und ein entsprechendes Formverständnis geprägt war. Diese ersetzte nach und nach kompositorische Strukturprinzipien, die durch quadriviale Analogien bestimmt waren. Schon die Zeitgenossen Bachs wußten mit Zahlensymbolik nicht mehr viel anzufangen; daß sie sie als „Spekulationen"[462] betrachteten, zeigt, wie stark ein vom quadrivialen Geist geprägtes Musikverständnis schon damals in Vergessenheit geraten war. Mit dem Tode Johann Sebastian Bachs (1750) kam diese Tradition weitgehend zum Erliegen, einige wenige Ausnahmen konnten nicht für Kontinuität sorgen.

In den Architekturtraktaten der Renaissance äußert sich das quadriviale Denken insofern, als den pythagoreischen Tonzahlen die Funktion zukommt, Bauwerke zu proportionieren. So bildet für Alberti die Grundlage des Proportionierungsgedanken die mit dem Ohr wahrnehmbare Harmonie.[463] Während für ihn Harmonie in ursprünglichster Bedeutung die musikalischen

Dinge betrifft, verwendet er für deren Übertragung auf die Architektur den Begriff *Beziehung*. „Beziehung heißt bei mir eine gewisse Übereinstimmung von Linien, mittels welcher man die Dimensionen mißt, unter einander, von welchen eine die Länge, die zweite die Breite und die dritte die Höhe ist. Das Gesetz der Beziehung entnimmt man am besten jenen Erscheinungen, worin sich, unserer Wahrnehmung und Kenntnis zufolge, die Natur von uns betrachten und bewundern läßt. Und tatsächlich bestätige ich immer wieder den Ausspruch des Pythagoras: Es ist vollkommen sicher, daß sich die Natur in allem immer gleichbleibt. So verhält es sich auch. Die Zahlen aber, welche bewirken, daß jenes Ebenmaß der Stimmen erreicht wird, das den Ohren so angenehm ist, sind dieselben, welche es zustande bringen, daß unsere Augen und unser Inneres mit wunderbarem Wohlgefühle erfüllt werden. Von den Musikern also, welche diese Zahlen am besten kennen und außerdem daraus, worin die Natur uns einen besonders geeigneten und wertvollen Anhaltspunkt gewährt, wollen wir das ganze Gesetz der Beziehung ableiten."[464]
Wie weit jene Kenntnisse der ‚Musiker' in der Renaissance gereicht haben, steht hier nicht zur Diskussion.[465] Fest steht jedoch, daß der am Quadrivium geschulte ‚Musiker' auch Mathematiker und Astronom war. Da für die Baumeister jener Zeit der Weg zu Geometrie und Arithmetik ebenfalls über das Quadrivium führte, waren auch sie mit musiktheoretischen Fragen vertraut. Bereits Vitruv hatte vom Architekten die Kenntnis der Musik gefordert, wenngleich es sich bei der Lehre von den musikalischen Zahlenverhältnissen um einen „dunklen und schwierigen Wissenschaftszweig" handelt.[466]
Aufgrund des Fächerkanons der *septem artes liberales*, war also in der Renaissance von den heutigen Künsten einzig die Musik als ‚Kunst' akzeptiert. „Im Gegensatz zu diesen liberalen Künsten wurden", schreibt Wittkower und meint dabei die universitären Künste der *septem artes liberales*, „Malerei, Bildhauerei und Baukunst als handwerkliche Techniken betrachtet. Um sie von mechanischen Fertigkeiten zum Range von liberalen Künsten zu erheben, war es notwendig, ihnen eine feste theoretische, d.h. mathematische Grundlage zu geben. Diese Wandlung war die große Leistung der Künstler des 15. Jahrhunderts. So ist es nicht zu verwundern, daß sie sich der Musik zuwandten – der einzigen Kunst im heutigen Sinne, die in hohen Ehren stand – und Musiktheorie studierten, um für die Probleme ihrer bildenden Künste eine leitende Theorie zu gewinnen. Das Studium der Musiktheorie wurde eine conditio sine qua non jeder künstlerischen Erziehung."[467] Vor diesem historischen Hintergrund erscheinen Le Corbusiers der Musik geltende Partien in der Einleitung zum *Modulor* als Versuch, seine Schrift in die Tradition jener auf quadriviales Denken zurück gehenden Traktate einzuordnen. Le Corbu-

sier ist jedoch bei der Entwicklung des *Modulor* nicht von Intervallzahlen aus der Musik, sondern von geometrischen Konstruktionen ausgegangen. Trotz bestimmter Gemeinsamkeiten sind beide doch grundsätzlich verschieden.

Musikalische Harmonie und geometrische Proportionsfigur

„Grundsätzlich", heißt es bei Naredi-Rainer, „kann man zwischen arithmetischen, d.h. numerischen, und geometrischen Proportionen unterscheiden. Diese Trennung ist allerdings insofern mißverständlich, als Bauen ohne jede Masszahl und elementare geometrische Konstruktionen nicht möglich ist. Deshalb sollte man es vorziehen von rationalen und irrationalen, oder noch besser von kommensurablen und inkommensurablen Proportionen zu sprechen, um damit zwei wesentlich unterschiedliche Gestaltungsprinzipien zu kennzeichnen. Kommensurabel heißen nach Euklid ‚Größen, die von demselben Maß gemessen werden, und inkommensurabel solche, für die es kein gemeinsames Maß gibt'. Kommensurabilität als Vergleichbarkeit der Maßverhältnisse (bezüglich zu einer festen Einheit) entspringt einem völlig anderen Kunstverständnis als das sukzessive, geometrisch konstruierte Hervorwachsen eines Maßes aus dem anderen."[468]

Diese Sätze verweisen auf die zwei verschiedenen Methoden der Proportionierung und sprechen von den Schwierigkeiten ihrer Benennung. Die Verwendung des Begriffspaars „kommensurabel – inkommensurabel" mag einiges für sich haben, daß aber gerade diese Ausdrücke am geeignetsten sein sollen, die erwähnten Gestaltungsprinzipien „zu kennzeichnen", ist kaum sonderlich einleuchtend.

So wie aber Nord- und Südpol immer auf derselben Kugel liegen müssen, sind auch die Polaritäten, mit welchen wir es hier zu tun haben, Aspekte eines geschlossenen Ganzen. Ob wir nun kommensurabel gegen inkommensurabel, rational gegen irrational, arithmetisch gegen geometrisch, wißbar gegen nicht wißbar setzen, entscheidend ist die Einsicht, daß in der Entwurfspraxis beide Prinzipien immer in bestimmter Mischung auftreten und die anscheinend gegensätzlichen Begriffe vor allem in der Theorie betont werden. Zur Bestimmung eines Ortes auf der Erde in bezug auf die geographische Breite orientieren wir uns an Nord- und Südpol; auch die jeweiligen Pole, die mit den Begriffspaaren markiert werden, sind lediglich Orientierungshilfen. Insofern es sich um verschiedene Gestaltungsprinzipien handelt, scheint die Unterscheidung zwischen aus musikalischen Harmonien abgeleiteten Zahlenproportionen und geometrisch-konstruierbaren Proportionsfiguren sinnvoll zu sein, zumal dabei durch die enge Beziehung zwischen Zusammenklang und geometrischer Figur Gemeinsames betont wird. Unterschiedliche Prioritäten, die wir in den verschiedenen, auf harmonikaler Tradition beruhenden Traktaten treffen, dürften dann eher mit stil- oder epochebedingten Neigungen als mit einem grundsätzlich unterschiedlichen Kunstverständnis zu tun haben.[469]

Auch im *Modulor* wird diese Thematik behandelt. Le Corbusier zitiert etwa Rudolf Wittkower, der darauf hinweist, daß die pythagoreische Tradition ein doppeltes Gesicht habe: „Die europäische Auffassung der Proportion ist bis heute an die pythagoreisch-platonische Tradition gebunden. Diese Tradition hat ein doppeltes Gesicht: sie besteht aus numerischen Beziehungen (harmonischen Intervallen der griechischen Musiktonleiter: 1, 2, 3, 4) und aus ausgewählten Figuren: dem gleichseitigen Dreieck, dem Rechteck, dem gleichschenkligen Dreieck, dem Quadrat, dem Fünfeck (Elementen der fünf regelmäßigen Körper)."[470]

Der Mathematiker Andreas Speiser, den Le Corbusier ebenfalls zitiert, spricht von „zwei Mitteln", die sich anbieten, „die Außenwelt zu bestimmen:
1. Die Zahlen. Durch ihre Wirkung gibt es die Vielheit der Charaktere: die Sympathie, die Ordnung, die Harmonie, die Schönheit [...] usw. kurz alles Geistige.
2. Den Raum. Dieser bietet uns die Dinge an, die ‚sich erstrecken' (kurz ‚die liegenden'!)
In die räumliche Welt werden Bilder der Zahlenwelt projiziert, zunächst durch die Natur selbst, dann durch die Menschen, und vor allem durch die Künstler. Man kann sagen, daß unsere Pflicht auf der Erde und während unseres Lebens gerade in dieser Projektion von Formen besteht, die aus Zahlen hervorgehen und die Ihr, die Künstler, durch Werke von hohem Ethos im besten Sinne verwirklicht. Gleichzeitig die Geometrie und die Zahlen anzurufen, ist nicht nur möglich, sondern darin besteht ganz eigentlich der wahre Zweck unseres Lebens."[471]

Auch wenn Speiser mit dem letzten Satz Geometrie und Zahlen wieder auf dieselbe Stufe stellt, so bleiben doch die beiden Mittel Zahl und Raum in gewisser Hinsicht Begriffe der Polarität von Geist und Materie.

Während Le Corbusiers kulturhistorische Überlegungen in der Einleitung zum *Modulor* auf musikalischen Analogien beruhen, zeigt sich im zweiten Kapitel (Chronologie) deutlich, daß sein Zugang zum Thema Proportionen durch die Geometrie bestimmt war: „Mit dreiundzwanzig Jahren zeichnet unser Mann auf seinem Reißbrett die Ansicht eines Hauses, das er bauen will. Da stellt sich eine beängstigende Frage: Was ist das für eine Regel, die

alles ordnet, alles verbindet? Ich stehe vor einem Problem geometrischer Natur."[472]
Eine Analyse der Fassade des Senatorenpalasts (Rom, Kapitol), die als wichtige Station auf dem Weg zum *Modulor* dargestellt wird, arbeitet denn auch nicht mit Zahlenproportionen, sondern mit in eine Karte eingezeichneten rechten Winkeln: „Eines Tages lagen unter der Petroleumlampe seines Pariser Zimmerchens illustrierte Postkarten auf dem Tisch. Sein Blick fiel auf die Abbildung von Michelangelos Kapitol in Rom. Seine Hand drehte eine andere Karte um, die weiße Seite nach oben, und legte unwillkürlich eine ihrer Ecken (einen rechten Winkel) auf die Fassade des Kapitols. Plötzlich überkam ihn die Gewißheit einer Wahrheit: der rechte Winkel waltet über der Komposition; geometrische Orte (Orte des rechten Winkels) beherrschen die ganze Komposition. Dies wird ihm zu einer Offenbarung, zu einer Gewißheit."[473]
Wie Le Corbusier weiter schreibt, kam zur Entdeckung der „Orte des rechten Winkels", wie er sie bereits für die Gliederung seiner ersten Gemälde (1918/1919) verwendet hatte[474], die Einsicht, daß als weiteres Mittel der Proportionierung der Goldene Schnitt von übergeordneter Bedeutung sein müsse. In seinem Buch über Ronchamp druckt er Skizzen mit Pentagramm-Schemen, die offensichtlich bei der Gestaltung der *Porte email* von Bedeutung waren.[475]
Das Pentagramm enthält bekanntlich eine Fülle von Goldenen Schnitten, weshalb mit Fünfecksfiguren proportioniert wird, wo der Goldene Schnitt eine übergeordnete Rolle einnehmen soll.
Bereits in seinen Bauwerken der zwanziger Jahre spielen geometrisch konstruierte Gestaltungsschemen (tracés régulateurs) eine bestimmte Rolle, allerdings, wie Le Corbusier unterstreicht, lediglich bei der Gestaltung der Fassaden.[476] Auch die Proportionierung von Räumen mußte in erster Linie geometrischen Kriterien genügen. Und da Le Corbusier zufolge die ganze Disposition der optischen Wahrnehmung geometrisch organisiert ist, spricht uns auch die Natur da am meisten an, wo sie geometrische Grundformen „imitiert": „Dans les choses de l'optique, nos moyens procèdent tous de leur explication géométrique (formes, lignes, couleurs, lumière, etc. ...). La nature, quand elle est belle, n'est belle que par rapport à l'art; la nature belle n'est belle que parce qu'elle se trouve imiter fortuitement et par hasard les dispositifs géométriques qui touchent l'animal géométrique que nous sommes."[477]
Da verwundert es kaum, daß geometrische Konstruktionen bei der Darstellung des Modulor eine bedeutende Rolle einnehmen – wie könnte es bei einem ‚geometrisierenden Tier' anders sein: „Nehmen Sie den Mann mit dem erhobenen Arm, 2,20m hoch, stellen Sie ihn in zwei übereinander angeord-

nete Quadrate von 1,10m; lassen Sie auf den beiden Quadraten ein drittes reiten, das Ihnen eine Lösung bringen muß. Der Ort des rechten Winkels wird Ihnen helfen, die Lage des dritten Quadrates zu finden. Ich bin überzeugt, daß Sie mit diesem Werkstattgitter, das durch den in seinem Inneren aufgestellten Menschen reguliert ist, zu einer Reihe von Massen gelangen werden, die die menschliche Gestalt (mit erhobenem Arm) und die Mathematik in Einklang bringen."[478]
Ohne auf die weiteren Konstruktionsschritte näher einzugehen – sie sind übrigens im *Modulor* bestens dokumentiert[479] –, läßt sich bereits festhalten, daß Le Corbusier sein Maßsystem mit Hilfe der Geometrie entwickelt hat.[480] Bezeichnend ist auch, was Le Corbusier über Ghykas Arbeiten – vermutlich die wichtigste Quelle für den Modulor[481] – schrieb. Ghyka hatte mehrere Bücher über die Proportionen in Natur und Kunst verfaßt, in denen er die Auffassung vertrat, daß der Goldene Schnitt als Proportion der Proportionen den Schlüssel zum Verständnis der Morphologie enthalte, darüber hinaus aber auch als universelles Gestaltungsmittel von den Pyramiden bis zu Le Corbusiers Modulor für die Kontinuität der mediterranen Baukunst stehe. Obwohl Ghyka neben ausführlichsten mathematischen Berechnungen und geometrischen Konstruktionen auch fundierte historische Hinweise gibt, ist sein Zugang zum Thema Proportionen deutlich ‚geometrielastig': Bereits Pythagoras ist für ihn in erster Linie der „Geometer", als den wir ihn auch aus dem Geometrieunterricht kennen.[482] Zwar versäumt er nicht, auf die Bedeutung hinzuweisen, die arithmetische Zahlenproportionen für Pythagoras gehabt haben und auch deren musikalische Basis zu betonen; dazu aber, wie es um diese Sachverhalte genau bestellt war, äußert er sich nicht. Im Vorwort seines Buches *Essai sur le Rythme* (1938) versucht er den Anschluß an die harmonikale Tradition durch die Verwendung des Begriffs ‚Rhythmus' herzustellen, indem er auf Pythagoras, Platon und bestimmte Stellen bei Vitruv verweist: „Il m'est souvent arrivé d'employer pour les phénomènes esthétiques – créations ou perceptions – situés dans l'espace, un mot emprunté aux ‚arts de la durée'; celui de rythme. L'exemple vient fort loin; à cause du rôle primordial que joua l'étude de l'harmonie musicale dans le développement de la Mathématique et de la Philosophie des Grecs (spécialement des Pythagoriciens que furent les inspirateurs de l'esthétique platonicienne), et en vertu de la théorie symphonique, harmonique, du Cosmos, en laquelle ces deux disciplines se fondaient, leur conception de l'architecture et des arts plastiques était gouvernée par des analogies et des préceptes tirés de la musique."[483]
Zu Beginn des ersten Kapitels seines Buches wird jedoch deutlich, daß schließlich nicht die aus der Musik bezogenen Analogien seine Positionen

bestimmten, sondern die Rückführung aller Form auf Konstruktionsschemen der Geometrie: „Je commencerai l'exposé succint des théories développées dans mes deux ouvrages précédents [die Rede ist von ‚Esthétique des proportions dans la nature et dans les arts' und ‚Le nombre d'or', P.B.] par une affirmation d'ordre sociologique qui en résume à la fois les arguments et les conclusions: à savoir que le point de vue géométrique a caractérisé le développement mental aussi bien collectif qu'individuel de toute la civilisation que l'on peut appeler méditerranéenne (pour souligner en plus du rôle de la Grèce antique, celui de l'Egypte et des sémites hébreux et arabes) ou occidentale (pour embrasser l'apport très important de l'Amérique du Nord); ce sont la géométrie grecque et le sens géométrique tel que le définit Platon dans la ‚République' qui (de la façon prévue par Platon) donnèrent à la race blanche sa suprématie technique et politique; c'est aussi cet esprit géométrique qui fit éclore et fleurir l'architecture grecque, l'architecture gothique et tout l'art de la Renaissance."[484]

In seinem Buch kommt Ghyka ausführlich auf das Problem der Tonleiter zu sprechen. Hier erläutert er das Phänomen der Teiltöne (franz. ‚harmoniques'), der pythagoreischen Tonleiter sowie des temperierten Tonsystems mit aufwendigen mathematischen Berechnungsbeispielen. Ganz besonders aufschlußreich ist die Darstellung einer „Goldenen Tonleiter" (gamme d'or), bei der sich in den Frequenzzahlen eine Reihe von Goldenen Schnitten nachweisen lassen. Die von einem Monsieur Denéréaz berechnete Tonleiter weicht von der temperierten Skala nur geringfügig ab. Ghyka zeigt, daß Goldene Schnitte bereits in der temperierten Stimmung auftreten und durch bestimmte Auf- und Abrundungen zu einer „Goldenen Tonleiter" gemacht werden könnten.

Es ist durchaus möglich, daß Le Corbusier seine eigenartige Wertschätzung der temperierten Skala vor diesem Hintergrund entwickelt hat. Im *Modulor* hält er jedoch fest, daß er Ghykas mathematischen Ausführungen nicht habe folgen können. Dies scheint ihn allerdings nicht weiter bekümmert zu haben, da ihn offensichtlich in erster Linie die vielen verschiedenen Abbildungen und Skizzen beeindruckt hatten.

„Als viele Jahre nach seinem Artikel im *Esprit Nouveau* über die ‚regulierenden Liniennetze' [tracés régulateurs, P.B.] (1921) die Bücher von Matila Ghyka über die Proportionen in der Natur und in der Kunst und über den Goldenen Schnitt erscheinen, war er nicht vorbereitet, ihren mathematischen Darlegungen (den algebraischen Formeln) folgen zu können; dagegen waren ihm die Abbildungen, die in Wirklichkeit den eigentlichen Gegenstand bilden, ohne weiteres zugänglich."[485]

In der Tat finden sich in Ghykas Arbeiten verschiedene Abbildungen, die ähnlich auch bei Le Corbusier wieder anzutreffen sind. Auch für die berühmt gewordene Modulor-Figur gibt es bei Ghyka Vorläufer.[486] Auch wenn es scheint, als ob es zur Konstruktion des Goldenen Schnitts ebenfalls eine geometrische und eine arithmetische Möglichkeit gebe – wobei letztere durch die Reihe von Fibonacci nur eine Annäherung bildet –, ist doch die Bedeutung des Goldenen Schnitts im Bereich akustischer Grundphänomene gering, und auch die von Ghyka zitierte ‚Goldene Tonleiter' hat meines Wissens keine praktische Bedeutung erlangen können. Es lassen sich zwar mit benachbarten Gliedern der Fibonacci-Reihe Intervalle bilden (2 : 3 = Quint; 3 : 5 = große Sext; 5 : 8 = kleine Sext), nur sind diese praktisch verwendbaren Proportionen lediglich Annährungen an den Goldenen Schnitt. Deswegen hält auch Ghyka ausdrücklich fest, daß der Goldene Schnitt in musikalischen Grundphänomenen nur geringe Bedeutung hat: „C'est donc à première vue par des approximations fractionnaires rationnelles que le rapport du ‚nombre d'or' paraît en musique, ce qui est assez naturel puisque le nombre d'or est une proportion géométrique (et même la proportion géométrique continu la plus remarquable) et que dans les gammes diatoniques classiques (gamme pythagoricienne et gamme majeure), les proportions qui relient à la tonique les notes successives sont, comme on l'a vu plus haut, du type arithmétique ou harmonique, et non du type géométrique."[487]
Die ausschließliche Verwendung einer einzigen Proportion – auch wenn es sich wie im *Modulor* um den Goldenen Schnitt mit Halbierungen und Verdoppelungen handelt – wäre aber in Anbetracht der Fülle von musikalischen Intervallzahlen eine drastische Beschränkung, weil aus der Zahlenharmonik lediglich ein einzelner Aspekt herausgegriffen und für „alleinseligmachend"[488] gehalten wird. Hinzu kommt noch, daß die Proportion des Goldenen Schnitts keine Proportion ist, die sich in irgendeiner Weise mit dem Urphänomen der Musik, nämlich der Teiltonreihe, sinnvoll verbinden ließe.[489] Ist demnach der Modulor ein Proportionierungssystem aus dem Geiste der Musik, wie Le Corbusier suggerieren möchte? In bezug auf die harmonikalen Grundlagen der Proportion müssen wir dies verneinen, was allerdings nicht bedeutet, daß dieser Geist der Musik sich nicht dennoch in anderer Form bei Le Corbusier äußert. Wenn wir mit Hans Kayser feststellen, daß „es dem Wesen der Proportion ohnehin fremd ist, bestimmte Zahlen oder Strecken zu fixieren und diese zu unabänderlichen Größen zu machen"[490], so müssen wir gar von der Charakterisierung des *Modulor* als Proportionsschema Abstand nehmen und es schlicht ein Maßsystem nennen.

Wenn also im Zusammenhang mit dem *Modulor* von „zugrunde gelegten mathematischen Strukturen der Musik"[491] die Rede ist, so ist dabei folgendes zu bedenken: Auch wenn es natürlich viele Möglichkeiten gibt, musikalischen Kompositionen mathematische Strukturen zu unterlegen hineinzulegen, die der Musik wirklich zugrunde liegende mathematische Struktur ist durch die physikalischen Gesetze des Klangs gegeben. Der Klang und seine Bestandteile, die Obertöne, sind somit in der Tat gesetzmäßig, alles andere ist Konvention (auch die Tonleiterbildungen).[492] Während sich die Proportionierungssysteme der Renaissance-Architekten an den einfachen Intervallzahlen, die aus den ersten vier (Tetraktys-Intervalle[493]) bzw. sechs Teiltönen (Senarius-Intervalle[494]) gebildet werden können, orientiert hatten, ist der auf die Fibonacci-Reihe gestützte Modulor nicht unmittelbar mit Musik in Verbindung zu bringen. Wenn Fibonacci-Zahlen auf Formelemente der Komposition übertragen werden, so wie es Xenakis und andere Komponisten der Nachkriegsgeneration häufig unternommen haben[495], erkennen wir darin die Bemühung des Künstlers, ein Werk an mathematischen Strukturen auszurichten. Diese mathematische Struktur liegt dann in der Komposition, noch lange aber nicht in der Musik.[496]

6 Musikalische Analogien
Vom Auge des Architekten über das Ohr des Musikers zum Munde eines Dichters

Le Corbusier – ein Dichter?

Ich habe zu zeigen versucht, welche Probleme sich bei einer Deutung des Modulor als Proportionierungssystems ergeben. Dabei hat sich herausgestellt, daß eine Einordnung in die Geschichte harmonikaler Kanones nur unter bestimmten Einschränkungen erfolgen kann. Insbesondere die von Le Corbusier genannten musikalischen Hintergründe, die bei der Entwicklung des Modulor eine Rolle gespielt haben sollen, legen die Vermutung nahe, daß es ihm weniger um mathematisch oder naturwissenschaftlich begründbare Sachverhalte jener vielzitierten Verwandtschaft zwischen Musik und Architektur gegangen ist als um die grundsätzliche Verschränkung von visueller und auditiver Rezeption, die sich am ehesten als Element seiner „poetischen Kosmologie"[497] erfassen läßt.

Auf den ersten Blick mag es erscheinen, als ob die folgenden Ausführungen nichts mit dem Thema zu tun hätten: Es geht nicht mehr um Musik, weder um Le Corbusiers Zusammenarbeit mit Komponisten noch um seine Rezeption von bestimmten Kompositionen. Le Corbusiers zahlreiche Verwendungen musikalischer Begriffe zur Charakterisierung seiner Bauwerke legen aber nahe, den Musikbegriff zunächst so zu erweitern, daß wir die wenig berechtigte Frage, ob Le Corbusier ein Dichter gewesen sei, hier dennoch stellen. Obwohl es nicht unproblematisch ist, Le Corbusier danach zu beurteilen, was er sich selber dünkt – zumal Selbststilisierung sein Lebensprinzip war –, sei auf seine Formulierungen näher eingegangen. Gelegentliche Ausschweifungen in Bezirke des Mythologischen werden dabei in Kauf genommen, denn vor dem Hintergrund von Le Corbusiers „poetischer Kosmologie" lassen sich schließlich mit einem erweiterten Musikbegriff Verbindungen zu seinen Museumsbauten sowie auch zu seiner grundsätzlichen Konzeption des Museums herstellen.

Es geht darum, eine Serie von Begriffen zu interpretieren, die in auffälliger Weise auf einer musikalischen Terminologie beruhen, Begriffe, die in jüngster Zeit Christopher Pearson dazu veranlaßt haben, in diesem Zusammenhang von einem „acoustical trope" zu sprechen.[498] Pearsons verdienstvolle Untersuchungen zu Le Corbusiers akustischer Terminologie machen deutlich, daß den poetischen Worten eine lange Reihe von architektonischen ‚Augen-Blicken' oder Schlüsselerlebnissen vorausgegangen waren. Aber dazu später.

Le Corbusier spricht von Rhythmen, Tempi, Pausen, Resonanzen, Symphonien, Partituren oder Lichtkompositionen. Während die verschiedenen Metaphern[499] einmal mehr zeigen, wie stark die Musik in Le Corbusiers Denken verankert war, deuten eigene Begriffsschöpfungen – „visuelle und bildnerische Akustik" oder „akustische Form" – darauf hin, daß sich für ihn die Qualitäten seiner Kunst auf verschiedenen Ebenen der Sinneswahrnehmungen zu bewähren hatten. Und schließlich finden wir in seinen kulturgeschichtlichen und weltanschaulichen Haltungen bekenntnishafte Hinweise auf die Musik, die deutlich zeigen, daß die Musik für ihn nicht nur als Synthese verschiedener künstlerischer Äußerungsformen ein Rolle spielte, sondern in diesen Fragen sozusagen die Funktion der letzten Instanz innehatte.[500]

Daß sich Le Corbusier als Musiker verstand, sogar als „leidenschaftlicher Musiker", wie er im *Modulor* bekannte, ist bereits festgestellt worden. Spätestens im *Modulor 2* wird deutlich, daß er seine Bemühungen zur Synthese verschiedener künstlerischer Äußerungsformen zunehmend als Dichtung sieht. Schließlich proklamiert er sich selbst zum Dichter: „Ich bin kein Mathematiker, sondern Künstler, letzten Endes Dichter."[501]

Le Corbusier spielt mit verschiedenen Aspekten seiner künstlerischen Tätigkeit und stellt dem Architekten den Dichter gegenüber. Er reagiert damit auf einen Brief des Mathematikers Le Lionnais und zitiert diesen sarkastisch als „Warnruf des Mathematikers"[502]. Die anschließende Berichtigung zeigt erneut, welches Gewicht Le Corbusier dem Dichter gibt: „Und die Berichtigung des Architekten, Städtebauers, Malers usw., der ich bin, lautet so: [...] der Mathematiker spielt mit den Zahlen, er ist der Bote der ‚Götter'. Der Mensch ist, dem Begriff des Wortes entsprechend, kein Gott. Und der Dichter, der ich bin, erklärt: um mit dem Weltall Verbindung aufzunehmen, *sieht* der Mensch, er gebraucht seine Augen, die sich ungefähr ‚1,60m' über dem Fußboden befinden."[503]

Ein drittes Beispiel zeigt den selbsternannten Dichter von der selbstironischen Seite: „Mir Esel kommt nun das Erstaunen darüber, daß ich auf das rechte und vielleicht entscheidende Feld setzen konnte. Warum und wieso? Durch das Gelüst nach der Proportion, durch die Eingebung, daß Architektur Proportion bedeutet, und daß Licht und Raum aufblühen und sich entfalten, wenn der mathematische Augenblick erfaßt wird. Ich bin [...] ein geometrischer Bildner und Dichter (ohne lange Haare)."[504]
Die Verweise auf seine Berufung zum Dichter werden im *Modulor 2* noch durch bemerkenswert deutliche Abgrenzungen gegen die Mathematiker gestützt: „Da ich weder Geometer noch Mathematiker bin, fühle ich mich nicht berufen, eine Erklärung zu liefern, und begnüge mich, die Erscheinung zu vermerken."[505]
Ebenso bezeichnend sind aber seine Bemühungen, sich vor dem Verdacht zu schützen, es handle sich bei ihm um einen metaphysischen Spekulanten oder fanatischen Zahlensymboliker. So verrät die Beschreibung des Pariser Architekten Guettard, den sich Le Corbusier als mittelalterlichen „pythagoreischen Mönch" vorstellt, deutlich genug, welchen Standpunkt er in diesen Fragen einnimmt. Er erschien ihm als „wißbegieriger, mit Zahlen angefüllter Mann; im Mittelalter hätte er vielleicht einen fanatischen pythagoreischen Mönch abgegeben. Mit Druiden, Pythagoras, Plato, der Kabbala usw., mit allen diesen einstigen Dingen, die an unterirdischen Stellen der zeitgenössischen Gesellschaft noch erhalten geblieben sind, scheint er in Verbindung zu stehen. Er erklärt: ‚Ihr Modulor ist gut. Er ist zwar von draußen gekommen, ist aber auf die Schlüsselzahl gestoßen. 113 ist die Schlüsselzahl, usw. [...]'. Während er sich berauscht, sage ich mir: meine eigenen 113 sind Zentimeter und sonst nichts, [...] und nichts von all dem ist heilig ... Wieder auf der Erde, schalte ich hier listig meine private Modulortabelle ein."[506]
Nach Le Corbusiers Empfindung hat sich aber nicht nur Guettard dem Rausch okkulter Zahlenspekulationen hingegeben, auch die Architekten der Renaissance verloren sich offenbar in unverhältnismäßigen metaphysischen Spekulationen, so daß sie darüber den Menschen als Maß aller Dinge vernachlässigt hätten. Obwohl Le Corbusier die Proportionstheorien des Altertums und der Renaissance – und diese Theorien basieren in erster Linie auf musikalischen Intervallen – als „geistigen Schatz"[507] versteht, behandelt er die entsprechenden Methoden mit äußerster Vorsicht.
In einem anderen Textabschnitt spricht er im Hinblick auf das humanistische Zahlenverständnis von „verführerischen Wegen". „Ist man einmal mit dem Zirkel in der Hand in den Strudel der Zahlen geraten, häufen sich die Wege und Spuren, verzweigen sich, laufen in alle Richtungen, blühen und entfalten

sich [...] und entführen uns in weite Fernen, während sie sich vom gesteckten Ziel entfernen: die Zahlen spielen miteinander! Die großen Theoretiker der Renaissance sind diesen verführerischen Wegen gefolgt. Während ich mich immer weigerte, die Frucht dieser Neigung anzuerkennen – die Architektur jener Epoche und die ihr folgende –, fühlte ich zunächst, daß ich nicht einverstanden war, und lange konnte ich mir den Grund nicht erklären."[508]
Um sich von metaphysisch gestimmten Wissenschaftlern abzugrenzen, bezieht Le Corbusier Position als nüchterner Praktiker: „Ich leugne nicht und werde niemals leugnen, daß es eine metaphysische Wissenschaft gibt, die mit tausend und einem Symbolen oder tausend und einer Bedeutung verknüpft ist. Ich aber bin ein Baumensch."[509]
Und um sich aber von nüchternen Mathematikern und materialistisch denkenden Naturwissenschaftlern abzugrenzen, betont er seinen Status als Künstler, der nicht nur mit dem Verstand arbeite, sondern auch mit der Intuition: „Um das Vorhandensein eines akustischen Phänomens im Reich der Formen zu erkennen, heißt es nicht, ein in Tabusprüche Eingeweihter, sondern ein Künstler zu sein, ein den Dingen des Alls aufgeschlossenes Wesen."[510] Oder: „Ich bin Künstler genug, um fühlen zu können, daß es eine Fortsetzung alles Materiellen gibt, mache jedoch an der Schwelle der Metaphysik und des Symbolismus halt, nicht aus Geringschätzung, sondern weil mich meine Geistesart nicht treibt, darüber hinaus vorzustoßen."[511]
In Anbetracht dieses Spannungsfeldes fällt es Le Corbusier nicht leicht, seine Bemühungen, mit denen er nicht nur verschiedene künstlerische Äusserungsformen zu verbinden sucht, sondern auch Wissenschaft und Kunst[512], zu vereinbaren.
Schließlich sei hier darauf hingewiesen, daß sich Le Corbusier in seinem Paß als ‚homme de lettres' bezeichnete, eine Berufsbezeichnung, die durchaus wörtlich genommen werden muß. Vor der Dichtung haben auch die technischen Fragen der Architektur zurückzutreten; und sogar der Modulor wird zweitrangig, wenn es um die entscheidenden Erlebnisse in der Architektur geht: „Ich versuchte zu zeigen, daß die Wohnzelle selbst günstig modulorisiert war und damit dem Bauwerk [die Rede ist von der Wohneinheit von Nantes-Rezé, P.B.] eine durchgehende Struktur gab. Dagegen ist die Gesamterscheinung des Bauwerkes eine unabhängige Funktion, die sich aus der Anzahl der vereinten Wohnungen und auch aus der Natur der eingesetzten Gemeinschaftsdienste ergibt. Eine Funktion überdies des horizontalen und vertikalen Verkehrs usw. Und an diese wahrnehmbaren Elemente ist das entscheidende architektonische Erlebnis gebunden: der im Licht errichtete umbaute Raum! Das modulorische Schnurren wird zweitrangig. Bemühungen

geometrischer Art werden ihren Prunk oder ihre Dürftigkeit entfalten: plastische Haltung, Lyrismus [...]. Das bildnerische Phänomen bleibt von den konstruktiven Bedingungen oder dem Wert der Ausstattung unabhängig. Das Primäre ist der beredte unterteilte Raum. Die Silhouette links, rechts, oberhalb und unterhalb des Bauwerkes. Das ist dann der Augenblick des ‚regulierenden Liniennetzes', des Trägers oder Nichtträgers der Erfindung, des Lyrismus, der Poesie."[513]
Bereits in *Feststellungen* aus dem Jahre 1929 fallen einige Textstellen auf, die von einem außerordentlich weitgefaßten Verständnis der Begriffe Poesie und Lyrik zeugen. Im zweiten Vortrag mit dem Titel *Die Technik als Grundlage des Lyrismus eröffnet eine neue Epoche der Architektur* liefert uns Le Corbusier seine Definition des Lyrismus, indem er die materiellen Dinge der täglichen Ereignisse von jenem Gebiet trennt, das er als „Reaktion geistiger Ordnung" dem Materiellen gegenüberstellt. Anhand einer Skizze, auf der er die Begriffe ‚Technik', ‚Soziologie' und ‚Wirtschaft' in drei Scheiben unter einer das Blatt waagerecht gliedernden Linie setzt, präsentiert er seine Definition des Lyrismus: „Ich überschreite die Grenzlinie [die erwähnte Linie, die die Skizze waagerecht gliedert, P.B.] und betrete das Gebiet der Emotionen. Ich zeichne eine qualmende Pfeife und dann noch einen kleinen Vogel, der davonfliegt, und in ein niedliches Rosawölkchen schreibe ich: Lyrismus. Und ich behaupte: Lyrismus = individuelles Erschaffen."[514]
Lyrismus und Poesie sind Synonyme: „Ich werde euch nicht mehr von Poesie und Lyrismus sprechen. Ich werde ganz besonders vernünftige Dinge aufzeichnen. Meine Skizzen werden mit ihrer unbestreitbaren Wahrheitstreue dem Geist behenden Gang gestatten. Wir werden damit nun die traditionellen Praktiken verlassen. Genauer gesagt: Wir wollen uns der heutigen Situation bewußt werden; wir werden sehen, daß auf dem Heute unserer Architektur die verfaulte Streu von gestern und vorgestern liegt. Und wenn ihr Lust habt, könnt ihr, während ich zeichne, die Saiten eurer Leier zupfen; laßt eurer Begeisterung freien Lauf. Ihr werdet so, ganz für euch selbst, die poetische Vision vor euch erstehen lassen, die ich euch zeigen will. Ich selber werde ‚technisch' reden, und ihr werdet ‚lyrisch' reagieren. Und ich verspreche euch ein erstaunliches Poem: das Poem der Architektur der modernen Zeit."[515]
Interpretationsversuche musikalischer Begriffe als Ausdrucksmittel des Dichters führen von der stofflichen Realität der Kunstobjekte weg und rücken die Frage nach dem geistigen Überbau ins Zentrum. Die Kluft zwischen Stoff und Geist zu überbrücken, sei eines der wichtigsten Anliegen der Kunst. Die Aufgabe der Poesie ist es, die „vornehmsten Quellen des Gedankens zum Einsatz zu bringen"[516].

„Doch auch auf festem Boden", schreibt der *Dichter*, „schwankt das Problem noch einmal im grenzenlosen Raum, den das Wort *Kunst* umfaßt, die eine ‚Verhaltensweise' bedeutet, und in der folglich alles ein Panorama ist, das sowohl Stoffliches wie Geistiges umschließt, oder ein Regenbogen, der zwar seine beiden Füße auf die Erde aufsetzt, doch am Himmelsgewölbe ein unsagbares Wunder vor unseren Augen vollbringt. Er führt uns zu einer Vokabel, die aus den Tiefen der Kultur kommt und unserem Verlangen Genüge zu tun vermag: Symmetrie; sie drückt eine unbegrenzte Beziehung zweier Glieder aus, von denen jedes weit über jede alltägliche Beachtung hinaus Bedeutung hat, und die durch ihre gegenseitige Beziehung in Positionen gelangt sind, die a priori unvorhersehbar waren, in unerwartete, erstaunliche, verblüffende, hinreisende Poesie!"[517]

Gerade weil es aber in der Kunst darum gehe, das Geistige im Stoff zu verankern, dürfe sich der Geist nicht von vernünftig berechneten Systemen einengen lassen. In diesem Sinne scheint sich Le Corbusier von der Dominanz des Modulor, dem „opus optimum" wie er einmal sagte[518], zu befreien: „Doch der Geist wehrt sich stets gegen jeden Zwang, und ich beginne zu überlegen, wann ich gewisse meiner Bilder mit Hilfe des Modulors komponiere. Sind die Innenmasse meiner bildnerischen und dichterischen Erfindungen durch die Stufen des Modulors reguliert (Bilderfolge der Jahre 1952, 1953, 1954), frage ich mich plötzlich, ob ich mich nicht der Freude beraubt habe, *aus* mir herauszukommen (aus den menschlichen Massen), um das Reich des Kunstwerks zu betreten, das Reich ohne Masse und ohne Grenzen. Der Modulor hält mich innerhalb der Fortsetzung meiner Glieder, ich bleibe in meinem Universum. Habe ich recht? Kann nicht im Gegenteil ein Wohlklang außerhalb der menschlichen Gestalt zum *magic* führen? Ich schreibe magic auf amerikanisch, um auf eine Neubildung in der Malersprache hinzuweisen, die ein Zeichen eines legitimen Ausbrechens ist. Das Kunstwerk ist ja seinem Wesen nach eine wirkliche Flucht, eine Reise in die weiteste Ferne, eine Übersiedlung in hochliegende Bereiche (dies alles ohne ‚große Worte' gesagt). Die Erfahrung meines Lebens, eine zutiefst verwurzelte Überzeugung lassen mich annehmen, daß dieses poetische Geschehnis der Flucht ein Produkt der Genauigkeit ist."[519]

Wo von Lebenserfahrungen und „zutiefst verwurzelten Überzeugungen" die Rede ist, können religiöse Fragen nicht mehr weit sein. Kein Wunder also, daß Le Corbusier sagt, daß in dieser Lebensphase eine diesbezügliche Standortklärung aktuell gewesen sei: „In Chandigarh wollte ich über meine Religion ins klare kommen."[520]

Le Corbusiers Werkverzeichnis enthält über 50 Buchpublikationen. Zeitungsartikel in Hülle und Fülle kommen hinzu, und ferner deuten auch unzählige Briefe, die in den Archiven des Fond Le Corbusier in La Chaux-de-Fonds und der Fondation Le Corbusier in Paris eingelagert sind – die meisten noch unveröffentlicht – darauf hin, daß das Schreiben für Le Corbusier ein wichtiges Medium zur Vermittlung seiner Ideen gewesen ist. So ist nicht nur die Zeichnung das „universale Verständigungsmittel" oder „entscheidender Träger der künstlerischen Aussage", sondern auch die Sprache. Wenn Stanislaus von Moos Le Corbusier einmal als „Meister der bildnerischen Explikationen"[521] genannt hatte und dabei vor allem die außergewöhnlichen Fähigkeiten der graphischen Gestaltung im Sinne hatte, so seien hier die sprachlichen Fähigkeiten noch dazugenommen. Sprache war für Le Corbusier keinesfalls bloß Mittel zum Zweck, im Gegenteil, seine Formulierungen zeugen von schriftstellerischer Begabung. Nicht immer sind seine Ausführungen inhaltlich stimmig, sie sind aber durchwegs wirkungsvoll, rhetorisch klug gestaltet, witzig, griffig und nicht selten von poetischer Schönheit. Wie könnte man beispielsweise die Wirkung des natürlichen Lichts in der Kapelle von Ronchamp und, damit verbunden, die Anordnung von Fenstern und Beleuchtungsschlitzen besser erfassen als mit dem Bild von „rieselndem Licht"[522]?

Dennoch wäre eine Beschränkung von Le Corbusiers Begriff der Poesie auf ausschließlich sprachliche Mittel nicht in seinem Sinne. Bei seinen ‚poetischen' Werken, den Arbeiten also, die er als *Poème* bezeichnet hat, handelt es sich ja nicht primär um Texte. Das *Poème électronique* kommt ohne Worte aus, und das *Poème de l'angle droite* ist in erster Linie eine Sammlung von Lithographien, die bedeutendste in Le Corbusiers Œuvre.[523] Von Moos bezeichnete es einmal als „eine Art poetisches Vademecum des Architekten"[524] – und daß es eines für Architekten ist, deutet einmal mehr darauf hin, daß es hier um eine Poesie der Bildfolgen geht, bei welcher den Texten bislang lediglich vergleichsweise geringe Bedeutung beigemessen worden ist.

Die Bedeutung akustischer Analogien

Je compose avec la lumière.
Le Corbusier

Wenn Varèse von Massen, Körpern, Flächen, Figuren oder Farben spricht, wenn er seine Formen mit Kristallen oder Spiralen vergleicht und seine Stükke durch Titel mit räumlichen Begriffen (*Hyperprism, Espace, Déserts* oder *Density 21.5)* charakterisiert, dann geht es dabei nicht um bloße Metaphern. Varèses Musik hat ja vielmehr durch ihre Struktur und ihren räumlichen Charakter Eigenschaften, die gemeinhin der visuellen Wahrnehmung vorbehalten bleiben. Der für das Werk des Komponisten zentrale Begriff der „musique spatial" ist also nicht nur durch räumliche Analogien gerechtfertigt, sondern bezeichnet einen von Varèse real inszenierten Ablauf der Musik. Hinzu kommt, daß Raumeigenschaften von Klängen unmittelbar gegeben sind. Bereits in früheren Konzeptionen von Musik hatte man versucht, das Phänomen des Klanges durch die Gesetze der schwingenden Materie zu erfassen: „Die Frage, ob es sich um Metaphern oder Synästhesien handelt, ist eine Scheinfrage, die sich nur dann stellt, wenn man gewohnt ist, mit abstrakten Notenköpfen zu denken. Varèse hingegen wollte wie ein Architekt die Konstruktion unmittelbar aus dem Material hervorgehen lassen. Das Konzept einer spatialen Musik ist schlecht umrissen, wenn es als Verbindung der visuellen mit der auditiven Sphäre oder gar als synästhetisch diskutiert wird. Die Raumqualitäten der Musik besitzen unmittelbar sinnliche Präsenz."[525]

Ganz ähnlich wie bei Varèses Wortschöpfung „spatiale Musik" verhält es sich mit einer Gruppe von Begriffen, die Le Corbusier zur Erklärung seiner bildnerischen Intentionen verwendete. In dieselbe Gruppe wie der Begriff „akustische Form" gehören auch die Begriffe „visueller oder bildnerischer Akustik"[526], „plastique acoustique"[527] etc. Im Gegensatz zur Musik, deren räumliche Eigenschaften in bestimmten Kompositionen sinnlich wahrgenommen werden können, ist jedoch die Rezeption von Formen und Proportionen mit dem Gehör nicht ohne weiteres möglich. Mit Hilfe des Monochords lassen sich zwar Proportionen von Längenverhältnissen in Klänge übersetzen; ohne die Übertragung auf eine Saite, die dann in Schwingung versetzt werden kann, bleibt allerdings die Wahrnehmung einer Fassade mit dem Gehör abstrakte Analogie. Vor diesem Hintergrund erinnert Le Corbusiers Anleitung zum „Hören der Architektur" erneut an die auf Pythagoras zurückgehenden Methoden der Harmonik: „Um das Vorhandensein eines akustischen Phänomens im Reich der Formen zu erkennen, heißt es nicht, ein in Tabusprüche Eingeweihter, sondern ein Künstler zu sein, ein den Dingen des Alls aufgeschlossenes Wesen. Das Ohr kann die Proportionen ‚sehen'. Man kann die Musik der sichtbaren Proportionen ‚hören'."[528]

Wo bei Le Corbusier von sichtbaren Proportionen die Rede ist, die man hören kann, möchte man natürlich zunächst an Modulor-Proportionen denken, da sich Le Corbusier im *Modulor* ja ganz besonders um musikalische Analo-

gien bemüht. Neue Wortbildungen, wie er sie in *Modulor 2* vorstellt, weisen allerdings mit ihren entsprechenden Erläuterungen in eine andere Richtung: „Zwei neue Wortbildungen: ‚strukturell', ‚visuelle Akustik'. (Nennen Sie es ein Narrenhaus, wenn Sie schlechter Laune sind!) Wir sind nun wirklich auf festem Boden angekommen, bei den materiellsten Gegenständen der Untersuchung und gleichzeitig bei den höchsten der Empfindung."[529]
Eine ‚visuelle Akustik' ist nämlich ebensowenig an den Gebrauch des Modulors gebunden wie an physikalische Phänomene im Bereiche der Akustik. Was der Modulor und damit das Proportionieren zu leisten vermag, benennt Le Corbusier entsprechend seiner neuen Wortbildung als Strukturelles: „Das Strukturelle ist ein unmittelbares Produkt des Modulor, der die Fläche und die Tiefe und also auch den Raum harmonisch dimensioniert. Er tut dies automatisch durch die Anwendung (die Sie, wenn Sie wollen, eine blinde heißen können) der Reihen der Modulor-Tabelle (und man hat gesehen, daß diese Tabelle ein sehr bescheidenes Werkzeug ohne jeden Aufwand ist)."[530]
Um nun in Abgrenzung vom ‚Strukturellen' das Wesentliche eines Bauwerkes zu charakterisieren, greift Le Corbusier zu einer zweiten Wortschöpfung: der ‚visuellen Akustik'. Dabei geht es ihm nicht um die Anwendungsbereiche der Tonzahl, seien sie nun physischer oder metaphysischer Art, sondern um ein bildnerisches Ereignis, das er als „poetischen Schock"[531] bezeichnet: „Ganz anderer Art ist die Erzeugung, das heißt der auslösende Akt, des poetischen Schocks: das bildnerische Ereignis. Ich sage: das Ereignis. Es wird ein Ereignis sein oder keines sein. Dieses Gefühlsereignis wird die Offenbarung eines einem greifbaren Objekt verliehenen Charakters sein, eines ihm von jetzt an durch seinen Schöpfer verliehenen; dieser Charakter, diese Haltung, diese Gestalt werden durch einen einzigen Blick erfaßt, den das optische Phänomen veranlaßt. Der intime Punkt dieser Erregung ist ein Wohlklang, und um das, worum es sich handelt, wiederzuerwecken und auszudrücken, muß man zu musikalischen Begriffen greifen."[532]
Trotz einer vielfach bekundeten Vorliebe für die Musik gilt Le Corbusiers Interesse nicht der eigenen ‚Klangbearbeitung', ihm geht es vor allem um das „optische Phänomen". Wenn er aber sagt, daß er „mit Licht komponiere", so heißt dies, daß er für seine bildnerische Tätigkeit bestimmte Verarbeitungsmöglichkeiten von Klängen im Sinne hat.[533] Das gilt besonderes für diejenigen Werke, die er, wie etwa die Kapelle von Ronchamp[534], als Resultate einer ‚visuellen Akustik' bezeichnet. Die Beispiele zeigen, daß Le Corbusier offensichtlich dazu neigte, visuelle Sinneserfahrungen mit musikalischen Begriffen zu verarbeiten. Sein Akustikbegriff darf allerdings nicht ausschließlich physikalisch verstanden werden: „Beobachtet das Spiel der Schatten, spielt das

Spiel, reine Schatten – klar oder verschwommen. Schlagschatten: scharf, Schlagschatten – strenger Umriß, aber bezaubernde Arabesken oder Scherenschnitte! Kontrapunkt und Fuge – erhabene Musik! Versucht, die Bilder verkehrt herum zu betrachten oder sie um 1/4 zu drehen. Ihr werdet das Spiel entdecken."[535]

Die Assoziationen an die musikalische Form der Fuge bzw. an kontrapunktisch geführte Tonsätze sind mehr als zufällige Analogien, sie sind – in der Tat gewinnbringende – ‚Lesehilfen'. Die Abhängigkeit des Schattens von der Form eines Bauteils kann durchaus mit dem Wechselspiel von ‚Dux' und ‚Comes'[536] verglichen werden. Während die Veränderungen des Schattens durch den Einfallswinkel des Sonnenlichts bedingt sind, ist der ‚Comes' oder auch der Kontrapunkt an die Gegebenheiten der Tonart anzupassen. In der Fotografie sind aber wie in der Musik selbst die entsprechenden Elemente gleichwertige Gestaltungsmittel. So gesellt sich der Schatten zur erzeugenden Form wie der Kontrapunkt zum Cantus firmus. Man könnte die Analogien noch weiter treiben: Während das Sonnenlicht im Freien gleichzeitig immer nur einen Schatten werfen kann und demnach lediglich ‚Zweistimmigkeit' – die Form als ‚Dux', der Schallten als ‚Comes' – vorhanden ist, ließe sich mit künstlicher Beleuchtung durchaus ‚Dreistimmigkeit', ‚Vierstimmigkeit' usw. erzeugen. Mit derartigen musikalischen Analogien verrät Le Corbusier also nicht nur, unter welchen Gesichtspunkten er seine Bauten zu gestalten suchte, er gibt dem Betrachter zusätzlich bestimmte Hinweise zur Rezeption. Schließlich wird sich aber erst an Ort und Stelle und unter freiem Himmel erweisen, ob das Gebäude in dieser Hinsicht etwas taugt, ob die Komposition gelungen ist. Wenn es sich dann herausstellt, daß das Spiel ergreift und berührt, daß es Ereignisse auslösen kann, die den vielbeschworenen „poetischen Schock" bewirken können, dann stellt sich das ein, was Le Corbusier einmal „Wunder" genannt hat, womit gleichsam der Höhepunkt des künstlerischen Gestaltungsvermögens erreicht sei: „Die Landschaft der vier Himmelsrichtungen sind eine Gegenwart, sind die Gäste". An sie „wendet sich die Kapelle durch die Macht ‚eines in das Reich der Formen eingeführten akustischen Wunders'"[537].

An dieser Stelle möchte ich mit Christopher Pearson den Kreis schließen, der Le Corbusiers architektonisches Meisterwerk aus den Jahren 1950 bis 1954 mit einem Schlüsselerlebnis aus seiner Jugendzeit verbindet. Die Rede ist vom Besuch der Akropolis in Athen anläßlich der Orientreise im Jahre 1911. Der Anblick der Akropolis in der Dämmerung jenes Septemberabends muß bei Le Corbusier tatsächlich einen „poetischen Schock" ausgelöst haben. Einen Schock, der tiefe Spuren im Leben des Architekten hinterlassen sollte.

„Les temples sont la raison de ce paysage", notiert der junge Jeanneret in seinem Tagebuch, „comme la perle dans sa valve", throne der Parthenon in der Landschaft.[538] Pearson ist nicht entgangen, daß auch bei Le Corbusiers Beschreibung des Akropolis-Erlebnisses musikalische Metaphern eine Rolle spielen. Le Corbusier vergleicht die Wirkung des Parthenon in seinem Reisetagebuch mit dem Klang von Trompeten, die über das Land schallen. Auch in *Vers une architecture* (1923) beschreibt Le Corbusier die Tempel der Akropolis als „concises et violentes, sonnant clair et tragique comme des trompes d'airain"[539]. Es sind Pearson zufolge in dieser Zeit nicht die harmonikalen Proportionen der Fassaden oder im Inneren, die Le Corbusiers Aufmerksamkeit erheischen[540]; ihn fasziniert der Dialog der Tempelanlage mit der Landschaft. In der Vorstellung, daß der Parthenon als dominierende oder organisierende Kraft errichtet wurde, die die Landschaft zu beleben vermag, sieht Pearson einen Schlüssel zu Le Corbusiers ästhetischem Programm. „The emotional impact of his visit to the Acropolis seems to have convinced him that an isolated and plastically powerful work of art or architecture is able to radiate conceptual vectors of influence or psychic energy into its environment, establishing its dominance over a larger field."[541]

Ohne jenes Akropolis-Erlebnis entzaubern zu wollen, sei bemerkt, daß Eindrücke oft von einer bestimmten Erwartungshaltung geprägt werden. Als Le Corbusier den Parthenon betrat, wußte er bereits, daß er hier einem ganz persönlichen Mythos begegnen würde. Gresleri zufolge steigt Le Corbusier zur Akropolis empor mit derselben Geisteshaltung, mit der zehn Jahre vorher Henry Van de Velde (1863–1957) sie erklommen hatte, seine „Ausrufe sind fast die gleichen wie jene des belgischen Meisters"[542]. Auch an die Parallele zu Ernest Renans Akropolisbesuch sei erinnert. Le Corbusier hatte seinen damaligen Mentor William Ritter gebeten, ihm zu sagen, welches Werk des französischen Schriftstellers das gefeierte *Prière sur l'Acropole* enthalte. „Wie für Renan", heißt es bei Brooks, „wurde auch für Le Corbusier der griechische Tempel zum Symbol der Symbole, die paradigmatische Schöpfung, wobei es möglich ist, die Qualität jeglichen anderen architektonischen Werkes damit zu vergleichen."[543] Brooks macht darauf aufmerksam, daß Le Corbusiers Wandlung vom Liebhaber mittelalterlicher Architektur zum Freund der klassischen Kunst bereits während seines Deutschlandaufenthalts (1910/ 1911) erfolgte.[544]

Schließlich ist es aber einmal mehr die Lektüre von Edouard Schurés *Les grands initiés*, die seine Akropolis-Wahrnehmung begründet haben dürfte. Als Beispiel des pythagoreischen Geistes ist sie ihm Zeugnis einer Harmonie,

die nur durch das Wissen von Eingeweihten habe hervorgebracht werden können. Im Platon gewidmeten Kapitel setzt Schuré Athen als Zentrum griechischer Kultur mit der Akropolis gleich – ein Aufwachsen am Fuße der Akropolis ist gleichbedeutend mit einem Aufwachsen unter dem Schutz der Götter.[545]
Noch zwanzig Jahre nach dem ersten Akropolisbesuch, Le Corbusier ist mit den Architekten des IV. CIAM-Kongresses wieder in Athen, „wird er diesen ersten Eindruck wie die Entdeckung einer absoluten Wahrheit im Gedächtnis haben und ihm einen sinnbildlichen Wert zuerkennen: ‚Bei jeder Sache, die ich gemacht habe, hatte ich im Geist, tief in meinem Inneren, diese Akropolis vor mir'"[546].
Die Ursprünge für Le Corbusiers ‚acoustical trope' sind allerdings kaum in seinem Akropolis-Erlebnis zu suchen. Die Grundlage des ‚acoustical trope' bilden seine musikalischen Eindrücke aus Kindheit und Jugend. Ohne sie hätte vermutlich weder die Akropolis – bildlich gesprochen – wie der „Klang von Trompeten" in die Landschaft ausgestrahlt noch wäre Ronchamp das Resultat eines „akustischen Wunders" geworden.

Der Einfluß von Edouard Schurés *Les grands initiés*

Es ist das Verdienst von Paul Turner[547], als erster auf die Bedeutung hingewiesen zu haben, die Edouard Schurés *Les grands initiés* in Le Corbusiers Weltbild zukommt. Vor dem Hintergrund der von Schuré entwickelten esoterischen Kulturgeschichte lassen sich nicht nur die bisherigen Einschätzungen des pythagoreischen Einflusses auf Le Corbusiers Denken bestätigen; es scheint sogar, als ob Le Corbusiers poetische Kosmologie über weite Strecken derjenigen von Schuré entspricht, ja, daß seine poetischen Bilderfolgen, wie sie etwa im *Poème électronique* oder auch im Hauptportal des Parlamentsgebäudes in Chandigarh (Porte émail) erscheinen, sozusagen als Illustration zu den von Schuré dargestellten Entwicklungsprozessen gelesen werden können. Le Corbusiers persönliches Exemplar des erwähnten Buches enthält eine Widmung von L'Eplattenier: „A mon cher élève Edouard Jeanneret, Souvenir affectueux". Seither wissen wir, wann Le Corbusier in den Besitz des Buches gekommen ist; die Widmung stammt vom September 1907. Wie Turner aus handschriftlichen Bemerkungen, die Le Corbusier im Buch angebracht hatte, schließt, fiel eine erste Lektüre in Le Corbusiers Pariser Zeit während des Jahres 1908.

Noch vor Schuré begegnete Le Corbusier den kunstphilosophischen Standpunkten des heute kaum mehr gelesenen Henry Provensal in dessen Werk *L'art de demain*.[548] Provensal und Schuré gelten seit Turners Untersuchung als Ahnherren von Le Corbusiers Kunst- und Weltverständnis. Elisabeth Blum hat Turners diesbezügliche Ansätze aufgegriffen und – André Corboz zufolge – „mittels vieler Zitate von Forschern, Theoretikern und Träumern, wie J.L. Lauweriks, Maurice Denis, besonders aber Henry Provensal [...] und Edouard Schuré"[549] die „intimste und sorgfältig getarnte Haltung" Le Corbusiers aufgespürt. Während Turner, ausgehend vom Bestand der Bibliothek und der Lektüre des jungen Jeanneret (bis 1920), einen wesentlichen Beitrag zu Le Corbusiers intellektueller Biographie geleistet hatte, geht es Blum spezifischer um die philosophischen Ideen und Strömungen, die Le Corbusiers Anschauungen geprägt haben. Die von Corboz angesprochene Eigenart Le Corbusiers, sich in weltanschaulichen Fragen zu tarnen, ebenso wie die Tendenz zur biographischen Selbststilisierung, wozu auch das Verwischen der Quellen seiner Inspirationen oder Ideen gehört, macht es schwierig, zu vermutende Einflüsse anders zu belegen als durch die Gegenüberstellung von Äußerungen Le Corbusiers mit den vermuteten Vorlagen. Was die Einflüsse von Provensal betrifft, so haben Turner[550] und Blum[551] verschiedene Übereinstimmungen glaubhaft machen können.
Um so mehr Gewicht erhält vor diesem Hintergrund, daß Le Corbusier in seinem Projekt gebliebenen *Musée Mondial*, das als zentraler Bestandteil des für Genf geplanten *Mundaneums* (1929) gedacht war, einen konkreten Niederschlag seiner Auseinandersetzung mit Schuré erkennen läßt.[552] 1927 hatte er das Projekt für den Bau des Völkerbundpalasts in Genf eingereicht und den ersten Preis gewonnen. Dennoch wurde das von der Fachkommission zur Realisierung empfohlene Projekt abgelehnt, und Le Corbusier mußte die Hoffnungen, seine architektonischen Prinzipien hier einmal in großem Ausmaße verwirklichen zu können, zunächst zurückstellen.[553] Mit der Idee eines Weltparlaments beschäftigte er sich aber auch nach dem Debakel des Palais des Nations. Damit sich die Idee eines Zentrums der Völker nicht nur auf die politische Ebene beschränke, plante Le Corbusier zusammen mit Paul Otlet (1868–1944)[554], dem Gründer der ‚Union des Associations Internationales' (UAI), den Bau einer *Cité mondial*, die ebenfalls in Genf hätte realisiert werden sollen. Dabei ging es in erster Linie darum, einen Ort zu schaffen, an dem die Begegnung der verschiedenen Kulturen und die Auseinandersetzung mit den wertvollsten Dokumenten der Geschichte der Menschheit ermöglicht würde. Dieser Ort sollte bei den Besuchern zu einem besseren gegensei-

tigen Verständnis führen und so zur Keimzelle eines weltweiten Klimas der Toleranz werden.[555]
Für die Form des Museums wählte Le Corbusier eine spiralförmig ansteigende Stufenpyramide. Obwohl es sich hier um eine geknickte Spirale in Pyramidenform handelt, zeugt das Weltmuseum vom ersten Auftreten der für alle später von Le Corbusier gebauten Museen typischen Grundform: der Spirale.[556] Die Besucher befinden sich zunächst auf einem großen, auf beiden Seiten von zwei Rampen flankierten Vorhof. Über eine der beiden Rampen erreicht man die erste Plattform, von welcher aus ein Weg von 2500 Metern auf der Außenseite der Spirale zur Spitze der Pyramide führt. Oben angelangt – nachdem, wie Le Corbusier ausdrücklich betont, unterwegs mannigfache Gelegenheiten bestanden, die Landschaft auf sich wirken zu lassen[557] –, tritt man ins Innere der Pyramide und folgt dem tunnelartig angelegten Museumsweg nach unten, wo man am Schluß des rund fünf Kilometer [!][558] langen Parcours, am Fuß der Pyramide angelangt, ins *Sacrarium* tritt.
Dieser Raum bildet mit seiner zylindrischen Form einen klaren Kontrast zur quadratisch angelegten Museumsanlage. Gresleri sieht in den beiden Grundformen die Symbole für die Erde und den Himmel.[559] Le Corbusiers Absicht, in diesem Raum Statuen[560] jener „großen Eingeweihten" aufzustellen, die Schuré porträtiert, verdeutlicht den Einfluß, den Schuré auf ihn hatte. Aber nicht nur der Standort der Statuen im Schutze eines Zylinders, dessen Höhe bis an die oberste Plattform der Pyramide gereicht hätte, ist aufschlußreich; Le Corbusier dachte zudem daran, den Offenbarungscharakter des Sacrariums durch eine besondere Beleuchtung zu unterstützen.[561]
Die pathetische Inszenierung der „großen Eingeweihten" am Ende des spiralförmigen Weges bildet den Abschluß der promenade architecturale. So wird der Museumsweg, der die Besucher an der menschlichen Geschichte von der Prähistorie bis in die Gegenwart vorbeiführt[562], zum Gleichnis des Erkenntnisweges, den der Mensch zurücklegen soll. Während man lediglich das Ende des Museumsweges erreicht, stehen die großen Eingeweihten am Ziel ihres Entwicklungsganges: „Sinnbilder für das ständige Streben des Menschen zur Vervollkommnung. Sie haben diesen Weg beschritten und sind am Ziel angelangt; sie haben den Prozeß der Selbstverwirklichung [...] durchlebt, den Erkenntnisweg mit seinen Lektionen verstanden und stehen nun da, Symbol unseres eigenen noch zu vollendenden Weges."[563]
In unserem Zusammenhang ist von Interesse, wie Schuré Musik und Dichtung verbindet – in seinem Werk und in seiner Person; auch Le Corbusier sagt von sich, daß er Musiker und Dichter sei. Bei beiden erfolgt der Zugang zur Musik nicht über eigenes Musizieren, sondern durch die intellektuelle

Auseinandersetzung mit entwicklungsgeschichtlichen Fragen der Musik. Ganz ähnlich wie für William Ritter ist die Vermittlung von Musik und Literatur zwischen Deutschland und Frankreich auch Schuré wichtig. Das Medium der Vermittlung sind Musik- bzw. Literaturkritik, wie sie auch Le Corbusier einst beschäftigt hatten.

Eine musisch-poetische Kosmologie

Für Schuré ist Orpheus der „Ahnherr der Poesie und der Musik", einer Poesie und einer Musik, die als „Offenbarerinnen der ewigen Wahrheit" auf ihrer höchsten Stufe stehen. Dementsprechend seien jene Tempel, deren Priester sich der orphischen Lehre verbunden fühlten, auch die Orte, wo Dichter und Weise ihre Ausbildung erfahren hätten.[564] In diesem Zusammenhang liefert Schuré eine Definition des Dichters, die sich auf den Dichter des *Poème électronique* anwenden ließe, wenn er den Dichter als jemanden versteht, der „der Menge die erhabenen Wahrheiten in lebendige Bilder übersetzt"[565]. Die Ausführungen über Pythagoras bilden mit über hundert Seiten das umfangreichste Kapitel in Schurés Werk. Hier beschreibt der Autor in chronologischer Folge verschiedene Stationen aus Pythagoras' Leben; das Kapitel liest sich fast wie eine Biographie, – wobei durch „Seherkraft"[566] ergänzt worden sein soll, was sich durch historische Fakten nicht belegen ließ. Aus den handschriftlichen Eintragungen in Le Corbusiers persönlichem Exemplar von Schurés Buch geht hervor, daß ihn am intensivsten die Ausführungen über Pythagoras interessierten: alle handschriftlichen Randnotizen befinden sich im Kapitel über Pythagoras.[567] Ganz besonders fasziniert haben ihn vermutlich jene Ausführungen, in denen Schuré die „Theogonie" oder die „rationelle Theologie"[568] des Pythagoras beschreibt. Diese Abschnitte enthalten, neben Erläuterungen zu Pythagoras' Zahlenlehre, eine ausführliche Darstellung der Musen und deren vermuteter Bedeutung im Alltag der von Pythagoras geführten Schule in Krotona. Schuré schreibt, daß Pythagoras den Unterricht für die Schüler des zweiten Grades im Tempel der Musen, den man nach seinen Angaben ganz in der Nähe seiner Wohnung errichtet hatte, erteilte hätte: „Im Innern dieses kreisförmigen Tempels sah man in Marmor die neun Musen."[569] Noch einmal geht daraus hervor, daß Le Corbusiers Konzeption des *Sacrarium* im *Musée mondial* auf der Lektüre von Schurés Buch gründet. Das kreisförmige *Sacrarium* im Innern der Pyramide des *Mundaneums* ist zweifellos als Anspielung auf den von Schuré als rund beschriebenen Tempel zu verstehen.

Hier weiter auf die zahlreichen Anregungen einzugehen, die Le Corbusier Schuré verdankt, würde zu weit vom Thema weg führen. Festgehalten sei aber, daß Le Corbusiers bemerkenswerte Verbindung von Musik und Dichtung in seiner Person ihre Vorbilder in Schurés Berichten über Orpheus und Pythagoras findet. Es ist durchaus denkbar, daß er sie unbescheidenerweise sogar als seine Vorläufer aufgefaßt hat.

13 Mogens Krustrup hat mit Grund vermutet, daß die Innenseite der *Porte émail* von Chandigarh ein Profil von Pythagoras enthalte, ob als Hommage an Pythagoras oder als Hommage seiner selbst, sei dahingestellt. Das Profil erinnert mit drei Kreissegmenten, deren Durchmesser durch Modulormasse (70, 43 und 27 cm) bestimmt sind, jedenfalls an einen Entwurf für eine Medaille (oder eine Gedenkmünze?), in welchem Le Corbusier sein eigenes Portrait mit drei Kreissegmenten, die für den Modulor stehen, zusammenge-
14 bracht hatte.[570] Das Weiß der Silhouette sowie die Blickrichtung des Profils rufen zudem eine Zeichnung von Albrecht Dürer in Erinnerung, die einen Kopf in einem kanonisierenden Liniennetz enthält. Kristall und Spirale stehen in diesem Profil für Auge und Ohr – vermutlich eine Anspielung darauf, daß Pythagoras die Wahrnehmungsbereiche des Sehens und des Hörens in seinem Zahlenbegriff zu verschmelzen suchte.

Schließlich sind es aber Schurés Ausführungen über die Bedeutung der Musen, die bei Le Corbusier die deutlichsten und konkretesten Spuren hinterlassen haben: im Museumsbau mit seiner spätestens im *Poème électronique* deutlich manifestierten musikalisch-poetischen Kosmologie, noch grundsätzlicher aber in seinem Musikbegriff, indem er allen von den Musen vertretenen Künsten[571] Raum gibt. Vor diesem Hintergrund ist die Verbindung von Dichtung und Musik bei Le Corbusier zu verstehen. Das Museion als Ort der Musenverehrung beschäftigte ihn in zweierlei Hinsicht: als Bauwerk – immerhin ist das Museum der einzige Gebäudetyp in Le Corbusiers architektonischem Werk, das an eine ihm eigene Grundform gebunden ist – und als Lehrinstrument. Wie nirgendwo sonst suchte er im Museum nach einer Möglichkeit, in die Bewußtseinsentwicklung der Menschen fördernd einzugreifen. Durch die Verwendung von Symbolen, ja durch den Aufbau einer ganzen Symbolsprache versuchte er zunehmend, seine Architektur im Einklang mit kosmischen Gesetzmäßigkeiten zu gestalten, sei es durch die Gebäudeform selbst oder durch die gezielte Plazierung von malerischen oder skulpturalen Elementen an den Gebäuden.

„Warum sollte man nicht von der Disziplin der Kunst zur Disziplin der Wissenschaft hinüberwechseln können?", fragt er sich in *Modulor 2*.[572] Die Grenzüberschreitung war für ihn jedoch nicht nur eine mögliche Frage des

13 Le Corbusier, Porte émail, Palais de l'Assemblée, Chandigarh, 1962 (Innenseite)

Künstlers, sondern eine Frage des Menschen schlechthin. Die Rückbesinnung auf die Musen und deren Domänen biete gleichsam ein historisch legitimierbares Konzept seiner Synthesen – und zwar weit über die bloße Synthese der *arts majeurs* hinaus. Orientieren wir uns an den exoterischen Bezirken der Musen, so sind zunächst Dichtung und Musik zusammengefaßt. Daß allein schon beider künstlerische Verbindung zu neuen Formen führen kann, die geeignet sind, den Musikbegriff neu zu begründen, hatte Le Corbusier bereits durch Jaques-Dalcroze erfahren. Vor dem Hintergrund der esoterischen Bedeutung, die Schuré den Musen zuordnet[573], läßt sich überdies der kulturpolitisch-pädagogische Ansatz, den Le Corbusier mit seinen Museumskonzepten vertritt, noch eindeutiger auf die ursprüngliche Idee des Museions zurückführen.

Das wahre Museum hätte für Le Corbusier „die Gestalt eines universalen Lehr- und Lerninstruments"[574] annehmen sollen: „Es informiert nicht allein über historische Tatsachen, es will darüber hinaus, daß man deren Hintergründe versteht. [...] Die Benutzer sollten beim Begehen des Museums zum Verstehen-Wollen angeregt werden. Diese Evokation einer inneren Anteilnahme, eines Bewegt-Werdens und Wissen-Wollens würde sich von den äusseren Tatbeständen auch auf die innern verlagern. Durch das Verstehen-Lernen der den kollektiv-geschichtlichen Ereignissen zugrunde liegenden Prinzipien würde sich, parallel dazu, eine ebensolche Sensibilisierung in bezug auf die individualgeschichtlichen Ereignisketten und deren innere Zusammenhänge und Verknüpfungen ergeben. Die Individualgeschichte würde als analoger Prozeß der Kollektivgeschichte begriffen, denselben Gesetzmäßigkeiten unterliegend. Aufgrund der Einsicht, daß jede menschliche Tat ihre Auswirkungen zeitigt, würden die Menschen sowohl in bezug auf ihr eigenes Leben als auch, als verantwortliche Mitglieder des gesellschaftlichen Kollektivs, in bezug auf die gesamtgesellschaftliche Entwicklung aufgefordert, sich als menschliche Wesen zu vervollkommen, um so zu würdigen Teilhabern und Mitgestaltern an der menschlichen Evolution zu werden."[575]

Daß dieses Bildungsprogramm mit konventionellen Museen, wie wir sie heute überall antreffen, nicht erfüllt werden kann, versteht sich von selbst. Offensichtlich schwebte Le Corbusier nichts Geringeres vor als eine Art Einweihungsstätte, wie sie ihm als Idee aus Schurés Beschreibungen von Pythagoras' Musentempel oder der platonischen Akademie her vertraut war. Wo es um Einweihung geht, wird allerdings nicht bloß der Verstand angesprochen. Es kann also in Le Corbusiers Vision eines neuen Museums nicht nur um das intellektuelle Nachvollziehen historischer Entwicklungsprozesse gegangen

sein, sondern um die Bildung eines Wissens, das zu humanistischen Idealen auch in der Lebensführung verpflichtete.
Musik, Musen, Museum, Begriffe mit demselben Wortstamm, Begriffe, mit denen Le Corbusier ein poetisches Spiel spielt: Mit der Symbolik, als „Musik der erreichbaren Vollkommenheiten" schließt er den Bogen, der in der Wiege als erster Station einer musikalischen Biographie begonnen hat: „Die Tage vergehen darüber, ein Leben verbraucht sich damit, fünf, zehn, fünfzehn, zwanzig, dreissig Jahre Studien über Themen, die von Bild zur Architektur und zum Städtebau wechseln, zur Logik, zur Dichtkunst führen – sogar zur Symbolik, der Musik der erreichbaren Vollkommenheiten."[576]
„Die Musik spielt weiter ... Sie begleitet uns von nun an bei allen unseren Schritten."[577]

14 Le Corbusier, Skizze für eine Le Corbusier-Gedenkmünze

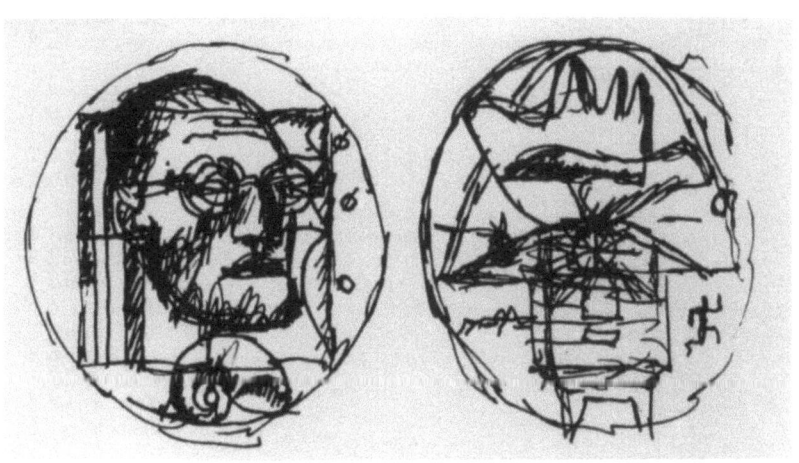

Anmerkungen

Einleitung

1 Detaillierte akustische Studien machte Le Corbusier zum Beispiel im Jahre 1927 in Zusammenhang mit der Planung des Plenarsaales für den *Palais des Nations*. („Der Plenarsaal, für 2600 Zuhörer bestimmt, verwandelt die akustischen Erfordernisse in architektonische Gestalt. Gustav Lyon, dessen ‚Salle Pleyel' Le Corbusier bewunderte, half bei der Berechnung der Raumformen. Nicht die Ordnungen, die man von den Architekturbüchern übernehmen kann, sondern die Anforderungen des Gehörs liegen ihr zugrunde." von Moos 1968,277) – Noch bedeutender wären die akustischen Probleme im Saal des 1931 projektierten Sowjetpalastes gewesen. Für die Überdachung des großen Saals, der rund 15.000 Menschen hätte fassen müssen, entwarf Le Corbusier ein gewaltiges Gliedersystem, an dem die akustischen Deckenschalen wie an den Speichen eines Fächers aufgehängt gewesen wären. (vgl. von Moos 1968,289; Pearson 1997)
2 Wie bereits Giuliano Gresleri bemerkt hat, war Le Corbusier beispielsweise vom Musikzimmer in Theodor Fischers Münchner Villa derart fasziniert, daß er den Raum skizzierte und dessen Ausmasse festhielt. (Gresleri 1991,33) Wollte man zum Musikzimmer auch Konzertsäle und Schauspielbühnen rechnen, so könnte man auf die verschiedensten Zeichnungen von entsprechenden Räumen hinweisen, die sich im Nachlaß Le Corbusiers finden.
3 Pearson 1997
4 „Il est d'une famille de musiciens, mais il ne connaît pas même les notes; pourtant il est musicien intensément et sachant fort bien comment est faite la musique et capable de parler musique et de juger." (Le Corbusier 1983,29)

Kapitel 1

5 Der *Modulor* als Buchtitel ist kursiviert; andernfalls ist das Maßsystem gemeint.
6 Le Corbusier 1985,25
7 Gresleri 1991 – Diese Briefe sind dem entsprechenden Buch als Anhang beigefügt, wenn auch, was die deutsche Ausgabe betrifft, in unbefriedigender Übersetzung. Die italienische Ausgabe erschien bereits 1984. – Dank der freundlichen Hilfe von Françoise Frey, die die Abschriften der Brieforiginale zur Verfügung stellte, kann ich mich hier auf die bisher unveröffentlichten französischen Originale beziehen.
8 Brooks 1997
9 von Moos 1968,28

10 Warum Le Corbusier gerade auf die Idee kommt, eine Oper von Puccini als derart beeinflussend anzugeben, ist durchaus einer Überlegung wert. Puccini gehörte nämlich damals kaum zu seinem musikalischen Bildungsprogramm, da wären vielmehr Wagner, Bruckner, Franck oder Mahler zu nennen. Um so erstaunlicher, daß Edgard Varèse Puccini sehr geliebt haben soll. So schreibt Alejo Carpentier, der zwischen 1928 und 1933, als Varèse in Paris lebte, mit dem Komponisten befreundet war: „Hingegen hatte Varèse, so sonderbar dies klingen mag, eine Schwäche für Puccini. Sie galt allerdings nicht jenem Puccini, wie wir ihn täglich fast überall zu hören bekommen. Puccinis Melodien interessierten ihn nicht. Aber er sagte mir: ‚Puccini schreibt niemals eine Szene zuviel. Die Dauern seiner Akte sitzen perfekt. Und seine Orchestertechnik erreicht genau, was er will [...]. Puccini wußte, daß seine Opern oft in Provinzhäusern, in Europa und in Amerika, gespielt werden würden. Und jetzt geben sie acht: sein Orchester klingt mit 30 Musikern ebenso wie mit 60. [...] Ich gestehe, daß ich mich eines Abends in der Metropolitan Opera von *La Bohême* hinreißen ließ.'" (Carpentier 1983,92) – Könnte es sein, daß dieses ‚Geständnis', so wie es zum Beispiel an einer Party in Carpentiers Ohren kam, auch den Weg zu Le Corbusier gefunden hatte? Da die Legende von jener La Bohême-Aufführung, die den Ausschlag zum Aufbruch nach Paris gegeben haben soll, von Le Corbusier erst später so festgehalten wurde, wäre eine Stilisierung mit Varèsescher Prägung durchaus denkbar. Auch wenn diese Möglichkeit ein wenig gesucht erscheinen mag, ist sie doch in Anbetracht des enormen Einflusses, den Varèse auf Le Corbusier ausgeübt hatte, nicht undenkbar.
11 Stanislaus von Moos in einer mündlichen Mitteilung gegenüber dem Autor am 27. Juni 1994
12 Brooks 1997,125
13 Sekler 1977,221-273
14 Le Corbusiers bürgerlicher Name lautet Charles-Edouard Jeanneret, seine Familie und seine Freunde nannten ihn Edouard, bzw. Ed. Im Jahre 1920 legte er sich das Pseudonym Le Corbusier zu. Inspiriert hatte ihn dabei der Name eines seiner Vorfahren mütterlicherseits, dessen Portrait über dem Klavier seiner Mutter hing: Monsieur Lecorbesier. Die Verwendung der verschiedenen Namen in meiner Arbeit erfolgt ohne System.
15 In der Wiener Staatsoper stand damals am Dirigentenpult kein geringerer als Gustav Mahler (vgl. Petit 1970,28; Gresleri 1991,106). Brooks stellt dem Interesse für Musik das auffällige Desinteresse an moderner Architektur entgegen. (Brooks 1997,124)
16 Turner 1977,43f
17 Le Corbusier, Brief an die Eltern, Berlin, 21.Oktober 1910
18 Le Corbusier, Brief an die Eltern, Neu-Babelsberg (Berlin), 11.November 1910
19 „J'attends de jour en jour la révélation. En fait de révélations en voici une ou deux très délicieuses: Pour les fêtes Wagner, Strauss (en partie) et d'autres sans doute, au Prinz Regent Theater [Prinzregenten-Theater, P.B.]." (Le Corbusier, Brief an die Eltern, 18. April 1910)
20 Le Corbusier, Brief an die Eltern, München, 18. April 1910
21 Vogt 1996,137ff
22 Le Corbusier 1994, Carnet I,3
23 Le Corbusier, Brief an die Eltern, München, 18. April 1910
24 Le Corbusier, Brief an die Eltern, München, 16. Mai 1910
25 Le Corbusier, Brief an die Eltern, Konstantinopel, 14. August 1911
26 Le Corbusier, Brief an die Eltern, Wien, 16./17. November 1907 – 22 Jahre später war es ein von Joséphine Baker gesungenes Lied, das Le Corbusier zum Weinen brachte: „Dans un spectacle idiot de variétés, Joséphine Baker chante *Baby* avec une si intense et dramatique sensibilité que je suis prêt à pleurer." (Le Corbusier, 27.11.1929 in einer Tagebuchnotiz, zitiert in: Jornod, J.-P., Le Corbusier, Homme pluridisciplinaire, Ausstellungskatalog Abbatiale et Musée de Payerne, 1995,57) – Die Szene wechselt, das Gütesiegel (eine Musik, die Weinen macht) bleibt.

27 Einzig Allen H. Brooks widmet dieser Episode eine Fußnote. (Brooks 1997,234)
28 Jules Ecorcheville war der Herausgeber der Zeitschrift *Revue musicale S.I.M.* (bis November 1912). 1907 als *Bulletin mensuel de la Société Internationale de Musique* gegründet, erhielt diese Zeitschrift ihren endgültigen Namen erst nach einigen einschneidenden Veränderungen und nachdem sie sich andere Magazine (den *Mercure musical*, die *Revue musicale* und den *Courrier musical*) einverleibt hatte. Im November 1912 übernahm Emile Vuillermoz Ecorschevilles Nachfolge. Nach dem Ersten Weltkrieg blieb sie zunächst verschwunden, bis sie Henry Prunières 1920 als *La Revue musicale S.I.M.* wiederaufleben ließ. Zur Unterstützung des zeitgenössischen Musiklebens unterhielt die *Société Internationale de Musique* auch ein Orchester und eine Dokumentationsstelle.
29 Le Corbusier, Brief an William Ritter, Neu-Babelsberg, 28. Oktober 1910
30 „Sie (William Ritter, P.B.) haben mir einen Dauerausweis versprochen und es handelt sich immer um bedeutende musikalische Manifestationen. Außer für die von Strauss dirigierten Filarmonica, sowie von Nikisch, sind insgesamt 18 Plätze für die Journalisten in diesen Konzerten reserviert." (Le Corbusier, Brief an William Ritter, 28. Oktober 1910)
31 Vgl. Brief an William Ritter Oktober/November 1910, worin Le Corbusier auch den Preis von 80 Pfenningen für die Bahn als Ausrede angegeben hatte. Brooks deutet das Ausschlagen dieses Angebots als eine Art Masochismus, den Le Corbusier alleine schon durch das Sich-Einzwängen-Lassen in einen starren Arbeitsrhythmus – zumal beim ihm verhaßten Behrens – an den Tag zu legen schien. Brooks vermutet weiter, daß dem stehplatz-gewöhnten Musikfreund der Gedanke an die komfortablen reservierten Sitze auf den besten Plätzen des Theaters nicht geheuer gewesen wäre – was mir allerdings nicht einleuchtet.
32 Turner 1977
33 Turner 1977,3
34 Vgl. Brooks 1997,19f
35 Turner 1977,25f – Turner nennt die Katharer eine Sekte, statt eine Bewegung.
36 von Moos 1968,11
37 Petit 1970/1,24
38 „Das Wenige, das derzeit von Le Corbusiers Biographie bekannt ist, stammt meist von Le Corbusier selbst, weshalb immer mit einer gewissen Stilisierung zu rechnen ist." (Huse 1976,7)
39 Eine Tagebuchnotiz des Vaters legt nahe, den Beginn des Klavierunterrichtes im Herbst 1893 anzusiedeln. (Tagebucheintrag vom 2. November 1893: „Lui (Albert, P.B.) et son frère commencent l'étude du piano.")
40 Petit 1970/1,24
41 Brief von Marie Jeanneret-Perret an Le Corbusiers Vater aus Leuk, 3. August 1894
42 Le Corbusier trat am 25. April 1899 im Anschluß an seine Primarschulzeit in die Ecole Industrielle in La Chaux-de-Fonds ein. Die Schule erhielt in den darauf folgenden Jahren den Status eines Gymnasiums. (Brooks 1997,20f)
43 Brooks 1997,21
44 Wie ich sehe, konnte Allen H. Brooks die Gelegenheit noch wahrnehmen, mit einer Schülerin von Mme. Jeanneret-Perret zu sprechen: Mlle Lily Sémon „who lived in the apartment below the Jeannerets during their stay at No. 8 Jacob-Brandt from 1906 to 1912 and therefore saw them almost daily". (Brooks 1997,16)
45 Im Fonds Le Corbusier sind einige wenige Konzertprogramme gesammelt, welche auf die Tätigkeit von Le Corbusiers Mutter schließen lassen: Programm zu einer ‚Audition d'élèves de Madame Jeanneret-Perret avec l'aimable concours d'un quintette à cordes' (15 April 1912) – Programm eines ‚Grand Concert' (14. September 1914) – Programm eines Rezitals ‚donné en l'honneur du centenaire de Mme Marie Jeanneret-Perret' (19. September 1959) – In einem Brief vom September 1911 lobt Edouard seinen Bruder dafür, daß er mit der Mutter öffent-

lich gespielt hatte. „Du hast, Ihr habt öffentlich gespielt, ein Bravo! an Mama." Konzerte der Mutter gehörten also nicht gerade zu den alltäglichen Gewohnheiten des Familienlebens.
46 Diese Angaben sind einem Brief an Claude Aubert, den ‚Directeur commercial de Barclay Record' beigelegt. (Vevey, 5. Mai 1970)
47 Brooks 1997,13
48 Tagebucheintrag vom 2. November 1883
49 Tagebucheintrag vom 17. Februar 1894
50 Tagebucheintrag vom 12. Januar 1895
51 Tagebucheintrag vom 6. April 1895
52 Tagebucheintrag vom 8. April 1898
53 „Les études musicales d'Albert se poursuivent régulièrement mais il y a tant à faire, c'est si difficile. C'est une grande entreprise que celle-là et pourvu que sa maman ne se soit pas trompée en le poussant dans cette carrière!" (Tagebucheintrag des Vaters vom 19. September 1899)
54 „Le pauvre garçon bégaie toujours davantage et cela nous afflige beaucoup." (Tagebucheintrag vom 25. Oktober 1899) „malheureusement il bégaie et c'est quelque fois pénible de l'entendre." (27. März 1900)
55 Albert Jeanneret, in einem Brief an den Direktor der Firma ‚Barclay Record', Claude Aubert, worin er einen Lebenslauf eingefügt hatte; 5. Mai 1970
56 So ärgerte sich der Vater beispielsweise über ‚künstlerische' Attribute an der Kleidung seines Sohnes Edouard: „Notre fils connaît sa ville [Le Corbusier in Paris, P.B.] comme un autochtone et nous a été d'un secours et d'un grand intérêt par ses connaissances en art, son jugement sûr, son amabilité, sa politesse etc., malgré son accoutrement de rapin." (Tagebucheintrag vom 30. Mai 1909)
57 Tagebucheintrag vom 12. Juni 1905
58 Vgl. hierzu von Moos 1992,39–42; Sekler 1977,4–10; Brooks 1997,16–19
59 Eine entsprechende Charakterisierung von Le Corbusiers Mutter findet sich auch bei Brooks. (Brooks 1997,15f)
60 In der Widmung zu seinem Buch *Quand les Cathédrales étaient blanches* (1937) bezeichnete Le Corbusier seine Mutter als ‚Frau des Mutes und der Treue'. (A ma mère, femme de courage et de foi.)
61 Dieser in der Bibliothèque de la Ville von La Chaux-de-Fonds (Fonds Le Corbusier) aufbewahrte Text ist von Albert Jeanneret auf zwei A4-Seiten getippt worden und enthält keine Datumsangabe. Aus der Überschrift – sie lautet ‚Refardtlexikon' – geht aber hervor, daß Albert Jeanneret mit diesen Zeilen seine Angaben fürs *Schweizerische Musiklexikon* einreichte. Das im Jahre 1964 herausgegebene *Schweizerische Musiklexikon* basiert auf dem historisch-biographischen Musiklexikon der Schweiz von Edgar Refardt, das erstmals 1928 erschienen ist. Im Jahre 1939 erschien eine neue Bearbeitung dieses Werks, die von Refardt zusammen mit Willi Schuh besorgt wurde und als zweiter Band des *Schweizer Musikbuches* im Atlantis-Verlag (Zürich) herauskam. Das Werk wurde nun in den Jahren 1961 und 1963 im Auftrag des Schweizerischen Tonkünstlervereins von Willi Schuh, Hans Ehinger, Pierre Meylan und Hans Peter Schanzlin bearbeitet. Der erwähnte Text von Albert Jeanneret war für diese Ausgabe bestimmt und wurde von Pierre Meylan, dem zuständigen Redakteur für die Romandie, geringfügig gekürzt.
62 In der erwähnten Vorlage gibt Albert Jeanneret als Vorname von Joachim den Namen Eugène an. Höchstwahrscheinlich wurden hier im Rückblick die Vornamen der beiden Geigenkoryphäen der zweiten Hälfte des 19. Jahrhunderts, Joseph Joachim und Eugène Ysaÿe, verwechselt.
Joseph Joachim (1831–1907) wird häufig als der bedeutendste Violinkünstler und Geigenpädagoge seiner Zeit genannt. Bereits sein erster Auftritt im Leipziger Gewandhaus (1843) wurde vor einem kritischen Publikum zu einem Triumph. Noch als Jüngling kam er in den

Kontakt mit Schumann, Liszt, Mendelsohn und Berlioz, die dem Wunderknaben mit Achtung begegneten. Namhafte Komponisten haben unter dem Eindruck seines Spiels Violinkonzerte geschrieben. Als Violinist verfügte Joachim über einen ungewöhnlichen Reichtum des Klangregisters, der sich mit einer seltenen technischen Perfektion verband. Gegenüber der älteren Virtuosengeneration (Paganini beispielsweise) war sein Ton weit farbiger und kräftiger. Als erster spielte er die Solosonaten von Bach ohne den damals noch üblichen Continuo. Als Pädagoge diente er nur den Fortgeschrittenen. Der Kreis seiner Schüler an der Berliner Hochschule wird wegen des Gruppenunterrichts auf etwa 400 geschätzt.

63 Das Werkverzeichnis in Albert Jeannerets Wortlaut sei an dieser Stelle zitiert: „Albert Jeanneret laisse plus de 150 compositions musicales; la plupart sont des manuscrits à l'exception de quelques chœurs (Foetisch) et de ses trios pour 3 violons publiés chez Henry Lemoine. Son catalogue peut se diviser de la manière suivante: 40 pièces pour piano, 11 pour pianos à 4 mains, une trentaine pour violon et piano, 23 pour 2 ou 3 violons, 3 pièces pour orchestre, 17 mélodies pour chant et piano et une vingtaine de chœurs d'inspirations religieuse. Albert Jeanneret a également publié en 1948 chez Salabert ‚20 quart d'heure de lecture à vue pour piano'. Salabert avait aussi sorti, la même année une ‚Sonate pour piano' dédiée à son épouse."

64 In einer ‚Introduction pour la B.B.C. en français' ist von 26 Kindersymphonien die Rede.

65 Albert Jeanneret ist der von Frank Buchman (1878–1961) initiierten Bewegung der sogenannten ‚Moralischen Aufrüstung', die ihren Hauptsitz seit 1946 oberhalb von Vevey (Caux) hatte, nahegestanden. – Buchman, geboren in Pennsburg (Pennsylvania), faßte im Jahre 1938 die Idee, in Europa und den USA die ‚Moralische Aufrüstung' zu lancieren. Der Grundgedanke dieser Bewegung gründete in der Absicht, daß dem Kommunismus eine sittliche Kraft entgegengesetzt werden müße, die auf geistiger Grundlage ein schöpferisches Zusammenwirken aller Rassen und Klassen ermöglicht. Die Bewegung gewann rasch an Anhängern und an Einfluß. 1946 wurde in Caux die erste Weltkonferenz der ‚Moralischen Aufrüstung' unter Teilnahme von 10 000 Delegierten aus 118 Ländern abgehalten. Da die beiden von Albert Jeanneret komponierten Gesänge aus dem Jahre 1946 stammen, wäre ein Zusammenhang mit der Eröffnung des Zentrums in Caux denkbar. Aber schon vor dessen Errichtung spielte der Gesang bei der Verbreitung der Bewegung eine große Rolle, da Kongresse, Vorträge und Feiern von musikalischen Darbietungen umrahmt wurden. In Caux bestand sogar ein eigener Chor mit Mitgliedern aus über 40 Ländern. Die Bewegung der ‚Moralischen Aufrüstung' kannte formell keine Mitgliedschaft, die Finanzierung ihrer Aktivitäten erfolgte durch freiwillige Spenden. Aus diesem Grund ist es auch schwierig, das Verhältnis von Albert Jeanneret zu dieser Bewegung einzuschätzen. Auch wenn die Komposition der erwähnten *chants* durchaus als Bekenntnis zu den Ideen Buchmans und zu dessen Bewegung aufgefaßt werden darf, bleibt doch die Intensität seines Engagements für diese Sache im Dunkeln. Über Sympathien Le Corbusiers zur ‚Moralischen Aufrüstung' ist nichts bekannt. Es ist aber anzunehmen, daß er den deutlich religiösen Bekenntnissen der Bewegung („Die Welt wird von Männern regiert werden, die von Gott regiert sind. Warum lassen wir nicht Gott die ganze Welt führen?") auf jeden Fall distanzierter gegenüber stand als sein Bruder, obwohl sich schließlich Buchmans Anliegen von denen Paul Otlets, dem Initiator des Genfer Mundaneum-Projektes, kaum unterschieden haben dürften.

66 Ozenfant, Amedée, Ce mois passé, in: *Esprit Nouveau 18*, November 1923

67 Im Gegensatz zum Namen von Emile Jaques-Dalcroze fehlt in Bezeichnungen seiner Methode oder seiner Institutionen der Name *Jaques*. So spricht man hier von Dalcroze-Schulen oder der Dalcrozschen Rhythmik.

68 Le Corbusier an Hermann Scherchen, Brief vom 18. September 1958 (Fond Le Corbusier, La Chaux-de-Fonds)

69 Aus einem undatierten Curriculum vitae (Fond Le Corbusier, La Chaux-de-Fonds)

70 In einer Tageszeitung von La Chaux-de-Fonds, 19. Dezember 1963

71 In einem Brief vom 15. Dezember 1907, den Edouard Jeanneret seinem Bruder aus Wien geschrieben hatte, finden wir die folgende Beteuerung: „Tu sais bien que tu es mon unique affection profonde et que jamais nous ne nous lâcherons."
72 Le Corbusier, zitiert in: Petit 1970/1,53
73 So zum Beispiel in seinen Texten *Das Klavier und die Musikschülerin* (1905) und *Vorschläge zur Verbesserung des Musikunterrichtes an den Schulen* (1905), in: Emile Jaques-Dalcroze 1977
74 Le Corbusier, Brief an die Eltern, München, 29. Juni 1910
75 Le Corbusier, Brief an die Eltern, Genf, 31. März 1910
76 Le Corbusier, Brief an die Eltern, München, 8. Mai 1910 – Dieser Brief ist einer der wenigen Briefe, die Le Corbusier in deutscher Sprache geschrieben hatte. Der zitierte Wortlaut entspricht Le Corbusiers eigener Schreibweise. Es ist bedauerlich, daß in Gresleris deutscher Ausgabe der ‚voyage d'orient' dieser Brief aus dem Italienischen ins Deutsche zurückübersetzt wurde und so eine ganze andere Formulierung erhalten hat.
77 De Simone 1989,108
78 „Ayant obtenu un diplôme après cinq ans de nouvelles études, Jeanneret accompagne Jaques-Dalcroze dans ses tournées de concert à Dresde, Leipzig et Berlin." (Albert Jeanneret in einem Lebenslauf ohne Datumsangabe)
79 „Je rentre à Vevey où ma vieille mère était seule et que je ne voulais pas laisser ainsi. J'eus le bonheur de la conduire jusqu'à sa centième année." (Albert Jeanneret in einem Lebenslauf für die Firma Barclay Record; Brief vom 5. Mai 1970 an Claude Aubert)
80 Hermann Scherchen (1891–1966) war eine der profiliertesten Dirigentenpersönlichkeiten dieses Jahrhunderts. Bereits als Einundzwanzigjähriger leitete er die Uraufführungstournee von Schönbergs *Pierrot Lunaire*. Im Jahre 1919 gründete er die Neue Musikgesellschaft in Berlin und leitete dort verschiedene weitere Uraufführungen von Werken von Bartók, Hindemith und Krenek. Ganz besonders ist Scherchens Name mit dem Winterthurer Musikkollegium verbunden. Hier hat er zwischen 1922 und 1950 neben der konventionellen Orchesterliteratur nahezu alle bedeutenden Werke des zeitgenössischen Musiklebens zur Aufführung gebracht, wobei manche ihm gewidmete Komposition zur Uraufführung gelangte (Hindemith, Berg, Schönberg, Strawinsky, Haba, Liebermann, Dallapiccola und weitere). 1954 dirigierte er in Paris die Uraufführung von Edgard Varèses *Déserts*. 1954 begann er mit dem Aufbau des Experimentalstudios zur Erforschung und praktischer Anwendung der elektronischen Musik. 1955 erfolgte die Herausgabe der *Gravesaner Blätter*, einer Vierteljahresschrift für musikalische, elektroakustische und schallwissenschaftliche Grenzprobleme. Das Titelblatt zu dieser Zeitschrift stammte von Le Corbusier.
81 Le Corbusier an Hermann Scherchen, Brief vom 5. März 1958
82 Hermann Scherchen an Le Corbusier, Gravesano, 2. November 1957
83 Le Corbusier an Hermann Scherchen, Brief vom 5. März 1958
84 Le Corbusier an Hermann Scherchen, Brief vom 5. März 1958
85 Le Corbusier an Albert Jeanneret, Paris, 2. März 1959 – Ob die erwähnten Projekte schließlich zur Durchführung kamen, entzieht sich meiner Kenntnis. Am 23. Februar 1959 berichtet Scherchen an Le Corbusier, daß er daran denke, die Aufnahmen für ‚Ihren Herrn Bruder' im Mai durchzuführen. Eine Karte vom 31. August 1959 zeigt aber, daß dieser Termin nicht eingehalten werden konnte. Scherchen kündigt die Durchführung des Unternehmens auf Dezember an („Es werden die besten Violinisten des Scala-Orchesters spielen") und stellt Le Corbusier in Aussicht, daß er über das Band als ‚Weihnachtsgabe' verfügen könne.
86 In einem Schreiben vom 12. Dezember 1964 gibt Le Corbusier Anweisungen zur graphischen Gestaltung einer weiteren Plattenhülle. Dabei soll die Gestaltung des ersten Umschlages übernommen werden, lediglich eine große ‚Zwei' sowie eine farbliche Veränderung bilden die Unterschiede („Sur la chemise du disque Nr. 2 doit être inscrit un gros numéro deux et il doit y être maintenu le même dessin (sculpture polychrome) que sur la chemise du disque Nr. 1, mais

il faut changer l'une des couleurs de base, par exemple, vert au lieu de jaune, de façon à créer un événement visuel nouveau."). Ob diese zweite Platte je produziert worden ist, entzieht sich meiner Kenntnis.
87 „Suite à votre lettre du 4 juin 1965, veuillez trouver inclus, en retour, et signée de moi, la lettre modifiant le contrat du 9/11/61 de M. Albert Jeanneret." (Le Corbusier an Thébault, 10. Juni 1965)
88 Vgl. Gresleri 1991
89 Brief von Ende Februar 1911, wo Le Corbusier ein Konzert bespricht, in dem Jaques-Dalcroze dirigierte. Bezeichnenderweise bleibt die Musik unerwähnt – so erfahren wir gar nicht, welche Kompositionen gegeben wurden, und lediglich die Art und Weise des „kleinen Genfers, der auf dem Podium gestikulierte", ist der Gegenstand der Besprechung. (Gresleri 1991,428)
90 Le Corbusier, Brief vom 6. März 1911
91 Le Corbusier, Brief vom Juli 1911
92 Le Corbusier, Brief vom 15. Dezember 1911 („Ce Dimanche, mama m'avait joué ‚prélude choral et fugue' de Franck; nous étions resté dans le salon bien deux heures.")
93 Le Corbusier, Brief an William Ritter, La Chaux-de-Fonds, 15. Dezember 1911
94 In *Le Corbusier – der edle Wilde* zeichnete Vogt ein stimmungsvolles Portrait von Le Corbusiers Vater, auf das hier gewiesen sei. (Vogt 1996,226ff) Vogt berichtet dabei von den Familienwanderungen der Jeannerets in den Walliser Alpen, die für Edouard sicherlich beeindruckend gewesen waren. Möglicherweise gehören auch Eindrücke von archaischen Heustadeln, die über einem Sockel aus Holz oder Mauerwerk mit konusförmigen Holzpfeilern abgehoben wurden, zu Le Corbusiers frühen architektonischen Inspirationen. In diesem Fall Eindrücke, die durch Vermittlung des Vaters zustande gekommen sind. (Vogt 1996,229–232)

Kapitel 2

95 Paul Bouvier (1857–1940) lebte ab 1882 in Neuenburg und machte sich dort als Architekt einen Namen. Nach einer Lehre in einem Architekturbüro war er Schüler der Pariser *Ecole des Beaux-Arts*. Er hat den verdienstvollen Versuch gemacht, schweizerische Bautradition wieder zu erneuern, nicht durch Nachahmung der alten Bauweise, sondern durch deren Anpassung an moderne Bedürfnisse. Internationale Beachtung fanden seine Bauten im Rahmen des schweizerischen Beitrages auf der Weltausstellung 1900 in Paris.
96 Vgl. Maurice Jeanneret, Charles L'Eplattenier, Neuenburg 1933; Brooks 1997,24f
97 Detaillierte Hintergründe zur Entstehung der *Ecole d'Art* liefert Allen H. Brooks. (Brooks 1997,24f)
98 Vgl. Gresleri 1991, 29f; von Moos 1992,229f; Brooks 1997,28ff
99 Huse 1976,9 – Das Zitat entstammt Le Corbusiers *L'Art decoratif d'aujourd'hui*, Paris 1925, 198. John Ruskin (1819–1900) war einer der einflußreichsten englischen Reformer und ästhetischen Erneuerer des 19. Jahrhunderts. Seine in einer Gesamtausgabe von 38 Bänden hinterlassenen Schriften enthalten neben kunsttheoretischen Erörterungen auch erzieherische, sozialreformerische und spirituelle Ideen. Zu seinen Freunden zählte Ruskin Maler wie Turner, Rossetti, Millais oder Burne-Jones. Trotz seiner zurückgezogenen Lebensform war seine Einwirkung auf das viktorianische England beträchtlich: Er war ein gesuchter Vortragsredner, der auf große Auditorien rechnen konnte; er publizierte seine eigene „an die Arbeiter Englands" adressierte Monatsseitschrift, die nur einen Autor hatte: John Ruskin. Mit missionarischer Vehemenz und schärfster Kritik versuchte Ruskin die verwahrloste Industriegesellschaft von seinen Vorstellungen eines wahren Menschentums und eines echten Künstlers zu über-

zeugen. Sein Ruf drang auch nach La Chaux-de-Fonds, wo man in Ruskins Vorstellungen eine Perspektive für die Zukunft sah.
100 Le Corbusier 1925,198f
101 Mit der begonnenen Ausbildung zum Graveur von Uhrengehäusen ist Charles Edouard Jeanneret auf ausdrücklichen Wunsch des Vaters in dessen Fußstapfen getreten. (vgl. Colli 1987,268)
102 „... M. L'Eplattenier que je tiens pour un cerveau extraordinairement doué et profond. Il débouque (=dépasse) en théorie pour le moment, en pratique sûrement dans quelques années, la plus grande quantité des artistes modernes. Pour moi, c'est mon second père, et il me traite en véritable fils." (Le Corbusier in einem Brief an seinen Bruder Albert, 15. Dezember 1907)
103 Vgl. Petit 1970,31f
104 Le Corbusier, zitiert in: Petit 1970,33
105 „A la fin du dix-neuvième siècle et au début du vingtième il n'est point un artiste ni un courant artistique qui ne passe par la confrontation avec Richard Wagner." (Ballet 1986,11)
106 Le Corbusier in einem Brief an die Eltern, 5. Dezember 1907
107 Vgl. Gresleri 1991, 122, Anm. 2
108 Le Corbusier, zitiert in: Petit 1970,31
109 Saathen 1986,39
110 Gresleri 1991, 122, Anmerkung 2
111 Le Corbusier, zitiert in: Gresleri 1991,417
112 Stuckenschmidt, Lexikonartikel ‚Musikkritik', MGG, 1961 (Musik in Geschichte und Gegenwart, Allgemeine Enzyklopädie der Musik, hg. F. Blume, Kassel und Basel 1951)
113 Stuckenschmidt, ebd.
114 Stuckenschmidt, ebd.
115 Helga de la Motte spricht von einem literarischen Denkmal, das sich auf Varèse jedoch in Verschmelzung mit anderen Komponisten bezogen haben soll. (1993,32)
116 de la Motte 1993,35
117 Turner zählt bei den Büchern, die Jeanneret bis 1920 besessen haben soll, fünf Werke von Ritter: *Edmond de Pury*, Genève 1913; *L'entêtement slovaque*, Paris 1910; *Etudes d'art étranger*, Paris 1906; *Fillette slovaque*, Paris 1903 und *Myrtis et Korinna*, Paris 1898. (Turner 1977,236f) Gresleri zufolge soll Jeanneret aber alle Werke, die damals von Ritter in Umlauf waren, gelesen haben. Im Jahre 1965 fanden sich noch vier Werke von Ritter in seiner Pariser Bibliothek: *Prague nocturne* (1896), *Fillette slovaque* (1903), *Leurs lys et leurs roses* (1903) und *L'entêtement slovaque* (1910). (Gresleri 1991,39)
118 Gresleri 1991 – wobei zum mindesten die deutsche Übersetzung nicht immer glücklich ausgefallen ist
119 Tcherv 1958
120 Diese Bände existieren in zwei Fassungen, die erste als Entwurf, die zweite als Reinschrift.
121 Gresleri spricht von 410 Briefen aus den Jahren 1910 bis 1918. Sicherlich war der Kontakt in diesen Jahren am intensivsten, die Korrespondenz zwischen Ritter und Le Corbusier dauerte aber bis ins Jahr 1953. Aus dieser Zeit sind aber lediglich 244 Briefe und Karten von Le Corbusier an Ritter vorhanden. Schließt Gresleris in seinen Zahlen Briefe von Ritter ein? Im Fond Ritter ist allerdings von der Existenz solcher Briefe nichts bekannt.
122 Martin Fröhlich, Gotische Werkstücke aus Beton,in: Architkese 1983/4,25ff
123 Gresleri 1991,37
124 Tcherv 1958,16
125 In Gresleris deutscher Ausgabe steht hier ‚Henslick'. Eduard Hanslick, von dem übrigens die berühmt gewordene Fehlprognose eines Tschaikowsky-werkes stammt: „Friedrich Vischer behauptete einmal bei einer Besprechung lasziver Schilderungen, es gäbe Bilder, die man stinken

sieht. Tschaikowsky bringt uns zum ersten Male auf die schauerliche Idee, ob es nicht auch Musikstücke geben könne, die man stinken hört!"
126 Vgl. Gresleri 1991,37f
127 „Presque tous les soirs, il va ou à l'Opéra ou au concert. L'Université vend aux étudiants un nombre restreint de billets meilleur marché pour les deux principaux spectacles, l'Opéra et le Théâtre de la Bourg." (Tcherv 1958,379)
128 Tcherv 1958,321
129 Tcherv 1958,298
130 Die Angaben dazu sind in Tchervs unveröffentlichter Biographie auf den Blättern, die mit cop.227f (2. Fassung, Reinschrift) numeriert sind. Der Tonfall, der in den Schilderungen dieser Begegnung vorherrscht, verrät, mit welcher Ehrfurcht sich Ritter damals über Gustav Mahler geäußert hat.
131 Ab 1906 ist er Lektor für Französisch bei Fürst und Fürstin Ruprecht von Bayern.
132 Die entsprechende Briefe der Universal Edition sind datiert mit 2.,8.,11.und 24. April 1914.
133 Dieser Brief gehört zu den Kostbarkeiten des Fond Ritter. Er ist bisher nicht publiziert worden.
134 Fischer besaß übrigens in seinem Haus ein beeindruckendes Musikzimmer. Jeanneret erwähnt dieses in einem Brief an seine Eltern (18. April 1910): „Das Haus von Fischer hat in seiner Architektur das, was mich fasziniert: die Weite. Eine wunderbare Lösung ist das Musikzimmer mit den Ausmassen 4 x 4, auf eben der Erde gelegen und mit der Halle durch ein Fenster (oder besser eine Öffnung) kommunizierend. Auf diese Weise kann man die Musizierenden nicht sehen, die so in Frieden gelassen werden und die Musik läßt ihre Wellen auf vortreffliche Weise fließen. Es ist vollkommen und ich habe sehr sorgfältig Notiz von dieser vollkommenen Lösung genommen."
135 Gresleri 1991,37
136 Die eigentliche Tätigkeit der ‚Société International de Musique' war die Förderung der zeitgenössischen Kompositionstätigkeit. Zu diesem Zweck unterhielt sie ein Orchester, das ‚orchestre de la S.I.M.' (vgl. Milhaud, Les ressources nouvelles de la musique, in: Esprit Nouveau No.25, Juli 1925). Unter Jules Ecorcheville begründete die S.I.M. auch ihre Dokumentationsstelle, die unter anderem die Manuskripte von Musikwerken zu sammeln sich bemühte. Wie es scheint, war Ritters Beitrag vor allem in diesem Bereiche bedeutsam (vgl. Anm. 28).
137 Albert Jeanneret in einem unveröffentlichten Brief an William Ritter vom 10. Oktober 1910 aus Dresden. Der Roman La Passante de quatre saisons stammt aus dem Jahre 1896 und ist im Werkverzeichnis von Joseph Tcherv aufgelistet. (Tcherv, Catalogue des manuscrits de William Ritter des années 1914–1955, 1955; unveröffentlicht, Handschrift im Fond Ritter, Schweizerisches Literaturarchiv, Bern)
138 Sicherlich gehörte zu diesen Nebenverdiensten auch das Werben von Abonnenten der Revue musicale S.I.M.. Albert berichtet im Brief vom 22. Dezember 1910, wie es ihm dabei erging.
139 Vielleicht war Jaques-Dalcroze hierin auch für Corbusier vorbildlich.
140 Jaques-Dalcroze, zitiert in: Tauscher, Lexikon-Artikel ‚Jaques-Dalcroze', MGG (vgl. Anm. 112)
141 Isadora Duncan war eine der bedeutendsten Tänzerinnen des Jugendstils. Ihre barfuß vorgeführten Tänze wurden damals als unsittlich interpretiert.
142 Wolf Dohrn, zitiert in: Günther 1990,22
143 Günther 1990,26
144 Günther 1990,26 – Emile Jaques legte sich den Künstlernamen Jaques-Dalcroze zu. In Bezeichnungen seiner Methode fehlt hingegen der Name Jaques. Man spricht deshalb von Dalcroze-Schulen oder der Dalcrozschen Rhythmik (vgl. Anm. 67).
145 Diese Namen sind entnommen: Bünner/Leiser, Rhythmik – Rhythmisch-musikalische Erziehung, in: Grundlagen und Perspektiven ästhetischer und rhythmischer Bewegungserziehung;

Stuttgart 1990 und Appia 1986, Bd.3, 130. Von Paul Claudel wurde 1913 in Hellerau das Stück *L'Annonce faite à Marie* aufgeführt, allerdings ohne die Mitarbeit von Jaques-Dalcroze. (‚Dalcroze avait refusé la collaboration de ses élèves, mais prêtait néanmoins les lieux', vgl. Appia 1986, Bd.3, 106)
146 Le Corbusier, Brief an die Eltern vom 29. Juni 1910 (vgl. Seite 26)
147 Le Corbusier, Brief an William Ritter, Ende Februar 1911
148 Gresleri 1991,421
149 Gresleri 1991,44
150 Adolphe Appia (1862–1928) gilt zusammen mit Edward Gordon Craig als Vater des modernen Theaters. Appia kam in Genf zur Welt. Er wurde zunächst Musiker und studierte an den Konservatorien in Genf und in Leipzig. Unter dem Eindruck von Wagners Musiktheater beschäftigte er sich aber zunehmend mit Fragen der Inszenierung und setzte sich mit Skizzen, Texten und Konzepten für eine neue Ästhetik der Bühnenkunst ein (als grundlegendes Werk dieses Metiers gilt das 1899 erschienene Buch *Die Musik und die Inscenierung*). Dabei ging es ihm um die Ersetzung von naturalistisch gemalten Bühnenrequisiten (der Illusionsbühne) durch einfache und klare geometrische Formen (Stilbühne). „Plus de décors peints pour représenter forêts, châteaux ou cieux déchaînés, plus de décorations fausses et inutiles, plus de sols plats encombrés de mobilier ou d'arbres en plâtre: mais espaces clairs, prismes purs, simplicité." (Colli 1987,269)
1906 war Appia bei einer der ersten Rhythmik-Aufführung von Jaques-Dalcroze unter den Zuschauern. Er war davon derart beeindruckt, daß er mit Jaques-Dalcroze in Kontakt trat und ihm seine Mitarbeit anbot. Seit 1909 arbeitete Appia an seinen ‚espaces rythmiques', deren Entwicklung schließlich zur ‚grande salle' von Hellerau geführt hatte. Als Regisseur hatte er auch an den Erfolgen der Schulfestaufführungen (z.B. Glucks *Orpheus*) Anteil.
151 Sowohl in seinen *Carnets der Voyages d'Allemagne*, wie auch im Programmheft zu Parade, das Le Corbusier besessen hatte, finden sich Skizzen von Bühnenbildern. Brooks veröffentlicht eine Skizze des ‚Cabaret Fledermaus' (Architekt Josef Hoffmann 1907). (Brooks 1997,149)
152 Gresleri 1991,41 – Es sollte freilich nicht der Eindruck entstehen, daß die ‚verschiedenen Bereiche', die in Hellerau von Jaques-Dalcroze, Appia und Tessenow vertreten waren (also die Rhythmik, die Bühnengestaltung und die Architektur) unabhängig voneinander bearbeitet wurden. So war Appia von Anfang an in die Planung des Gebäudes miteinbezogen. „Dès les premiers croquis, Appia est appelé à donner son avis. Toutes ses personnalités [Dalcroze, Appia, Tessenow und Salzmann, P.B.] ne font pas que se compléter, elles se rehaussent." (Marie L.Bablet-Hahn, in: Appia 1986, Bd.3, 97)
153 Alexander von Salzmann war damit betraut, die Lichtvisionen von Appia technisch umzusetzen. (Zu Salzmann vgl. Appia 1986, Bd.3, 103ff und Moore 1992)
154 Vgl. von Moos 1968,168
155 Craig in einem Gespräch mit Appia, in: Appia 1986, Bd.1, 2
156 Alexander von Salzmann; Licht, Belichtung und Beleuchtung, in: Appia 1986, Bd.3, 203
157 Ebd.
158 Ebd.
159 Appia 1986, Bd.3, 183
160 Le Corbusier, Les voyages d'Allemagne, 1994; Carnet 2,156
161 Appia 1986, Bd.3, 184, Zitat aus: ‚Die rhythmische Gymnastik und das Theater', geschrieben im April 1911, erschienen in: Der Rhythmus, Jahrbuch der Bildungsanstalt Jaques-Dalcroze, 1911

Kapitel 3

162 Mit der Klein- bzw. Großschreibung des Begriffs ‚Esprit nouveau' wird im folgenden die Zeitschrift (*Esprit Nouveau*) vom ‚neuen Geist' (‚ésprit nouveau') unterschieden.
163 Petit 1970,53 – „Ozenfant s'occupera à la fois de la direction, de la rédaction, de l'illustration, de la fabrication et de l'administration de la revue."
164 von Moos 1987
165 Vgl. Gresleri 1991
166 Vgl. von Moos 1987,13
167 In *L'Esprit Nouveau – Le Corbusier und die Industrie 1920–25* hg. von Stanislaus von Moos 1987, findet sich ein Verzeichnis der im *Esprit Nouveau* erschienenen Artikel. 39 Artikel zu Architektur, Architekturtheorie, Stadt; 146 zu Malerei und Kunsttheorie; 85 zu Musik, Theater, Sport; 79 zu Literatur; 25 zu Naturwissenschaften, Psychologie und 22 zu Soziologie, Ökonomie, Politik; daneben sind 54 Buchbesprechungen gezählt worden.
168 Petit druckt in seinem biographischen Werk zu Le Corbusier im Abschnitt ‚1920' gleich zu Beginn einen Brief oder Tagebuchauszug; 9. September 1920: „Albert a écrit fort bien dans le rythme des notes sur l'harmonie. Dans L'Esprit nouveau, j'ai relu ce qu'il a écrit sur Satie, c'était tout a fait bien." Dieses Zitat stiftet Verwirrung. Der erste Artikel von Albert ist ein Bericht der Dalcrozschen Methode unter dem Titel ‚La rythmique', er enthält nichts über Satie. In derselben Nummer erscheint aber der Satie-Artikel von Collet. Erst im Jahre 1921 werden zwei Artikel von Albert gedruckt, die mit Satie zu tun haben.
169 Unter *Musique d'Ameublement* stellte sich Satie eine Musik vor, die zum ‚Möblieren' eines Raumes geeignet wäre. Dabei ging es ihm darum, mit dieser Musik ein bestimmtes Ambiente zu schaffen, ähnlich einer Tapete oder einer Dekoration, die nicht den Anspruch erhebt, ein Kunstwerk zu sein. Dementsprechend sollte diese Musik nicht in konzertanter Weise vorgetragen werden; Satie äußerte sogar den Wunsch, daß man diese Musik gar nicht bewußt hören sollte. Satie schrieb dazu: „Die *Musique d'Ameublement* ist durch und durch industriell. Es ist Sitte – Gewohnheit –, bei Gelegenheiten zu musizieren, wo Musik nichts zu suchen hat. Da spielt man ‚Walzer', Opern-‚Fantasien' und andere vergleichbare Sachen, die für einen anderen Zweck geschrieben sind. Wir wollen eine Musik einführen, die die ‚nützlichen' Bedürfnisse befriedigt. Die Kunst gehört nicht zu diesen Bedürfnissen. Die *Musique d'Ameublement* erzeugt Schwingungen; sie hat kein weiteres Ziel. Sie erfüllt die gleiche Rolle wie das Licht, die Wärme und der Komfort in jeder Form." (Satie 1990,31)
170 Faksimiledruck, in: Ozenfant 1968,93
171 Wie Milhaud berichtet, hatte Collets Gruppierung ohnehin etwas Willkürliches: „Ganz willkürlich hatte er [Collet, P.B.] sechs Namen gewählt: Auric, Durey, Honegger, Poulenc, Tailleferre und den meinen; und nur, weil wir uns kannten, gute Kameraden waren und oft auf denselben Programmen standen, ohne sich dabei um unsere verschiedenen Temperamente und ungleichen Naturelle zu kümmern. Auric und Poulenc waren Parteigänger von Cocteaus Ideen, Honegger ging auf die deutschen Romantiker zurück und ich auf lyrische Mittelmeereinflüsse. Ich lehnte damals verallgemeinernde ästhetische Theorien aufs schärfste ab und empfand sie als eine unvernünftige Begrenzung der Phantasie des Künstlers, der für jedes neue Werk neue Ausdrucksformen braucht und sich ruhig in ihnen widersprechen darf. Aber es war sinnlos zu protestieren, Collets Artikel fand solch weltweites Interesse, daß die ‚Groupe des Six' gebar, und ich war, ob ich wollte oder nicht, einer von ihr." (Milhaud, zitiert in: Wehmeyer 1976,223)
172 ‚Sur la possibilité de rapports entre deux polytonalités' (Esprit Nouveau No.3, December 1920) und ‚De la recherche de nouvelles conventions de typographie musicale' (Esprit Nouveau No.4, Januar 1921)

175

173 Marc Honegger, Georges Migot, Lexikon-Artikel in MGG (vgl. Anm. 112)
174 Stuckenschmidt 1974,214
175 Arnold Schönberg 1958
176 Wehmeyer 1974,223
177 Wehmeyer 1992,41
178 Wehmeyer 1992,8
179 Satie 1990, 223 und 197
180 „Ich habe im letzten Jahr mehrere Vorträge über ‚Intelligenz und Musikalität bei den Tieren' gehalten. Heute werde ich über ‚Intelligenz und Musikalität bei den Kritikern' sprechen. Es ist fast das gleiche Thema, mit Modifikationen, versteht sich. Es war übrigens ein Kritiker, der Rodin für den ‚Denker' Modell gesessen hat. Ich habe diese Sache vor vierzehn Tagen, höchstens drei Wochen, erfahren – von einem Kritiker." (Satie 1990,272f)
181 Das erste Werk Wagners, das in Paris gespielt wurde, war die Ouvertüre zu *Tannhäuser* (1850). Zustimmung und Ablehnung hielten sich nun zunächst einige Jahre die Waage. Bis 1860 Baudelaire ein Konzert besuchte, bei dem Wagner seine eigene Musik dirigierte. Sein 1861 verfaßter Wagner-Aufsatz, in dem er die Musik als eine Art von Rauschmittel, das ähnlich dem Opium glücklichste Empfindungen hervorzurufen imstande ist, beschrieb, wirkte wie eine Infektion zumal auf die französischen Literaten. Weitere aufschlußreiche Bemerkungen zur Wagner-Rezeption in Frankreich in: Wehmeyer 1974,34,81f,105
182 Vgl. K.G. Fellerer, Geleitwort zu Wehmeyer 1974,5
183 Dabei scheinen die Schriften von Viollet-le-Duc von besonderem Interesse für Satie gewesen zu sein. (Wehmeyer 1974,21)
184 Albert Roussel wurde übrigens anläßlich einer Besprechung seiner dritten Symphonie im *Esprit Nouveau* von René Chalupt in die Nähe der musikalischen Puristen gerückt: „Dans sa troisième symphonie, M. Albert Roussel s'est élevé jusqu'à ces hautes régions où la musique à programme qui ne supporte plus qu'une trame philosophique très abstraite se confond avec la musique pure." (Esprit Nouveau No.21, März 1924)
185 Wehmeyer 1992,52
186 Es ist hinreichend bekannt, daß Cocteau gerne dominierende Funktionen inne hatte. Diese Tendenz mußte auch bei *Parade* zum Vorschein gekommen sein, wie ein Tagebucheintrag von André Gide durchblicken läßt: „Cocteau geht hinter den Kulissen auf und ab, wo ich ihn aufsuche; er ist gealtert, verkrampft, leidend. Er weiß nur zu gut, daß Ausstattung und Bühnenbild von Picasso und die Musik von Satie sind, aber er zweifelt daran, daß Picasso und Satie von ihm sind." (zitiert in Satie 1990, Anmerkung von O. Volta, 468) Satie selbst kommentierte diesen Hang Cocteaus in seiner gewohnt sarkastischen Weise: „1916: zu jener Zeit verfaßte Cocteau Parade. Jawohl. Picasso und ich schauten ihm dabei zu (heimlich natürlich) ..." (Satie 1990,205)
187 Satie 1990,302
188 Satie 1990,303 (aus einem Manuskript zu einem Vortrag vom 14. Juni 1923)
189 Satie, in: Le Coq 1920
190 Cocteau 1956,26
191 Satie, zitiert in: Wehmeyer 1974,215
192 Antheil, aus: Bad Boy of Music, 1945, zitiert nach: Stuckenschmidt 1981,281
193 Antheil, aus: Bad Boy of Music, 1945, zitiert nach: Stuckenschmidt 1981,283
194 Darius Milhaud, zitiert in: Wehmeyer 1992,71f
195 „Als Satie mir grollte und Streiche spielte, die ihm seine Freunde immer übel nahmen, ging ich in mich und entdeckte in mir ein Unkraut an der Wurzel seiner angeblichen Launenhaftigkeit. Ich riß das Unkraut aus, und Satie wandte sich mir wieder zu." (Cocteau 1956,55)
196 Auric, zitiert in: Wehmeyer 1974,256
197 Paul Landormy, zitiert nach: Wehmeyer 1974,257

198 Guillaume Apollinaire, zitiert nach: Wehmeyer 1974,202
199 Aus einem unveröffentlichten Aufsatz von Erik Satie über Claude Debussy entnehmen wir, daß Satie bereits um 1890 zur Besinnung auf ‚französische Ausdrucksmittel' angeregt haben soll: „Zu jener Zeit schrieb ich gerade *Fils des Étoiles* – auf einen Text von Joséphin Péladan; und erklärte Debussy, wie notwendig es für uns Franzosen sei, sich vom Wagner-Abenteuer zu befreien, da dies nicht unseren natürlichen Neigungen entspreche. Und ich machte ihn darauf aufmerksam, daß ich keineswegs Antiwagnerianer sei, aber daß wir einer eigenen Musik bedürften – möglichst ohne Sauerkraut. Warum sich nicht der Darstellungsmittel bedienen, die uns Claude Monet, Cézanne, Toulouse-Lautrec etc. an die Hand gegeben haben? Warum nicht jene Mittel auf musikalische Ebene transponieren? Sind das denn keine Ausdrucksmittel?" (Satie 1990,227)
200 Zur Frage, ob diese Zuordnung gerechtfertigt sei, ja, ob es überhaupt eine kubistische Musik gibt, vgl. Wehmeyer 1974,202f
201 Albert Jeanneret, Esprit Nouveau No.4,1921,452
202 Eine detaillierte Analyse zu *Parade* findet sich in Wehmeyer 1974,179ff
203 Albert Jeanneret, Esprit Nouveau No.4,1921,449
204 Albert Jeanneret, Esprit Nouveau No.4,1921,451
205 Im Jahresrückblick für das Jahr 1921 nennt Albert Jeanneret neben Satie auch Poulenc, Honegger und Auric als Komponisten des Purismus. „Purisme: Satie, dans *Socrate*, Poulenc, pour le *Jongleur* et la *Suite* pour piano, innovent une musique qui marche. Sans emphase cette musique ‚de tous les jours' est actuellement un gage éloquent da la restauration du rythme qui ouvre à l'art des sons des perspectives nouvelles. Dans le même ordre d'idées: la *Pastorale* de Honegger, ou le morceau du début d'Auric des *Mariés de la Tour Eiffel*." (Artikel ‚Musique' in: Esprit Nouveau No.11/12, November 1921)
206 Cocteau 1956,7,17
207 Von René Chalupt stammt, wie erwähnt, der Artikel über die dritte Symphonie von Albert Roussel (Esprit Nouveau No. 21, März 1924) (vgl. Anm. 184).
208 Chalupt, zitiert in: Wehmeyer 1974,233 – Von Victor Cousin stammt die Übersetzung, die Satie als Vorlage für *Socrate* verwendet hatte.
209 Vgl. Wehmeyer 1974,46f
210 Wehmeyer weist darauf hin, daß Satie selbst in einem Skizzenheft zu *Socrate* von „musique d'ameublement" spricht und das Stück in einzelne Szenen nach Lokalitäten aufteilt, die nun durch die „musique d'ameublement" „bestückt" werden. (Wehmeyer 1974,248)
211 Albert Jeanneret, Socrate, Esprit Nouveau No. 9, Juni 1921,989,995
212 Virgil Thomson, La Place de Satie dans la Musique du XXe Siècle, in: Revue Musicale 1952, Nr.214,14
213 Satie verlas diesen Vortrag am 11. April 1921 in der Galerie Giroux in Brüssel, wo ursprünglich Cocteau, der jedoch abgesagt hatte, die Ansprache hätte machen sollen.
214 Satie 1990,292f
215 Wehmeyer 1974,213
216 Mackworth 1963,295
217 Immerhin waren es Aragon und Breton, die, angestiftet von Auric, die Premiere von Saties und Picassos Ballett *Mercure* am 16. Mai 1924 gestört haben. Aragon soll dabei während der Aufführung ‚Nieder mit Satie!' geschrien haben. Picabia stellte sich damals auf die Seite von Satie und brach daraufhin den Kontakt zu seinen früheren Verbündeten, Breton und Aragon, ab. (Satie in *391*, der von Picabia herausgegebenen Zeitschrift, in: Satie 1990,209 – vgl. Anmerkung von Ornella Volta in: Satie 1990,469)
218 Die verstärkte Betonung des Nonkonformismus, der Ablehnung aller bürgerlichen Werte wird auch von jenen tiefen und schmerzlichen Erfahrungen, die Satie mit einigen seiner ehemaligen Schüler in den Jahren 1923/1924 machen mußte, ausgegangen sein. Damals mußte

Satie erleben, wie seine jungen Freunde, allen voran Auric und Poulenc, sich mit dem von ihm meistgehaßten Kritiker Laloy paktierten. Satie bezeichnete sie fortan als Arrivisten und Emporkömmlinge und brach jeden Kontakt mit ihnen ab. Cocteau, der damals ebenfalls in Ungnade gefallen war, konnte diesen Zwischenfall wieder ausbügeln. (Satie ‚Ballets Russes in Monte-Carlo, eine Reiseerinnerung' abgedruckt im *Paris-Journal*, den 15. Februar 1924; Satie 1990,203)
219 Abgedruckt April 1922, Satie 1990,163
220 Auch die Ideale, die Jaques-Dalcroze von den jungen Musikern fordert, entsprechen übrigens dem zitierten Programm Apollinaires: „Les jeunes musiciens de demain doivent chercher à réaliser des progrès dans l'art d'ordonner les plans, de poursuivre les lignes et de déterminer et régler les allures [...]. C'est le même idéal que chercheront à poursuivre les jeunes musiciens en s'appliquant avant tout à canaliser les émotions." (Esprit Nouveau No.3, Dez.1920,311)
221 Unter Volksmusik verstehen wir mit Béla Bartók eine von Urbanisierungsprozessen unberührte Musik. (vgl. Béla Bartók, Der Einfluß der Volksmusik auf die heutige Kunstmusik, in: Melos 1949/5)
222 Esprit Nouveau No.1, Oktober 1920,50f
223 Béla Bartók 1949
224 Wie ich gezeigt habe, ließe sich allerdings eine indirekte Verbindung festhalten. William Ritter, der mit Bartók Briefkontakt hatte, wird seinen jungen Freunden, den Gebrüdern Jeanneret sicherlich von Bartóks Bedeutung erzählt haben (vgl. Seite 41).
225 Béla Bartók, Der Einfluß der Volksmusik auf die heutige Kunstmusik, in: Melos 1949/5
226 Luzius Eggenschwyler, in: von Moos 1987,233
227 Albert Jeanneret, Inseratstext ‚Pleyela'; Esprit Nouveau No. 11–28, außer No.17. Auch im schon erwähnten Jahresrückblick (Esprit Nouveau No. 11/12, November 1921) wird das Pleyela speziell gewürdigt: „Le Pleyela, avec ses rouleaux de 84 trous, prend une ampleur sonore, inusitée. Il affranchit le jeu du piano de la sujétion séculaire aux dix doigts de la main. Son répertoire comprend toute la filiation, de Bach au *Sacre* ou à *Petrouchka*. Grâce à la mécanique musicale, l'amateur de musique entendra les œuvres de son goût et, parmi sa collection de rouleaux, il composera un programme à ‚son choix'."
228 Albert Jeanneret, Le crépuscule des virtuoses, Esprit Nouveau No.19, Dezember 1923
229 Bezeichnend, daß auch an der Jazzmusik die maschinenartige Präzision gelobt wird: „A côté de cette musique mécanisée et aussi précise qu'une machine, grâce a son écriture si nette et à l'exécution d'un ensemble absolument unique qu'obtiennent les orchestres de jazz américains, nous trouvons une musique qui, bien qu'issue de la même source, a évolué d'une manière toute différente, chez les nègres de l'Amérique du Nord."(Milhaud, Les ressources nouvelles de la musique, Esprit Nouveau No.25, Juli 1924)
230 Milhaud, Les ressources nouvelles de la musique, Esprit Nouveau No.25, Juli 1924
231 Ebd.
232 Die Rede ist hier von Adolf Weissmanns Artikel *La jeune musique allemande et Paul Hindemith*, Esprit Nouveau No. 20 und 22,1924
233 Paul Hindemith, Spielanweisung in op. 26, zitiert nach Schubert 1981,31f
234 Alfred Heuss, zitiert in: Schubert 1981,33f
235 Bereits im Jahre 1927 half Hindemith am Aufbau der Berliner Funk-Versuchstelle, komponierte für das von Friedrich Trautwein erfundene Trautonium und experimentierte mit einer grammophonplatteneigenen Musik, indem er verschiedene Klänge mischte und diese auf Tonträgern in unterschiedlichen Geschwindigkeiten ablaufen ließ.
235a Zu Le Corbusiers Antipathie gegen Deutschland siehe von Moos 1994,162f,169. Zum Thema ‚Le Corbusier und Deutschland' siehe Winfried Nerdinger, *Standart und Typ: Le Corbusier und Deutschland 1920–1927*, in: von Moos 1987,44–53 sowie vom selben Autor *Le Cor-*

busier und Deutschland. Genesis und Wirkungsgeschichte eines Konflikts 1910–1933, in: Arch+, 90/91, 1987,80–86 und 97
236 Le Corbusier, 27.11.1929 in einer Tagebuchnotiz, zitiert in: Jornod, J.-P., Le Corbusier, Homme pluridisciplinaire, Ausstellungskatalog Abbatiale et Musée de Payerne, 1995,57 (vgl. Anm. 26)

Kapitel 4

237 Michels 1985,158
238 „Le problème de Varèse est simple: ‚Créez, tout seul, votre drame musical, tandis que nous déploierons les volets du poème visuel'." Le Corbusier, zitiert in: Petit 1958,23
239 Baltensperger 1996,384
240 Offenbar hatte sich Le Corbusier verschiedentlich bemüht, seinen Bruder öffentlich ‚in Szene' zu setzen. So wurden zum Beispiel anläßlich der Eröffnungsfeier des Kindergartens auf dem Dach der *Unité d'habitation à Marseille* eine Musik von Albert Jeanneret zu Gehör gebracht.
241 Messiaens Vorliebe für Vogelgesänge und deren häufige Verwendung in seinen Kompositionen hätte sich doch mit Le Corbusiers damaligen Naturinspirationen gut vertragen. Iannis Xenakis bestätigte in einer Radiosendung des Belgischen Rundfunks (R.T.B.F.3; Dezember 1983) denn auch, daß Le Corbusier ihm gegenüber einmal geäußert hätte, es gebe für ihn nur zwei zeitgenössische Komponisten: Varèse und Messiaen. (Karen Michels 1984,187)
242 In diesem Zusammenhang darf es nicht erstaunen, daß die Firma Philips, nachdem sie sich widerwillig mit Varèse abzufinden suchte, zunächst noch die Bedingung stellte, daß auch ‚symphonische Passagen' in der Komposition vorkommen müßten, um dem Publikum die Qualität der Philips-Wiedergabegeräte zu empfehlen. (vgl. Michels 1984,186)
243 In einem Text über Varèse aus dem Jahre 1990 berichtet Iannis Xenakis, daß Le Corbusier in den fünfziger Jahren Strawinsky, Schönberg und Bartok zu den ‚abgedroschenen' Komponisten rechnete. „Es zählt nur Varèse." (Xenakis, in: de la Motte 1990,78f) Warum dem so war, wird allerdings weiter nicht erläutert.
244 „Varèse a un sale caractère, exactement le même que le mien!" (Le Corbusier in einem Brief an Fernand Ouellette, zitiert in: Ouellette 1966,194)
245 Über den genauen Zeitraum, in dem Varèse in Légers Atelier wohnte, fand ich verschiedene widersprüchliche Angaben. Wehmeyer nennt das Jahr 1923 (1977,34), Riehn geht davon aus, daß Varèse in diesem Atelier 9 Monate des Jahres 1924 verbracht hatte (1983,104) und Helga de la Motte nimmt diesen Aufenthalt für 1925 an (1993,197).
246 L. Varèse 1972,216; deutsche Übersetzung aus: Wehmeyer 1977,34. Louise Varèse würdigt dieses Atelier als ‚birthplace of *Intégrales*'. „When a piano was brought in, the studio came alive and Varèsian sounds soon began their work of smashing the atoms of tradition to make new ones." (L.Varèse 1972,216)
247 Huidobro im *Esprit Nouveau*: „La littérature de langue espagnole d'aujourdhui. Lettre à Paul Dermée" (Esprit Nouveau No.1, Oktober 1920); „La création pure" (Esprit Nouveau No.7, April 1921); „Epoque de création" (Esprit Nouveau No.15, Februar 1922); „Espagne" (Esprit Nouveau No.18, November1923)
248 de la Motte 1993,250
249 Die Uraufführung dieses Werkes fand am 23. April 1922 in New York statt.
250 Die erste Aufführung eines Werkes von Varèse in Paris ist jene von *Octandre* am 2. Juni 1927 gewesen. (de la Motte 1993,16)
251 Le Corbusier in einem Brief an F. Ouellette vom 4. Juni 1960, zitiert in: Ouellette 1966,193f

252 Vgl. Michels 1984,185
253 Lootsma 1986,136 – Die diesbezüglichen Quellenangaben bei Lootsma sind widersprüchlich. In der entsprechenden Textstelle verweist Lootsma auf einen Brief Le Corbusiers an den Biographen von Varèse, Fernand Ouellette, in der dazugehörigen Fußnote ist aber von einem Brief die Rede, den Le Corbusier an Kalff, den technischen Direktor bei Philips, im September 1956 geschrieben hat.
254 Lootsma 1986,136
255 „Auch ist es wahrscheinlich, daß Le Corbusier eher an den Ideen von Varèse interessiert war als an dessen Musik: Le Corbusier stand in dem Ruf, einen Widerwillen gegen Musik zu haben. Außerdem: wann konnte er schon echte Aufführungen von Kompositionen Varèses gehört haben?" (Lootsma 1986,136)
256 Baltensperger 1996,371,384
257 Brief von Kalff an Le Corbusier vom 13. Dezember 1957
258 Vgl. Wehmeyer 1977,164; Michels 1984,187; Baltensperger 1996,385
259 „J'avais eu l'idée d'une seule consigne, au beau milieu du Poème électronique, je prévoyais un silence total subit et lumière blanche d'un coup – de quoi donner une crampe d'estomac aux auditeurs." (Le Corbusier in einem Brief an Fernand Ouellette vom 4. Juni 1960, zitiert in: Ouellette 1966,193)
260 Aussage von Varèse nach einem Brief von Le Corbusier an Ouellette vom 4. Juni 1960, zitiert in: Ouellette 1966,193
261 „Son respect de Varèse était si grand que Le Corbusier ne lui imposa aucun scénario ou quoi que ce soit." (Ouellette 1966,193)
262 Erste Begegnungen mit Satie fanden allerdings schon im Jahre 1903 statt. (Riehn 1983,100)
263 Vgl. Stuckenschmidt 1958,65 – Erste persönliche Begegnungen zwischen Rolland und Varèse erfolgten, Louise Varèse zufolge, im Jahre 1909. „Romain Rolland received Varèse with such kindness, showed him such warm sympathy, gave him so generously of his time, that Varèse was disarmed, lost his wary reserve, and was his natural youthful, intense self, pouring out his likes and dislikes, his ambitions, frustrations, and despairs." (L.Varèse 1972,58) – Aus einem Brief von Romain Rolland an Sofia Bertolini Guerriere-Gonzaga vom 21. Januar 1909 geht noch deutlicher als aus den entsprechenden Stellen des *Jean-Christophe* hervor, welchen Eindruck Varèse auf Rolland gemacht hatte: „Look, how strange, a second Jean-Christophe has just appeared. He is extremely handsome: tall, beautiful dark hair, blue eyes, an intelligent, energetic face, a kind of young Beethoven painted by Giorgione. He is only twenty-five; but has suffered hardly less than Dupin, though in an entirely different way he is French with a mixture of German and Italian blood and his name is Edgard Varèse; he will soon conduct a concert in Prague. He has a passion for the orchestra. He showed me a symphony called *Bourgogne* (the country where he spent his childhood), which seemed to me interesting, and remarkably written, in particular from the point of orchestral colour. He has a great admiration for Strauss, and though he lives in Berlin he has never dared to go to see him because he is afraid of being badly received and of losing his illusions about the man. Though he is not shy, in this instance just because he adores Strauss, he is. I have thought that if he goes to see him it will be the scene between Christophe and Hassler. He has confided to me all of his troubles, people's cruelty, that of colleagues and other artists. He has almost worked himself to death. He is now out of the woods. It makes me happy to feel that young independent artists come to me, and they are right to come; for I can in fact be useful to them – intellectually, and even in a practical way. Jean-Christophe attracts his brothers who are struggling in the world. But I haven't told you the most amusing part of my meeting with this Varèse; he is writing a Gargantua (symphonic poem). Well, at this very moment, Jean-Christophe is writing one too! After that don't tell me that my book is fiction. He is everywhere around us." (zitiert in: L.Varèse 1972,60f)
264 Varèse, Ferruccio Busoni – Ein Rückblick, in: Wehmeyer 1977,15

265 Ebd.
266 de la Motte 1993,26 – Dieser Besuch hat im Jahre 1909 stattgefunden. Es könnte also gut sein, daß Mahler William Ritter von Varèse erzählt hatte, da die Begegnung zwischen Mahler und Ritter erst im darauffolgenden Jahre zustande kam, zumal Ritter für Mahler als ein Vertreter der französischen Kultur aufgetreten war und es Mahler durchaus interessiert haben könnte, ob Ritter von Varèse bereits gehört hatte.
267 Apollinaire 1955,126
268 Übrigens war es Varèse, der die Begegnung zwischen Cocteau und Picasso arrangiert hatte. (Louise Varèse 1972,117f)
269 Diese Daten beziehen sich auf die französischen Erstaufführungen.
270 Carpentier 1983,93
271 Darüber schreibt Carpentier: „Als Varèse nach New York zurückkehrte (1932), wütete in Paris gerade die Zeit, in der wir wie Gänse mit neoklassizistischen ‚Concerti grossi' vollgestopft wurden, die kaum ein Konzertprogramm verschonten (nichts ist zum Glück von dieser Musik geblieben). [...] Im Gefolge der *Pulcinella-Suite* (Strawinsky 1932) kamen die ‚Scarlattianae', dann die ‚Cimarosianae', tagesmodische Aufputzungen entzückender Partituren des 18. Jahrhunderts, die nicht etwa so aufgeführt wurden, wie sie geschrieben worden waren, sondern mit Fagottrülpsern und Jazz-Synkopen versetzt: manieristische Barockisierungen des Barock. Diese ekle Springflut des Neoklassizismus hatte Varèse zu Fall gebracht." (Carpentier 1983,95)
272 Es scheint mir sehr wahrscheinlich, daß Le Corbusier Varèse während dieser fünf Jahre begegnet ist. Vielleicht kamen aber erste Kontakte, bereits während der Besuche 1924/1925 zustande, und schließlich sei nicht vergessen, daß Varèse bereits zwischen 1904 und 1915 sowohl in Berlin als auch in Paris mit ungezählten Künstlern verkehrt hatte und in der ‚Szene' bestens bekannt war. „The name all of Varèse's friends and acquaintances in Paris between 1904, when he left Turin, and December 1915, when he came to New York, would be to make a list of almost all the young artists, writers, and musicians who have since made their mark on the several arts – and many who haven't." (L.Varèse 1972,54)
273 „Es geschah im Laufe des Jahres 1930, daß ein seltsamer Varèse zu mir ins Hotel du Maine kam, angetan mit einer schwarz-grauen Nadelstreifenhose, wie sie damals die Abteilungsleiter in den Kaufhäusern trugen, dazu einer grauen Jacke und einer Weste aus ebensolchem Stoff, die ganze Erscheinung noch durch eine gebauschte Seidenkrawatte im selben Grau abgerundet. ‚Ich gebe die Musik auf', sagte Varèse, ‚sie interessiert heute niemanden mehr. Ich werde Businessman. Lachen sie nicht. Ich habe Sinn fürs Geschäft. Ich werde meine Dienste sofort einem großen Unternehmen anbieten. Mit meinen Kenntnissen in Mathematik und Physik kann ich reüssieren.'" (Carpentier 1983,97)
274 „Für den Film zu arbeiten, jenem in der ersten Jahrhunderthälfte noch neuen und faszinierenden Medium, hatte Varèse schon in den 1930er Jahren geplant, und sich daher von 1938 bis 1940 in Los Angeles niedergelassen. Oskar Fischingers Filme scheinen auf ihn einen ähnlich großen Eindruck gemacht zu haben wie auf andere Komponisten (so z.B. auf John Cage). Darüber hinaus hat er einen Kontakt zu Walt Disney gesucht. Seine Ideen fanden in Hollywood jedoch keine Resonanz. Der Sound zweier kurzer Filmsequenzen von Thomas Bouchard, einem Freund der Pariser Zeit der 20er Jahre, wurde von Varèse ‚organisiert', und zwar 1947 für einen Film über *Fernand Léger in America* sowie 1955 zu dem Film *About and Around Miro*." (Helga de la Motte 1993,39)
275 de la Motte 1993,35
276 de la Motte legt sogar nahe, die Kompositionen *Espace, Déserts* und *Poème électronique* als einen einzigen Werkkomplex zu verstehen und verweist in diesem Zusammenhang auf Varèses Eigenart, einzelne Tonkonserven mehrere Male zu verwenden. (de la Motte 1993,39)
277 Varèse, zitiert in: Wehmeyer 1977,79f

278 *Etude pour Espace* ist ein Auszug des groß angelegten *Espace*, der, nachdem *Espace* nicht fertig gestellt werden konnte, 1947 aufgeführt wurde. *Etude pour Espace* ist ein Chorwerk (Chor, 2 Klaviere und Schlagzeug), in dem sich unzusammenhängende Worte und Silben aus verschiedenen Sprachen aneinanderreihen.
279 Vgl. Wehmeyer 1977,80
280 Varèse, zitiert in Wehmeyer 1977,78 – Dieser Text stammt vermutlich aus dem Jahre 1929 und steht in Zusammenhang mit der Textwahl für den dritten Satz von *Espace*. Ouellette erwähnt, daß dieses Dokument zuerst von Dorothy Norman im Jahre 1941, später von Henry Miller in *The air-conditioned nightmare* veröffentlicht wurde. (vgl. Wehmeyer 1977,79)
281 Während dies zunächst durch die Auflösung der dur-moll-tonalen Funktionsharmonik versucht wurde, zielten weitere Versuche, wie zum Beispiel die Komposition mit Vierteltönen, auf die gänzliche Befreiung vom temperierten Tonsystem. Varèse verwendete Vierteltöne in seinen Werken *Ecuatorial* (1933/34) und *Nocturnal* (1960/61); auch in *Offrandes* (1921) waren sie vorgesehen, wenngleich sie in der endgültigen Partitur nicht mehr auftreten.
282 So hatte etwa Arnold Schönberg in seinen *Drei Klavierstücken op. 11* (1909) den Klavierklang durch stummes Tastendrücken mit resonierenden Obertönen bereichert. Im *Pierrot Lunaire* (1912) wurde der Stimme im Sprechgesang eine neue Farbe beigemischt.
283 „Igor Strawinsky beschließt seine *Histoire du Soldat* mit einem Ein-Mann-Konzert von Trommeln. Darius Milhaud macht in dem Ballett *L'Homme et son désir* streckenweise fünfzehn Schlaginstrumente selbständig und schreibt ein Konzert für Schlagwerk und Orchester. Béla Bartók läßt Klaviere mit Kesselpauken konzertieren, George Antheil Klaviere mit Klingeln und Propellern." (Stuckenschmidt 1974,69)
284 Stuckenschmidt 1981,89f
285 Russolo, Die Geräuschkunst, in: Schmidt-Bergmann 1993, 235ff
286 Varèse hatte sich allerdings selbst ausdrücklich von den Bruitisten distanziert. Von den Geräuschkompositionen der italienischen Futuristen durchaus fasziniert, lehnte er deren ästhetische Haltung jedoch ab. „Im Unterschied zu der futuristischen Idee, die Grenze zwischen Kunst und Alltag aufzulösen, indem den Geräuschen, die den Maschinen abgelauscht wurden, der Rang von Kunst zugebilligt wurde, hielt Varèse an der traditionellen Idee des Werkes fest. Er hat zeitlebens gefürchtet, seine Musik könne als bruitistisch mißverstanden werden." (de la Motte 1990,32)
287 Stuckenschmidt 1974,79
288 Edgar Varèse, zitiert in: Stuckenschmidt 1974,71
289 de la Motte 1993,117
290 de la Motte 1993,37,117
291 Dieser akustische Effekt stellte sich beim Trio des Scherzos von Beethovens siebenter Symphonie ein. (de la Motte 1990,33)
292 Durch eine besondere Aufstellung der Klangkörper im Raum wurde freilich bereits viel früher der räumlichen Wirkungsmöglichkeit der Musik gehuldigt. Erinnert sei hier lediglich an die venezianische Coro-Spezzato-Praxis in San Marco, Venedig, die sich durch das Wechselspiel von zwei oder mehreren auf verschiedenen Emporen aufgestellt waren Chören kennzeichnen läßt (etwa bei Adriano Willaert oder Ruffino d'Assisi in der Mitte des 16. Jahrhunderts).
293 de la Motte 1990,33 – Wenn hier und in weiteren Beispielen zu diesem Thema von ‚Farbe' gesprochen wird, so geht es nicht um Farbe, die visuell wahrzunehmen wäre, sondern um Klangfarbe. Dennoch lassen sich gerade am Beispiel von Varèses Musik diese Wahrnehmungsbereiche nicht so ohne weiteres trennen. Daß zwischen optischen und akustischen Qualitäten Verknüpfungen bestehen, ist freilich keine Einsicht, die sich erst im 20. Jahrhundert durchgesetzt hätte. Begriffe wie ‚chromatische Tonleiter' (chroma = Farbe) oder auch ‚Klangfarbe' deuten an, daß synoptische oder synästhetische Wahrnehmungen immer schon möglich gewesen sind. Da die uns bekannten Ansätze zu einer ‚musique de couleurs' oder einer Farbe-Ton-

Kunst in die Zeit des Hoch- und Spätbarocks fallen, wurde noch bis in die ersten Jahrzehnte unseres Jahrhunderts angenommen, daß auch der historische Ursprung des Farbenhörens an dieser Stelle zu suchen sei. Albert Wellek, der Synästhesien aller Art, auch farbige Synopsie, bis ins frühe Altertum zumal außereuropäischer Kulturen zurückverfolgte, konnte diese Auffassung im Jahre 1929 widerlegen. Seit dem 17. Jahrhundert haben die Auseinandersetzungen mit synoptischen Wahrnehmungsphänomenen sowohl zu interessanten praktischen als auch theoretischen Arbeiten geführt. Athanasius Kircher (1602–1680), ein äußerst vielseitiger Farbenhörer, ja, ‚Universal-Synästhetiker', hatte bereits um 1640 in damals vielgelesenen Lehrbüchern zur Optik und Akustik die Identität von Licht und Schall proklamiert und eine Reihe von Zuordnungen zwischen einzelnen Farben und Tönen oder Intervallen aufgestellt. Louis-Bertrand Castel (1688–1757), ein französischer Jesuit und Mathematiker, gilt als Erfinder eines ‚Farbenklaviers' und als Urheber der Idee von einer Farbenmusik. Georg Philipp Telemann brachte seinen Versuchen zum Bau einer ‚Augenorgel' großes Interesse entgegen und verfaßte dazu einige Empfehlungsschreiben. Castels Unternehmungen, die letztlich aber kaum über das Versuchsstadium hinauskamen, beeindruckten lange nach seinem Tod besonders die von der Romantik aufgebrachte und später im Symbolismus triumphierende literarische Mode der ‚Synästhesien'. In diesem Jahrhundert war es Alexander N. Skrijabin (1872–1915), der mit seinem *Prométhée* (1911), einem Werk für Orchester, Klavier, Chor und Farbenklavier, die Diskussionen um eine Farbenmusik neu belebt hatte. Mit diesen Bemerkungen soll keinesfalls gesagt sein, daß Varèse seine Musik unter synästhetischen Gesichtspunkten verstanden wissen wollte. Wie weit Le Corbusiers Bemühungen um eine ‚Farbenklaviatur' in diesem Zusammenhang zu verstehen sind, soll später noch diskutiert werden (vgl. Seiten 133ff).

294 Varèse spricht hier nicht von Parametern, wie es sich in der seriellen Musik eingebürgert hat, sondern von Dimensionen. Den vier Parametern (Tonhöhe, Tondauer, Artikulation und Dynamik) stehen drei Dimensionen gegenüber, wobei offensichtlich der Bereich der Artikulation nicht als eigenständige Ebene aufgefaßt wird.
295 Varèse 1983,12 (1936)
296 Nachdem seit dem 18. Jh. räumliche Wirkungen in der Entwicklung der abendländischen Musik im kompositorischen Denken zurückgedrängt wurden, mußte die Möglichkeit von Fernchören oder in gewisser Distanz aufgestellten Instrumentengruppen zuerst wieder, entdeckt' werden. In seinem Requiem für die Gefallenen der Revolution von 1830 ließ Berlioz aus der Ferne Bläserchöre – ausgerichtet an den vier Himmelsrichtungen – erlingen. (vgl. de la Motte 1993,124)
297 de la Motte 1993,33
298 Varèse, Vortrag an der University of New Mexico 1939, zitiert in: Strawn 1975
299 Varèse, zitiert in: de la Motte 1993,145
300 de la Motte 1993,145
301 de la Motte 1993,111
302 Hoëné Wronsky (1778–1853), polnischer, in Frankreich wirkender Philosoph und Mathematiker, Anhänger der Kantischen Philosophie, arbeitete an einer *Mathematisierung der Philosophie* mit dem Ziele, ihr eine absolut-rationale Geltung zu verschaffen.
303 Camille Durutte (1803–1881) zitiert Wronsky ausführlich in seiner *Technique Harmonique*, einer Abhandlung über musikalische Mathematik.
304 „Es war für mich eine neue, aufregende und die erste völlig einleuchtende Konzeption von Musik. Hier lag für mich wahrscheinlich der erste Ansatzpunkt, mir Musik räumlich vorzustellen, mir die Klänge als bewegliche Tonkörper im Raum zu denken, eine Konzeption, die ich stufenweise weiterentwickelte und realisierte." (Varèse, Erinnerungen und Gedanken, in: Darmstädter Beiträge zur Neuen Musik 1960/3)

305 Hermann L.F. Helmholtz (1821-1894), Lehre von den Tonempfindungen als physiologische Grundlage für die Theorie der Musik, Leipzig 1862
306 Diese Beschäftigungen fallen ins Jahr 1905, damals war Varèse 22 Jahre alt und gerade in die Kompositionsklasse von Charles-Marie Widor eingetreten. Gleichzeitig schrieb er sich an der Universität auch als Student der Physik ein. (Riehn 1983,101)
307 Zum ersten Mal in *Amériques* (komponiert 1918-21, uraufgeführt 1926). Sirenen kommen aber auch in späteren Werken vor: so in *Hyperprism* und in *Ionisation*. Bei einer Schallplattenaufnahme von *Ionisation* 1934 bediente Varèse die Sirenen eigenhändig.
308 Zanotti Bianco schrieb zu jener Zeit in *The Arts* von „wie im Raum geformten Klangmassen" und von „großen Massen im astralen Raum". (E.Varèse and the Geometry of Sound, 1924)
309 Varèse, zitiert in: de la Motte 1993,45
310 de la Motte weist darauf hin, daß Varèse bei den Klangschichtungen in seinen frühen Werken auf Debussy und Strauss zurückgegriffen hatte, „jedoch anstelle des Ineinanderwebens dieser Schichten diese im Laufe seines Schaffens mehr und mehr in gegeneinander abgesetzte Klangkörper hatte auseinandertreten lassen". (de la Motte 1990,35)
311 de la Motte 1990,38
312 de la Motte 1993,41f
313 Varèse 1983,22 - Die Angaben über die Zahl der Lautsprecher im Philips-Pavillon schwanken außerordentlich stark. Varèse selbst sprach von 400 oder auch 425 Lautsprechern. Die technische Beschreibung des Philips-Pavillons, vielleicht die zuverlässigste Quelle, gibt 350 Lautsprecher an. (de la Motte 1993,108) vgl. Michels 1984,189
314 Le Corbusier, zitiert in: Petit 1970/2,32f
315 „Et ce grand rêve a pu être réalisé grâce à la détermination et à la lucidité de Le Corbusier." (Ouellette 1966,198)
316 Der künstlerische Direktor bei Philips, L.C.Kalff, dachte zunächst an ein Projekt, bei welchem Künstler aus verschiedenen Nationen ihre Beiträge einbringen würden. Vorgesehen waren ursprünglich für die Architektur Le Corbusier, für die Musik Benjamin Britten und für skulpturale Beiträge der russische Bildhauer Ossip Zadkine.
317 Michels 1985,148
318 Eine erste Begegnung zwischen Le Corbusier und Kalff fand am 24. Februar 1956 statt. (de la Motte 1993,93) Der Vertrag, der die Erarbeitung der Pläne des Pavillons sowie die Komposition eines Szenarios für eine Präsentation aus Licht, Ton und Farbe einschloß, wurde am 11. Dezember 1956 geschlossen. (Michels 1985,148)
319 Le Corbusier in einem Brief an Fernand Ouellette vom 4. Juni 1960, zitiert in: Ouellette 1966,193
320 Ebd.
321 So sieht Le Corbusier z.B. in *Vers une Architecture* (1923) in den von Maschinen geschaffenen neuen Gegebenheiten keine „Formenlehre, sondern ganz einfach einen Zustand harmonischer Übereinstimmung zwischen Natur und menschlicher Schöpfung". Obwohl sich Le Corbusier bis ins Alter gerne von neuen Technologien faszinieren ließ, sind seine diesbezüglichen Äußerungen nach dem Zweiten Weltkrieg kritischer. „Eine Maschinenzivilisation hat sich tückisch und heimlich vor unserer Nase breitgemacht, ohne daß wir sie ganz verstehen können. Sie hat uns überwältigt und hält uns fest in einer Lage, über die sich heute streiten läßt. Es treten Symptome auf, die auf Gesundheitsstörungen, auf wirtschaftliche, soziale, religiöse Umwandlungen hindeuten. Eine Maschinenzivilisation hat begonnen. Die einen merken nichts von ihr, die anderen unterwerfen sich ihr." (Le Corbusier im Vorwort zur französischen Neuauflage von *Précisions,* 1960)
322 de la Motte 1993,99ff - Le Corbusier wollte durch wechselnde Farbintensitäten Ausdehnungen bzw. Verkleinerungen des Innenraumes suggerieren. „Je nach optischer Wirkung der gerade auf einer Wandfläche erscheinenden Farbe vergrößerte oder verkleinerte sich scheinbar

der Abstand zwischen Wand und Zuschauer. Eine in den zwanziger Jahren populäre farbpsychologische Theorie fand hier ihre unmittelbare Anwendung: Le Corbusier nutzte die unterschiedlichen optischen Distanzen der Farben zur momentanen Aufhebung zeitlicher und räumlicher Begrenzung innerhalb des Pavillons." (Michels 1985,155f)
323 Reichhaltiges Bildmaterial dazu in: Treib 1996
324 Die Komposition von Varèse, die sich ebenfalls *Poème électronique* nennt, wurde am 9. November 1958 zum ersten Mal in Amerika aufgeführt.
325 „Mais évidemment le miracle de Bruxelles ne pouvait plus se reproduire. Dorénavant, on ne pourrait entendre qu'une version stéréophonique de l'œuvre, c'est-à-dire à peine une photographie en noir et blanc d'une grande œuvre architectural." (Ouellette 1966,199)
326 Michels 1985,161
327 Hierzu zählt selbstverständlich auch die Musikwissenschaft.
328 Daß sich Le Corbusier vor diesem Hintergrund bei der Gliederung für *sieben* Sequenzen entschieden hatte, ist natürlich nicht bedeutungslos. Die Verwendung der Zahl Sieben verweist auf andere Schöpfungsgeschichten, wie zum Beispiel auf jene im alten Testament (1.Mo. 1, 1-31). Diese Anspielung wird durch den Titel ‚Genesis', welchen Le Corbusier für seine erste Sequenz verwendet, noch zusätzlich unterstrichen.
329 de la Motte 1993,101
330 In Cro-Magnon (Vézèretal bei Les-Eyzies-de-Tayac, Departement Dordogne, Frankreich) wurden im Jahre 1868 altpaläolithische Siedlungsreste und fünf jungpaläolitische Skelette gefunden. Die Skelettfunde von Cro-Magnon gelten als Prototypen des frühen homo sapiens. Kennzeichnend für den Cro-Magnon-Typus sind der mittelgroße (170cm) und grobwüchsige Körperbau, ein breiter Schädel mit gedrückt rechteckigen Augenhöhlen, sowie ausladende Jochbögen und steile Stirn.
331 Michels 1985,156
332 Le Corbusier 1937
333 Wenn es um Le Corbusiers eigene religiöse Haltung geht, wird häufig auf seine Aussagen verwiesen, denen zufolge er sich zu den Atheisten gezählt haben soll. Karen Michels folgert deshalb, daß es Le Corbusier nicht um spezifische Inhalte der christlichen Religion ging, sondern, daß für ihn christliche Symbole gleichwertig neben denen anderer Religionen stehen. (Michels 1985,157)
334 Michels 1985,157
335 Michels 1985,158. Michels weist ferner darauf hin, daß bezeichnenderweise sein bekanntester Bau, die Villa Savoye in Poissy, im *Poème électronique* nicht erscheint.
336 Michels 1985,158
337 Ebd.
338 Ebd.
339 „Nous parlerons peu, nous agirons intensément. Le problème de Varèse est simple: ‚Créez, tout seul, votre drame musical, tandis que nous déploierons les volets du poème visuel'." (Le Corbusier, in: Petit 1958,23f)
340 Michels 1985,160
341 Ebd.
342 Lootsma spricht in diesem Zusammenhang von ‚Klangikonen' und stellt auf diese Weise eine Beziehung her zu Le Corbusiers Bildfolge, die er ebenfalls als ‚Ikonen' anspricht. (Lootsma 1986,139)
343 Vgl. de la Motte 1993,108. Le Corbusier hatte die Idee, seine Gebäude durch ‚spatiale Musik' zu beschallen, schon früher geäußert. Sicherlich hätte auch die geplante Einweihungsmusik für Ronchamp (1955) eine räumliche sein müssen. Auch damals dachte Le Corbusier bereits daran, Varèse für die Komposition dieser Musik zu engagieren.

344 Michels 1984,190. Michels unterstreicht, daß diese Ideen noch vor Varèses Ankunft in Europa aufgeschrieben wurden.
345 de la Motte 1993,108
346 Le Corbusier, zitiert in: Curtis 1978,50
347 de la Motte 1993,107
348 Edgard Varèse in einem Rundfunkinterview aus dem Jahre 1955, zitiert in: Wehmeyer 1977,163.
349 Albert Jeanneret in einem Brief an Le Corbusier vom 14. Oktober 1958, zitiert in: Ouellette 1966,198
350 Le Corbusier, *L'Espace indicible*, in: L'Architecture d'aujourd'hui, numéro hors série 1946; einzelne Abschnitte dieses Artikels wurden in *L'architecture et l'esprit mathématique* (1946) und in *Modulor* (1950) übernommen. Das maschinengeschriebene Manuskript befindet sich im Archiv der Fondation Le Corbusier (Paris) A3 2 567-590.
351 Pearson 1997,169f
352 Pearson 1997, Anmerkung 60
353 Petit 1970,36
354 Le Corbusier über seine Zusammenarbeit mit Savina, zitiert in: Petit 1970,47
355 Le Corbusier, zitiert in: Michels 1985,148
356 Xenakis arbeitete für Le Corbusier zwischen 1948 und 1960. Über die ersten Jahre in Le Corbusiers Atelier äußerte er sich folgendermaßen: „Anfänglich habe ich in Le Corbusiers Atelier nur Berechnungen durchgeführt, später nahm ich auch am Entwurf teil. Ich erinnere mich, ihn einmal gefragt zu haben, ob ich bei der Ausführung eines Projekts mit ihm zusammenarbeiten dürfe – und er sich darüber hocherfreut zeigte. Dazwischen gab es auch eine Phase, in der ich als Berater für technische Fragen zuständig war. Hier hatte ich dann die Möglichkeit, Entwürfe zu ändern, wenn sie mir nicht zusagten. Ich habe also Ideen seiner Mitarbeiter unter dem Vorwand abgeändert, daß sie technisch nicht machbar seien. Mit der Zeit kam dies immer häufiger vor, bis ich mir eines Tages sagte, ich könnte mich doch einmal selbst daran versuchen. Ich trat mit dieser Idee an Le Corbusier heran, und er sagte nur: ‚Sehr gut, hier habe ich etwas für Sie – ein Kloster'." (Xenakis, in: Varga 1995,27)
357 Seine Erfindung des UPIC (Unité Polyagogique Informatique du CEMAMu), eine einzigartige Instrument-Schöpfung, ermöglicht die unmittelbare Umsetzung von graphischer Notation in Klang und Musik. (vgl. Lohner 1987/2)
358 Michels 1985,149
359 Michels 1985,149 – Diese Vorgaben wurden durch Kalff, den Projektleiter des Philips-Konzerns definiert, vgl. Petit 1958,24.
360 Michels 1985,149
361 Xenakis führt dabei auch die selbsttragende Konstruktionsweise bei den gegebenen Größen auf: „Parmi toutes les surfaces géométriques, lesquelles sont autoportantes, accessibles au calcul statique et réalisables sur un chantier normal?" (in: Petit 1958,128) Wie aus den Skizzen von Le Corbusier hervorgeht, ist diese Eigenschaft aber nicht a priori eine der verbindlichen Bedingungen des Auftraggebers.
362 Petit 1958
363 Vgl. Michels 1985, Anm. 9
364 „En octobre 1956, je commençai l'étude du projet. *Mes* propres recherches musicales [...] *me* faisaient pencher pour des structures [...]" (Petit 1958,128)
365 Xenakis, in: Petit 1958,129
366 Petit 1958; Ferner sei auch an Xenakis' Würdigung in Le Corbusiers *Modulor 2* erinnert. Dennoch kam es zwischen Le Corbusier und Xenakis wegen Urheberrechtsfragen zu Differenzen und schließlich zur Trennung. Nachdem Xenakis gefordert hatte, daß sein Name bei der Urheberschaft des Pavillons genannt werden müsse, bot ihm Le Corbusier zunächst Geld an, da-

mit er auf seine Forderung verzichten möge. Xenakis ging aber darauf nicht ein und so „stimmte Le Corbusier nach langem Nörgeln ausnahmsweise zu". Im Œuvre Complète wird Xenakis allerdings nicht mehr genannt, womit Le Corbusier die getroffene Abmachung nicht einhielt. (Lootsma 1986, 125 und Anmerkung 20, Seite 143)

367 Michels 1985,154
368 Auch Fernand Ouellette spricht von Xenakis als ‚architecte du Pavillon'. (Ouellette 1966,194); vgl. Ferner Vargas 1995; Baltensperger 1996
369 Xenakis, in: Petit 1958,128
370 Xenakis in einem Brief an Varèse vom 2. Januar 1957, zitiert in: Ouellette 1966,194
371 de la Motte 1993,110. Lootsma geht gar davon aus, daß die knatternden und knisternden Geräusche von abkühlender Holzkohle, die Xenakis als Bestandteil seiner ‚musique concrete' verwendet hatte und die den Eindruck hervorriefen, als ob die Betonschalen des Pavillons bersten würden, einen subtilen, aber zynischen Kommentar gebildet hätten. (Lootsma 1986,142)
372 Ouellette 1966,195
373 Varga 1995,27-30
374 Zu Xenakis Erfindung der ‚pans de verre ondulatoires', von Le Corbusier dieweilen als ‚verre musicaux' bezeichnet, siehe auch Baltensperger 1996,126–138
375 Xenakis, in: Varga 1995,29
376 Varga 1995,29ff
377 Xenakis, in: Petit 1958,129
378 Xenakis, in: Petit 1958,135
379 Xenakis, in: Petit 1958,127
380 Devlin 1992,260
381 1967: *Polytop de Montréal*. Xenakis' Licht- und Klangkomposition bilden in gewisser Hinsicht eine Fortsetzung des *Poème électronique*. In ihnen hat Xenakis seine Erfahrungen aus der Zusammenarbeit mit Le Corbusier und Varèse beim Brüsseler Pavillon weiterentwickelt und mit den neuesten technischen Errungenschaften verfeinert. Siehe dazu Baltensperger 1996,386f
1972: *Polytop de Cluny*, Lichtkomposition für 600 elektronische Blitze, drei Laser, Spiegel und diverse optische Geräte
382 Zu *Metastaseis* vgl. Baltensperger 1996
383 Varèse hatte Glissandi bereits in *Amériques* (1922) vorgeführt. „Das erste Auftreten der Sirene in *Amériques* besitzt eine Art Vorimitation in den tiefen Streichern. In chromatischen schnellen Bewegungen rauf und runter erzeugen sie eine hyperbolische, crescendierende, kontinuierliche Klangfigur, ohne den Eindruck eines Spiels in distinkten Tonhöhen hervorzurufen." (de la Motte 1993,54). In *Hyperprism* (1922) finden sich Unisono-Stellen von Sirene, Posaune und Horn, und auch in *Offrandes* (1921) wurde gelegentlich versucht, durch chromatische Glissandi den Eindruck einer kontinuierlichen Tonhöhenbewegung hervorzurufen.
384 Mathematik, Musik und Architektur
385 Le Corbusier, 1985, letzte Seite
386 Xenakis, in: Vorwort zur Partitur, Boosey&Hawkes
387 Der Begriff UPIC steht für ‚Unité Polyagogique Informatique du CEMAMu', was soviel bedeutet wie ‚Polyagogisches Computersystem des CEMAMu'. Die Bezeichnung – eine Wortschöpfung von Xenakis – symbolisiert eine einzigartige Instrument-Schöpfung, mit der es möglich ist, jede graphische Notierung einer Komposition im Klang und Musik umzusetzen. Zentrum des Instruments ist ein Zeichentisch, auf dem sowohl alle Parameter zur Klangherstellung als auch die Musikpartituren selbst gemalt oder gezeichnet werden, um anschließend sofort in realtime durch den Computer berechnet und hörbar gemacht zu werden. (vgl. Lohner 1987/2)

388 Xenakis wird gerne zu den radikalsten Konstruktivisten des 20. Jahrhunderts gezählt. (vgl. Frisius 1987)
389 Wenn wir auf einer Kugeloberfläche eine geschlossene Kurve zeichnen, können wir diese, ohne daß sie die Oberfläche verläßt, auf einen Punkt zusammenziehen (Poincaré-Vermutung). So können wir in Analogie, aber umgekehrt den Ton als Punkt auffassen, von welchem ausgehend wir eine beliebige Tonkombination erreichen, solange sie zum Obertonspektrum des Ausgangstones gehört. Dabei bewegen wir uns immer im selben Klang – oder eben auf derselben Kugeloberfläche.
390 Lohner 1987/1,31f
391 Xenakis, in: Lohner 1987/3
392 Messiaen, Vortrag in Brüssel, in: Musik-Konzepte 28, München 1982
393 Stockhausen 1971,153
394 „Im Klang zu sitzen, von Klang umgeben zu sein, die Bewegung der Klänge, ihre Geschwindigkeit und Bewegungsformen verfolgen und erleben zu können, schafft tatsächlich eine vollkommen neue Situation des musikalischen Erlebnisses." (Stockhausen 1971,154)
395 Stockhausen 1971,154
396 Die Tierkreis-Kompositionen aus dem Jahre 1975 zeigen Resultate seines Interesse an der Astrologie.
397 Stockhausen in einem Interview aus dem Jahre 1974 (Stockhausen 1978, 498ff)
398 In Stockhausens *Sirius* (1977) geht es um eine außerirdische Botschaft, die von vier Spielern (Sopran, Trompete, Baß, Baßklarinette) verkündet wird. Seit 1977 arbeitet Stockhausen an seinem *Licht-Zyklus*, der in sieben abendfüllenden Programmen eine von Steinerschem Gedankengut geprägte Schöpfungsgeschichte nachzeichnet.
399 Vgl. Werkverzeichnis (Lohner 1987/4)
400 Le Corbusier, zitiert in: Petit 1970,87

Kapitel 5

401 Die nach Leonardo da Pisa (um 1180–1240) benannte Zahlenreihe (,Fibonacci' ist der von ,Filius Bonacci' abgeleitete Beiname) enthält folgende Elemente: 1, 1, 2, 3, 5, 8, 13, 21, 34, 55, 89, 144 etc. Jedes Glied dieser Serie ist die Summe der beiden vorhergehenden Glieder. In aufsteigender Folge bilden die Quotienten zweier benachbarter Glieder dieser Reihe eine Annäherung an das irrationale Verhältnis des Goldenen Schnitts (= 0.618).
402 Le Corbusier 1985,55
403 An dieser Stelle sei daran erinnert, daß Le Corbusier sich auch im Rahmen eines Projekts der von ihm gegründeten ASCORAL (Assemblée des Constructeurs pour une Rénovation Architecturale) mit der Ausarbeitung von Normen intensiv beschäftigt hatte. Schließlich war auch der Modulor als Band 4 in der Reihe von ASCORAL erschienen. (vgl. Matteoni 1986,20)
404 Le Corbusier 1985,109
405 Vgl. von Moos 1968,399ff
406 Le Corbusier weist darauf hin, daß dieser Anspruch übertrieben erscheinen könnte: „Man würde ihn eher zulassen, wenn er die Empfehlung eines Konzils oder eines Kongresses nach Abschluß seiner Arbeiten wäre." (Le Corbusier 1985,25) – Er wird sich dennoch gefreut haben, als ihm Germain Bazin, Direktor der Nationalen Museen in Paris, am 3. Dezember 1950 die folgende Zeilen schrieb: „Der Mann, der das gemeinsame Maß von Dezimalsystem und Fuß-Zoll gefunden hat, arbeitet für eine einzige Sache, die des Universalen: die gerechte Sache." (Abgedruckt in *Modulor 2*, Le Corbusier 1990,20)
407 Le Corbusier 1990,51

408 Le Corbusier 1957,118
409 Vgl. Der Modulor 2, 1955; La parole est aus usagers
410 Naredi-Rainer 1982,31
411 Baltensperger 1996, Mathematische Exkurse, S. 521–550
412 Eine erste derartige Behandlung wurde dem *Modulor* an der Mailänder Triennale (1951) zuteil. Le Corbusier erwähnt in seinem *Modulor 2* nicht ohne berechtigten Stolz, daß der *Modulor* an dieser Ausstellung an einem „günstigen Platz" neben Werken von Vitruv, Villars de Honnecourt, Piero della Francesca, Dürer, Leonardo da Vinci und Alberti gezeigt wurde. (Le Corbusier 1990,19) Ein anderes Beispiel machte die Ausstellung ‚Der Entwurf' im Basler Antikenmuseum (Ausstellungskonzept von Ernst Berger 1992). – Die prominenteste Referenz erfuhr der Modulor in dieser Hinsicht wohl von Rudolf Wittkower: „Wir alle wissen, daß am Ende des letzten Jahrhunderts und zu Beginn des jetzigen die nicht-euklidische Geometrie die Grundlage der modernen Weltbetrachtung geworden ist. Der Bruch mit der Vergangenheit war ebenso gründlich und noch gründlicher wie der Bruch zwischen der scholastischen Hierarchie des Mittelalters und dem Universum der euklidischen Mathematik Leonardos, Kopernikus' und Newtons. Was bringt der Ersatz der absoluten Zeit- und Raummasse durch die neue dynamische Beziehung Raum-Zeit der Proportion in den Künsten und was wird er ihr bringen? Eine vorläufige Antwort wird uns durch den Modulor von Le Corbusier gegeben. Prüft man ihn in historischem Licht, erscheint er uns als ein erregender Versuch der Versöhnung der Tradition mit unserer nicht-euklidischen Welt. [...] Wie man auch über den Modulor denken mag, er ist sicher die erste logische Synthese seit dem Verfall der alten Systeme und überdies ein Spiegelbild unserer Zivilisation, Zugleich zeugt er von der Beständigkeit unserer traditionellen Kultur." (Wittkower, zitiert in: Le Corbusier 1990,200ff)
413 Le Corbusier 1990,15
414 Gresleri, Die Carnets über Deutschland: ‚triomphe de l'ordre' und ‚heureuse évolution', in: Le Corbusier 1994,V,18
415 Karen Michels (1985, Anm. 1) wies darauf hin, daß Le Corbusier von Augustinus (354–430) das Bild der ‚Verschwisterung' von Musik und Architektur übernommen haben könnte: „Für Augustinus sind Musik und Architektur Schwestern, da sie beide Kinder der Zahl sind, sie haben die gleiche Würde, da die Architektur die ewige Harmonie widerspiegelt und die Musik ihr Echo ist." (Otto von Simson, Die gotische Kathedrale, Darmstadt 1968,38) Le Corbusier: „Architektur und Musik sind Schwestern: Materie und Spiritualität; Architektur ist in der Musik, Musik in der Architektur." (Le Corbusier, Précisions sur un état présent de l'architecture et de l'urbanisme, Paris 1929,12)
416 Le Corbusier 1985,15
417 Ebd.
418 Ebd.
419 Le Corbusier 1985,16
420 Auch Krustrup hat auf diese offensichtlichen Anspielungen hingewiesen: „Le Corbusier undoubtedly viewed his Modulor book as a parallel to Pythagoras' contribution." (Krustrup 1991,49) – Dario Matteoni sieht diese Hinweise Le Corbusiers ebenfalls als dessen Bemühungen, sich in die Reihe von Künstlern zu stellen, die sich pythagoreisch-platonischen Tradition verpflichtet fühlten. (Matteoni 1986,31)
421 Naredi-Rainer 1982,11
422 Zur Geschichte der Harmonik: Hans Kayser; Lehrbuch der Harmonik (Einleitung), Zürich 1950; Walter Burkert, Weisheit und Wissenschaft. Studien zu Pythagoras, Philolaos und Platon; Nürnberg 1962, Rudolf Haase, Aufsätze zur Geschichte der Harmonik Schriften über Harmonik, Bern 1984
423 Die berühmteste Schilderung der pythagoreischen Tonleiter befindet sich in Platons *Timaios*. Platon schildert darin die Erschaffung der Weltseele und gibt dabei eine verschlüsselte Herlei-

tung der pythagoreischen Tonleiter, ohne auch nur etwas von Tönen zu sagen. (Platon, Timaios, Abschnitt ‚Die Erschaffung der Weltseele nach bestimmten Zahlenverhältnissen'). Die von Plato angegebenen Zahlenreihen lauten: 1, 2, 4, 8 und 1, 3, 9, 27. Zur genauen Herleitung der pythagoreischen Tonleiter vgl. Rudolf Stössel 1986,48f; Kayser 1950,186f u. 300f
424 Riemann, Hugo, Elemente der musikalischen Ästhetik, Berlin 1900,38f
425 Kurth, Ernst, Grundlagen des linearen Kontrapunktes, Bern 1916, 9ff
426 Handschin, Jacques, Der Toncharakter, Eine Einführung in die Tonpsychologie, Zürich 1948,30 (2. Auflage Darmstadt 1995)
427 Naredi-Rainer 1982,139
428 Ghyka 1938,27
429 Winckelmann 1934,170
430 zitiert nach: Paul 1992
431 Alberti 1912,357f
432 Vgl. Artikel ‚Maß' in: Paul 1992
433 Aristoteles, zitiert in: Naredi 1982,13
434 Naredi-Rainer; 1982, 13, Anm. 17
435 Johannes Kepler untersuchte auch die Zusammenhänge zwischen den ‚Harmonien in den Tönen' und den Strahlenwinkeln zwischen zwei Planeten. Auf diese Weise ermittelte er Qualitäten von astrologischen Aspekten, indem er die Proportionen der entsprechenden Kreisteilung mit jenen einer Saitenteilung vergleicht: „Das vitale Vermögen im Menschen trägt in sich nicht nur die Harmonien, die es mit den leuchtenden Strahlen zu tun haben, sondern auch jene, die sich in den Spezies der Töne kleiden." (Kepler 1990,267) – Ein anderes, äußerst seltsames Beispiel für den großen Wirkungsradius der pythagoreischen Zahlengruppen nennt Kayser: Der Mönch Otho. Dieser gelangte im 11. Jahrhundert bei Gelegenheit seiner Betrachtungen über die himmlische Harmonie zu der merkwürdigen Ansicht, daß sich im Himmel die Seligen untereinander, je nach Verdienst, im Verhältnis der Oktave, Quint oder Quart befinden. (Kayser 1950,XXX)
436 (entfällt)
437 Kayser 1950,ß2
438 „Fassen wir die vier charakteristischen Momente der Obertonreihe: ihren einfachen Zahlausdruck, ihre Quantelung, ihre psychische Intervallierung und ihren morphologischen Gehalt zusammen und versuchen, die Synthese dieser vier Momente zu einer autonomen Form zu verschweißen, zu einer allgemeinen Gesetzmäßigkeit, für welche die Obertonreihe [und diese steht hier für das Phänomen des Klanges schlechthin, P.B.] als Prototyp gilt, so werden wir von einem ‚Gesetz der harmonikalen Quantelung' sprechen dürfen." (Kayser 1950,34)
439 Le Corbusier nennt in diesem Zusammenhang noch Speiser, Wittkower, Lund und Gyhka. (Le Corbusier 1985,5)
440 Le Corbusier 1990,149
441 Le Corbusier 1990,150
442 Kayser wird übrigens im *Modulor 2* noch an anderer Stelle erwähnt. In einem Brief vom 25. August 1954 weist Sigfried Giedion darauf hin, daß er mit seinen Studenten am Polytechnikum in Zürich die verschiedenen Proportionsgedanken bespricht. „Als wir die verschiedenen Systeme studierten, von Pythagoras bis zum Lambdoma des Doktor Kayser und zum Modulor, wurde der Modulor von den Jungen als ein Grundelement in ihr Bewußtsein aufgenommen." (Le Corbusier 1990,78)
443 Le Corbusier 1985,17
444 Le Corbusier 1985,16
445 Le Corbusier, Nature et Création, in: Esprit Nouveau No. 19, Dezember 1923 (künftig: Le Corbusier 1923)

446 „Le piano est une admirable discipline, nous lui devons la meilleure musique moderne, le constant contrôle du moyen sur l'œuvre, le fait homogène; sans ce contrôle d'un moyen limité, l'œuvre ne fait que se traduire au petit bonheur." (Le Corbusier 1923)
447 Le Corbusier 1923
448 Um die Analogie zu den optischen Farbnuancen zu vervollständigen, müßte man beim Klavier auch Anschlagstechnik und Dynamik einbeziehen, was die Auswahl bereits deutlich erhöhen würde.
449 Le Corbusier 1923
450 Vgl. dazu: Steckner, Cornelius, Die Musikpädagogin Getrud Grunow als Meisterin der Formlehre am Weimarer Bauhaus: Designtheorie und produktive Wahrnehmungsgestalt, in: Das frühe Bauhaus und Johannes Itten, Katalog 1994 (Bern und Berlin)
451 Rüegg 1997
452 Le Corbusier 1921
453 Rüegg 1986,41
454 Le Corbusier 1923
455 Ebd.
456 „Vielleicht aber – und ich wage die Vorhersage – wird das Emporkommen des Maschinenzeitalters ein schärferes Werkzeug erfordern, eines, das imstande ist, Klangordnungen zu erfassen, die bis heute vernachlässigt oder ungehört geblieben, nicht erkannt oder nicht geliebt worden waren..." (Le Corbusier 1985,16) Wie wir im vorangegangenen Kapitel gesehen haben, hat sich diese Vorhersage bewahrheitet: dieses schärfere Werkzeug ist in der elektronischen Musik durch den Computer gegeben.
457 Le Corbusier 1985,16f
458 Johann Wolfgang von Goethe, Dichtung und Wahrheit, Erster Teil, Erstes Buch, zitiert nach: Goethes Werke (Hamburger Ausgabe), Bd.IX, Autobiographische Schriften I, textkritisch durchgesehen von Lieselotte Blumenthal, kommentiert von Erich Trunz, München (C.H. Beck) ^{9}1981, S.25
459 Neben Pfeifern wären ebenso denkbar Fiedler, Orgler, Sänger oder Tambouren. Auch diese hätte man kaum als Musiker angesprochen.
460 In diesem Sinne bestand die Astronomie zu einem nicht unwesentlichen Teil aus Astrologie. (vgl. Knappich 1967)
461 Vgl. Curtius, Ernst Robert, Europäische Literatur und lateinisches Mittelalter, Bern 1948, Kapitel 3,44ff
462 Vgl. J.S. Bach – Das spekulative Spätwerk, Musik-Konzepte, hg. Metzger/Riehn, München 1981
463 „Harmonie nenne ich einen den Ohren angenehmen Zusammenklang." (Alberti 1912,496)
464 Alberti; 1912,496 – Wenn Alberti hier von Musikern spricht, dürfen wir diesen Musikertypus nicht mit den heutigen diesbezüglichen Vorstellungen gleichsetzen. Im Gegensatz zum heutigen Instrumentalisten war ein Musiker zu Albertis Zeit ein mathematisch durchaus bewanderter Musiker, der den Musikwissenschaftler, den Komponisten und den Instrumentalisten in einer Person verband. Nicht vergessen sei übrigens, daß auch Alberti selbst ein solcher Musiker war und darüber hinaus sogar einige Messen komponiert hatte.
465 Hans Kayser schließt aufgrund der Behandlung der Proportionen in der Architekturtheorie der Renaissance, daß über harmonikale Proportionsverfahren der Antike nurmehr oberflächliche und undeutliche Kenntnisse vorhanden waren. „Von der alten Harmonik, welche nur noch in steinernen Klangbildern redete, wurden via Vitruv lediglich die Äußerlichkeiten exzerpiert. Man sagte sich: schön, die Oktave ist = 1:2, die Quint 2:3, die Quart 3:4 usw., also setze ich Räume und Wände in dieselben oder ähnliche Proportionen. Mit dieser primitiven Harmonik, die zudem noch gar nichts über die tonalen Urbilder aussagt, noch weniger über den seelischen und geistigen Gehalt aller harmonikalen Regeln, und die nur in besonderen

Spezialfällen (Raumakustik) nützlich sein konnte, glaubte man den verloren gegangenen Klang der Architektur wieder zu retten. Harmonikale Auslassungen Albertis, des großen Baumeisters der Renaissance, zeigen ebenfalls diese Primitivität, zugleich beweisen sie aber auch, daß sich die Renaissance des inneren Wesens der Baukunst wohl bewußt war, daß diesem Bewußtsein jedoch die seelische Einstellung, der Mythus fehlte, aus dem die griechische Baukunst entsprang." (Kayser 1993,270) – Bereits Vitruv – und dieser war die wichtigste Quelle – wird von den altgriechischen Analogien zwischen Musik und Architektur nicht mehr viel gewußt haben. (vgl. Naredi-Rainer 1977, Anm. 12)
466 Vitruv, De architectura, V. Buch, cap.4
467 Wittkower 1969,95
468 Naredi-Rainer 1982,150
469 Während Johannes Kepler seine harmonikalen Betrachtungen auf geometrischer Grundlage aufbaut, ist für Leon Battista Alberti die musikalische Harmonie Ausgangspunkt bei der Behandlung der Proportionen.
470 Rudolf Wittkower, zitiert in: Le Corbusier 1990,146f
471 Andreas Speiser, zitiert in: Le Corbusier 1990,215
472 Le Corbusier 1985,26
473 Le Corbusier 1985,26 – Bei Michelangelos vermeintlichem „Kapitol" handelt es sich um den Senatorenpalast, der den feierlichen Abschluß des Kapitolplatzes bildet. Die im *Modulor* analysierte Fassade wurde 1582–1605 von Giacomo Della Porta und Girolamo Rainaldi errichtet. Lediglich die Treppe und die beiden Rampen stammen von Michelangelo (um 1550)
474 „Im Jahre 1918 beginnt unser Mann, sehr ernsthaft ausgeführte Bilder zu malen. Die beiden ersten werden auf gut Glück komponiert. Das dritte vom Jahr 1919 sucht die Fläche vorbedacht zu ordnen. Das Ergebnis ist beinahe gut. Aber nun kommt das vierte Bild, es wiederholt das dritte, berichtigt es aber, bereichert es, stimmt es ab, baut es nach einem kategorischen Plan auf. Das Ergebnis ist unangreifbar. Auch die Bilder der folgenden langen Reihe (1920) sind so (Ausstellung Galerie Druet 1921): sie werden von einer starken Geometrie getragen." (Le Corbusier 1985,27)
475 Le Corbusier 1957,123–125
476 Vgl. Le Corbusier 1985,27 – Matteoni betrachtet die ‚tracés regulateurs' als Vorstufe des Modulor. (Matteoni 1986,19)
477 Le Corbusier 1923
478 Le Corbusier, Anweisung an Hanning, einen Mitarbeiter, der seit 1938 bei ihm arbeitete, 1985,37. Wie Matteoni festhält, war Hanning an der Entwicklung des Modulor nicht unwesentlich beteiligt. (Matteoni 1986,21) – Die hier zitierten Maße beziehen sich auf den ersten Modulorversuch, zu welchem ein Mann mit der Körpergröße von 175 Zentimetern als Norm gedient hat.
479 Le Corbusier 1985,40–67
480 Mit dieser These will nun nicht gesagt sein, daß arithmetische Proportionen, die sich durch klingende Intervalle wiedergeben ließen, in Le Corbusiers Bauen keine Rolle gespielt haben. Le Corbusier unterscheidet im *Modulor 2*, Seite 221, strukturelle Komponenten (Modulor) von arithmetischen. Bei den angegebenen Maßen zu Chandigarh fallen einige musikalische Intervallproportionen auf: Die Abmessung der Sektoren, in die Le Corbusier den Lageplan von Chandigarh einteilt, sind 800m x 1200m (2:3=Quint). Quintverhältnisse bestimmen auch die Raummaße für die verschiedenen Gerichtshöfe (8 x 8 x 12m, bzw. 12 x 12 x 18m). Am Palast der Ministerien verhalten sich Länge (280m) und Höhe (35m) wie 8 : 1 (= 3 Oktaven).
481 In einer Erläuterung zum Titelblatt der *Gravesaner Blätter*, das eine Darstellung von Le Corbusiers Modulor zeigt, wird noch deutlicher auf die Schriften Ghykas verwiesen: „Was die Geschichte und die Zweigtheorien des Goldenen Schnitts anbetrifft, so sind die Bücher von Ma-

tila C. Ghyka zu lesen, in denen eine reichhaltige Bibliographie zu finden ist." (Le Corbusier, Der Modulor, Gravesaner Blätter 1957 Heft 9) – vgl. ferner Baltensperger 1996,535f.
482 Von den verschiedenen Bezeichnungen von Pythagoras seien folgende Beispiele angeführt: „La philosophie du géomètre de Samos" (Ghyka 1927,282) „[...] et de montrer que le pythagorisme, avec sa géométrie dont il ne s'est jamais dessaisi [...]" (Ghyka 1931,15)
483 Ghyka 1938,9
484 Ghyka 1938,13
485 Le Corbusier 1985,29
486 Vgl. Matteoni 1986,23
487 Ghyka 1938,114
488 Kayser 1993,274
489 Universalen Ansprüchen des Goldenen Schnitts anderer Art ist Speiser ebenfalls entgegengetreten: „In bezug auf die interplanetaren Entfernungen bin ich ziemlich skeptisch. Seit vielen Jahrhunderten sucht man nach ihren Gesetzen; Kepler, Titius haben einige aufgestellt, und gegenwärtig beschäftigt sich damit leidenschaftlich Professor Weizsäcker in Göttingen. Ich glaube kaum, daß der Goldene Schnitt dieses Rätsel lösen kann." (Speiser, zitiert in: Le Corbusier 1990,80f)
490 Kayser 1993,263
491 „Das von Le Corbusier entwickelte Proportionssystem Modulor ermöglichte es, die der Musik zugrunde liegenden mathematischen Strukturen unmittelbar auf die Architektur zu übertragen." (Michels 1985,147)
492 Vgl. Paul Hindemith, Unterweisung im Tonsatz, Mainz 1937
493 Unter Tetraktys-Intervallen verstehen wir hier jene Intervalle, die gemäß der einfachen (oder exoterischen) Tetraktys (1, 2, 3, 4) mit den ersten vier Teiltönen gebildet werden können. Alberti nennt fünf Proportionen, die perfekten Konsonanzen der mittelalterlichen Musiktheorie, als Beispiele für die erwähnten Harmonien. Er verwendet dafür griechische und lateinische Bezeichnungen. Quint = Diapente (sesquialtera) = 3:2 (was man anderthalb nennt), Quart = Diatesseron (sesquitertia) = 4:3 (was man einundeindrittel nennt), Oktave = Diapason (dupla) = 2:1 (was man doppelt nennt), Duodezime = Diapasondiapente (tripla) = 3:1 (was man dreifach nennt), Doppeloktave = Dysdiapason (quadrupla) = 4:1 (was man vierfach nennt). Ferner wird noch erwähnt die große Sekund (Tonus), „bei welcher die größere Saite, mit der kleineren verglichen, dieselbe um den achten Teil der kleineren überragt" (9:8). Während die tabellarisch erfaßten Intervalle sich alle aus der Zahlenreihe der einfachsten Tetraktys („Die musikalischen Zahlen selbst schließlich, um sie summarisch zu erwähnen, sind folgende: eins, zwei, drei, vier.") herleiten lassen, muß für den Ganzton 8:9 die sogenannte ‚erste Tetraktys' (6 8 9 12) als Bezugsreihe genommen werden. „Die Tetraktys 6 8 9 12 enthält im Unterschied zur Tetraktys 1 2 3 4 zwar nicht die Intervalle der Duodezime (1:3) und Doppeloktave (1:4), besitzt aber den Vorzug, die doppelte Gliederung der Oktave (6:12 = 1:2) in Quint und Quart (6:9 = 2:3; 9:12 = 3:4) bzw. Quart und Quint (6:8 = 3:4; 8:12 = 2:3) sowie die im Ganzton gegebene Differenz zwischen Quint und Quart erkennen lassen." (Die Zitate stammen aus Alberti 1912,496f)
494 Mit Senarius-Intervallen hatte Palladio in seinen Traktaten gearbeitet. Im Senarius, der die ersten sechs Zahlen umfaßt, kommt das Terz-Intervall (4:5=große Terz; 5:6=kleine Terz) mit all seinen Ableitungen hinzu.
495 Vgl. dazu Kramer 1973
496 Wird der Ausdruck Musik so verwendet, wie ihn Karen Michels in der entsprechenden Textstelle gebraucht (und wie es eben in unserem Sprachgebrauch üblich ist), kann leicht der Eindruck entstehen, die Summe von bestimmten Kompositionen sei bereits die Musik.

Kapitel 6

497 Der Begriff einer „poetischen Kosmologie" erscheint bei von Moos 1968,366. An anderer Stelle spricht von Moos auch von einem „poetischen Weltbild" (1968,369)
498 Pearson 1997
499 Als Beispiele für durchwegs gängige musikalische Metaphern dienen folgende Textstellen: „Eine Symphonie aus Laub, Zweigen, Rasenplätzen und Kristallschimmer hinter hohen Stämmen. Eine Symphonie! Seht nur, zu welcher Lyrik uns der Fortschritt anregt!" (Le Corbusier 1964,148) – „Man sagt von einem Gesicht, es sei schön, wenn die Feinheit der Modellierung und die Gliederung der Züge Proportionen haben, die man als harmonisch empfindet, weil sie in unserem Inneren über die sinnliche Wirkung hinaus Widerhall erwecken, gleichsam einen Resonanzboden in uns zum Schwingen bringen, Spuren eines undefinierbaren Absoluten, das im Grunde unseres Wesens seit jeher lebt." (Le Corbusier 1963,151) – „Eines der sieben Spiele des Gedichtes [*poème de l'angle droit*, P.B.], das mit dem Titel *B2.Geist*, nimmt auf den Modulor Bezug. Um es, wie auch jedes der anderen Themen, als gelungen betrachten zu können, glaubte ich mir schuldig zu sein, die Partitur in einer gültigen Ordnung aufzubauen." (Le Corbusier 1990,162)
500 So zum Beispiel wenn Le Corbusier von der Symbolik als der „Musik der erreichbaren Vollkommenheiten" spricht. „Diese ganze Bemühung (um Verhältnis, Masse) ist die Folge einer freiwilligen, uneigennützigen Leidenschaft, eine Übung, ein Spiel, eine Befangenheit, eine Beschäftigung, eine Notwendigkeit und eine Pflicht, eine unaufhörliche Gegenüberstellung, eine Beweisaufnahme, ein Rechtsanspruch an den eigenen Weg, die Verpflichtung, sich ehrlich und loyal zu fühlen, als Handelsmann einer echten und sauberen Ware. [...] Die Tage vergehen darüber, ein Leben verbraucht sich damit, fünf, zehn, fünfzehn, zwanzig, dreissig Jahre Studien über Themen, die vom Bild zur Architektur und zum Städtebau wechseln, zur Logik, zur Dichtkunst führen – sogar zur Symbolik, der Musik der erreichbaren Vollkommenheiten." (Le Corbusier 1985,82)
501 Le Corbusier 1990,23
502 Le Corbusier 1990,16
503 Le Corbusier 1990,17
504 Le Corbusier 1990,69
505 Le Corbusier 1990,155
506 Le Corbusier 1990,21
507 Le Corbusier 1990,199f
508 Le Corbusier 1985,74 – Die Formulierung „mit dem Zirkel in der Hand" verrät übrigens noch einmal, daß Le Corbusiers Zugang zum Phänomen der Proportionen durch die Geometrie bestimmt ist.
509 Le Corbusier 1985,107
510 Le Corbusier 1990,154
511 Le Corbusier 1990,86
512 „Warum sollte man nicht von der Disziplin der Kunst zur Disziplin der Wissenschaft hinüberwechseln können?" (Le Corbusier 1990,16)
513 Le Corbusier 1990,181
514 Le Corbusier 1929,48
515 Le Corbusier 1929,48
516 Le Corbusier 1990,154
517 Le Corbusier 1990,155
518 Le Corbusier 1957,107
519 Le Corbusier 1990,203

520 Le Corbusier 1990,205
521 von Moos 1968,369
522 Le Corbusier 1957,95
523 Vgl. Krustrup 1991,28
524 von Moos 1968,373
525 de la Motte 1993,148
526 Le Corbusier 1990,217
527 Im Gegensatz zu diesen Begriffen hat der ‚tapis acoustique' durchaus konkrete akustische Eigenschaften. Er funktioniert nämlich als Schallschlucker.
528 Le Corbusier 1990,154
529 Le Corbusier 1990,153
530 Ebd.
531 Auch in Zusammenhang mit seinem *Poème électronique* spricht Le Corbusier von einem poetischen Schock, den die Zuschauer erfahren sollen.
532 Le Corbusier 1990,154
533 An anderer Stelle definiert sich die Qualität eines Bauwerkes an ihrem „Rhythmus aus Raum und Licht". „Ich habe immer gern den Schnitt der grünen Moschee von Brousse angeführt; sie ist ein Meisterwerk – Rhythmus aus Raum und Licht." (Le Corbusier 1964,127)
534 „Im Kopf entsteht eine Idee, taucht auf, versinkt, sucht ihre Gestalt. Auf dem Hügel hatte ich sorgfältig die vier Horizonte festgehalten, denn es gibt dort vier: im Osten der Elsässer Belchen; im Süden begrenzen die letzten Gebirgsausläufer ein kleines Tal; im Westen die Saôneebene; im Norden ein Tälchen und ein Dorf. Diese Zeichnungen sind entweder verlegt oder verloren. Sie waren es, die im Architektonischen dann die akustische Antwort auslösten – eine visuelle Akustik im Reich der Formen." (Le Corbusier 1957,89)
535 Le Corbusier 1957,47
536 Während im Kanon – auch dies eine Imitationsform – die Mehrstimmigkeit durch strenge Nachahmung einer Stimme durch weitere, zeitlich verschoben einsetzende Stimmen zustande kommt, muß die entsprechende Nachahmung eines Themas (Grundgestalt) in einer Fuge nicht durch identische Übernahme in den anderen Stimmen erfolgen. Man bezeichnet dabei das Thema in der Grundgestalt als ‚Dux' (Führer), die Stimmen, die das Thema imitierend aufgreifen als ‚Comes' (Begleiter).
537 Le Corbusier 1990,266
538 Le Corbusier 1966,153
539 Le Corbusier 1995,168
540 Brooks zufolge hat sich Le Corbusier aber auch schon seinerzeit für Proportionen interessiert. (Brooks 1997,102)
541 Pearson 1997,169 – Eine vergleichbare Funktion der akustischen Metapher hatte in den zwanziger Jahren für Le Corbusier der Begriff des ‚Strahlens'. Pearson sieht im ‚radiative trope' einen Vorläufer zum ‚acoustical trope' und bezeichnet damit eine Sichtweise des Kunstwerkes, bei welcher dieses als Zentrum eines Energiefeldes oder als Ausgangspunkt von Schwingungs-Vektoren aufgefaßt wurde.
542 Gresleri 1991,74
543 Gresleri 1991,74 – Ins Jahr 1908 fällt auch die Lektüre von Renans *Vie de Jésus* (1863). (Brooks 1997,172)
544 Brooks 1997,209
545 Schuré 1911, 330
546 Gresleri 1991,74 – Das darin enthaltene Le Corbusier-Zitat entstammt dem Artikel *Air, Son, Lumière*, in: Texnika Xponika, Athen 1933, vgl. dazu Brooks 1992,210,258
547 Turner 1977

548 Henry Provensal, L'art de demain, Paris 1904. Das Werk erschien nur in einer Auflage. (vgl. Turner 1977,11)
549 André Corboz; Vorwort zu Blum 1988,7
550 Turner 1977,10-24
551 Blum 1988, z.B. 107,108
552 „Le Corbusiers Hinweis auf die Figuren der Großen Eingeweihten ist in bezug auf das der Konzeption des *Musée Mondial* zugrunde liegende weltanschauliche Gedankengut eindeutig." (Blum 1988,107)
553 Vgl. Oechslin 1988
554 Die Idee zum Bau des *Mundaneums* sowie der ganzen *Cité mondial* in Genf geht auf Paul Otlet zurück. Dieser trat im April des Jahres 1928 mit seinen Ideen an Le Corbusier heran und forderte ihn auf, die Ausarbeitung der architektonischen Pläne zu übernehmen. (vgl. Dario Matteoni/ Giuliano Gresleri, La Città Mondiale: Andersen, Hebard, Otlet, Le Corbusier, Venedig 1982)
555 Sowohl die pazifistische Grundgesinnung als auch die metaphysischen Aspekte der ganzen Konzeption bildeten einen entscheidenden Kritikpunkt der Gegner. Karel Teige hat Le Corbusier vorgeworfen, er hätte sich in dieser Hinsicht von Otlet schlecht beeinflussen lassen. (K. Teige; Mundaneum; Stavba, Prag 1929; italienische Übersetzung in: Arte e ideologia, 1922-1933; Turin 1982,201-214)
556 Von Moos nennt als erste schriftliche Erwähnung der Idee des ‚musée à croissance illimitée' einen Brief von Le Corbusier an Christian Zervos aus dem Jahre 1931. (von Moos 1968,172)
557 „Il emprunte l'un des grands rampants de gauche ou de droite, il est sur la première grande plate-forme. Il s'engage sur cette route en spirale carrée qui, sur un parcours de 2'500 mètres, va le conduire au sommet du monument. A chaque tournant, un horizon neuf; à chaque spirale une vue plus dégagée. Le site grandit à mesure: Au sommet, le site est là tout entier, panoramique: les Alpes les plus altières, le lac le plus suave, la ville tapie au fond, au pied de ses rochers horizontaux, le Rhône, ce grand fleuve du monde, qui s'enfonce vers la mer." (Le Corbusier 1928,308)
558 Gresleri machte darauf aufmerksam, daß allein der Abstieg im Inneren der Pyramide gut und gerne drei bis vier Stunden hätte dauern können. (Gresleri 1987,77)
559 Gresleri 1987,74
560 Wie Pearson festgestellt hat, spielt auch beim Völkerbundpalast (1927) die Plazierung einer Statuengruppe eine wichtige Rolle. Le Corbusier beabsichtigte, auf der seezugewandten Seite des Gebäudes in zentraler Position eine Großplastik anzubringen, die eine Gruppierung aus männlichem Akt, Pferd, Löwe und Adler zur Darstellung bringen sollte. Pearson weist nach, daß die Positionierung innerhalb des Gebäudekomplexes an einem jener ‚mathematical points' stattfindet, den man als Zentrum der Gravitation charakterisieren könnte. Auf Pearsons Untersuchung zur Akustik des Plenarsaals sei an dieser Stelle ausdrücklich hingewiesen.
561 „Mais au fond, par terre, il discerne, assaillie par une lumière qui vient de loin, à ras du sol, une enceinte circulaire, haut mur lisse qui contient quelque chose: le Sacrarium." (Le Corbusier 1928,310)
562 „Alors il pénètre dans le musée par le haut. Il voit les tableaux de la gestation du monde: les nébuleuses qui se forment en soleils, le mécanisme des planètes, la séparation de l'air, de l'eau et de la terre. Puis les premières végétations, puis les premiers animaux, les bêtes gigantesques de la préhistoire. Voici un squelette de plésiosaure! Voici le premier homme! Voici son crâne, voici une quantité de crânes d'hommes, effrayants. Voilà le crâne de l'homme évolué avec son front comme une coupole. Voici des tombes. Des tombeaux. Des organisations de pierres en forme d'architecture. L'homme est architecte! Sa fonction est d'ordonner. Les civilisations ..." (Le Corbusier 1928,309f)
563 Blum 1988,106

564 Es ist vielleicht nicht unbedeutend, daß wir bei Schuré einen Hinweis finden, wonach auch Homer ein in die Mysterien Eingeweihter gewesen war. „Homer, der seine Einweihung wahrscheinlich im Heiligtum von Tyrus erhielt und dessen Mythologie die poetische Übersetzung der Theologie von Sankoniaton ist; Homer, dem Jonier, konnte der Dorier Orpheus wohl unbekannt sein, da dessen Tradition um so geheimer gehalten wurde, je mehr man sie verfolgte. Hesiod jedoch, der neben dem Parnassus geboren war, mußte seinen Namen und seine Lehre durch das Heiligtum von Delphi kennen; aber seine Initiatoren legten ihm Schweigen auf." (Schuré 1989,224)

565 Schuré 1989,225

566 Rudolf Steiner weist im Vorwort zur deutschen Ausgabe der *großen Eingeweihten* darauf hin, daß sich Schuré nicht nur auf das Zusammentragen von historischen Tatsachen beschränkt hat, sondern sich auf die für wissenschaftliche Begriffe befremdliche Erkenntnisquelle der „Seherkraft" stützte. „Zwei Mittel sind heute vorhanden, um den Zugang zu der Sprache derjenigen zu finden, die aus der Seher-Erfahrung heraus Kunde geben können von geistigen Welten. Der eine Weg ist der direkte des Hinhorchens auf die Quelle, die auch in der Gegenwart aus dem Urgrunde des Daseins fließen. Der andere Weg ist der in Schurés Buch gebotene. Für viele wird das letztere Mittel wohl erst auf den vorgenannten Weg führen. Wenn sich solche Menschen erst überzeugen können, daß die großen Geistesimpulse der Vorzeit, die noch in ihren Seelen fortleben, aus Seherkraft entsprungen sind, dann werden sie sich zu der Einsicht hindurchringen können, daß auch in der Gegenwart ein Erreichen dieser Kraft möglich ist." (Steiner; Vorwort zur ersten deutschen Auflage, 1909,8)

567 „...and all of his markings and annotations are found in it." (Turner 1977,27)

568 Schuré 1989,271

569 Schuré 1989,272

570 Krustrup 1991,49

571 Die Musen sind Töchter des Zeus und der Mnemosyne, Göttinnen der Künste. Ihre Aufgabe besteht – unter anderem – darin, durch Gesang das Mahl der Götter zu verschönern. Die uns geläufige Zuordnung einer bestimmten Muse zu einer bestimmten Kunstgattung ist in der griechischen Antike ziemlich vage (Ausnahme: Urania). Erst in der römischen Zeit wurde eine Festlegung getroffen: Kalliope als Muse des Saitenspiels, der heroischen Dichtung, der Epik; Klio (Geschichtsschreibung); Melpomene (Tragödie, Trauergesang); Euterpe (lyrische Poesie, lyrischer Gesang); Erato (Lyrik, Liebesdichtung); Terpsichore (Tanz, Chorgesang); Urania (Sternkunde); Thalia (heitere Dichtkunst, Komödie); Polyhymnia (ernster Gesang). Schuré zufolge haben die Musen noch eine „okkulte" Bedeutung: Urania hatte die Astronomie und Astrologie; Polyhymnia die Wissenschaft der Seelen im jenseitigen Leben und die Kunst der Divination; Melpomene mit ihrer tragischen Maske die Wissenschaft des Lebens und des Todes, der Umwandlungen und der Wiedergeburten. Diese drei höchsten Musen bildeten zusammen die Kosmogonie oder himmlische Physis. Kalliope, Klio und Euterpe standen der Wissenschaft des Menschen vor oder der Psychologie mit ihren entsprechenden Künsten: der Medizin, der Magie und der Moral. Die letzte Gruppe Terpsichore, Erato und Thalia umfaßten die irdische Physis, die Wissenschaft der Elemente, der Steine, der Pflanzen und der Tiere. – So erschien auf den ersten Blick den Jüngern [von Pythagoras, PB.] das Organismus der Wissenschaft wie eine Widerspiegelung des Organismus der Welt im lebendigen Kreis der von der göttlichen Flamme beleuchteten Musen." (Schuré 1989,272f)

572 Le Corbusier 1990,16

573 Vgl. Anmerkung 571

574 Blum 1988,99

575 Blum 1988,100

576 Le Corbusier 1985,82

577 Le Corbusier 1990,238

Bibliographie

Angermann, Klaus, Aus den Neuen Welten, Hintergründe und Tradition im Frühwerk von Edgard Varèse, hg. von Helga de la Motte-Haber, Frankfurt am Main 1990

Appia, Adolphe, Oeuvres Complètes in 3 Bänden; Edition élaborée et commentée par Marie L. Bablet-Hahn, Bern 1986

Apollinaire, Guillaume, Anecdotiques, Paris 1955

Arnheim, Rudolf, Die Dynamik der architektonischen Form, Köln 1980

Ashe, Geoffry, Kelten, Druiden und König Arthur, Olten und Freiburg im Breisgau 1992

Bablet, Denis, Adolphe Appia, art, révolte et utopie; Introduction général zu Appia, Bern 1986

Baltensperger, André, ‚Art' und ‚Science': Musik und Denken von Jannis Xenakis zu seinem 70. Geburtstag, in: Zeitschrift für neue Musik, Nr. 5, Mai 1992,27–34

Ders., Iannis Xenakis und die Stochastische Musik. Komposition im Spannungsfeld von Architektur und Mathematik, Bern 1996

Bartók, Béla, Der Einfluß der Volksmusik auf die heutige Kunstmusik, in: Melos 5/1949

Benton, Tim, Les villas de Le Corbusier et Pierre Jeanneret 1920 – 1930, Paris 1984

Besset, Maurice, Wer war Le Corbusier?, Genf 1968

Bienz, Peter, Vom ‚poetischen Schock' zum ‚akustischen Wunder'. Biografische Hintergründe zum Begriff des ‚acoustical trope' im Werke von Le Corbusier, in: Georges-Bloch-Jahrbuch des Kunstgeschichtlichen Seminars der Universität Zürich, Zürich 1998

Blum Elisabeth, Le Corbusiers Wege. Wie das Zauberwerk in Gang gesetzt wird, Braunschweig/Wiesbaden, Bauwelt Fundamente, Bd. 73, 1988

Boesiger, Willy (Hg.), Le Corbusier, Zürich 1972

Bosman, Jos, Le Corbusier und die Schweiz. Dokumente einer schwierigen Beziehung, Zürich 1987

Brooks, Allen H. (Hg.), The Le Corbusier Archive, New York 1982 – 1984

Ders., Le Corbusier's Formative Years, Chicago, 1997

Buchman, Frank N.D., Für eine neue Welt, Caux 1961

Busoni, Ferruccio, Entwurf einer neuen Ästhetik der Tonkunst, Leipzig 1912

Carpentier, Alejo, Varèse vivant, in: Musik Konzepte 6, hg. von Heinz-Klaus Metzger und Rainer Riehn, München 1983

Cocteau, Jean, Hahn und Harlekin (fr. Le coq et harlekin, 1919), München 1956

Collet, Henry, Erik Satie, in: Esprit Nouveau No. 2, 1920

Colli, Luisa Martina, Musique, in: Le Corbusier – une encyclopédie, Paris 1987

Curtis, William, Le Corbusier at Work. The Genesis of the Carpenter Center for the Visual Arts (unter Mitarbeit von E.F. Sekler), London und Cambridge 1978

Curtius, Ernst Robert, Europäische Literatur und lateinisches Mittelalter, Bern 1948

De la Motte-Haber, Helga, Edgard Varèse: 1883–1965. Dokumente zu Leben und Werk, Frankfurt am Main 1990

Dies., Die Musik von Edgard Varèse, Fulda 1993

De Simone, Rosario, Charles-Edouard Jeanneret – Le Corbusier. Viaggio in Germania 1910–1911, Rom 1989

Devlin, Keith, Sternstunden der modernen Mathematik, München 1992

Draxler, Helmut, Harmonie und Hygiene, Aspekte einer Modernismus-Rezeption, in: Christian Philipp Müller, Vergessene Zukunft, München 1992

Espiau de la Maestre, André, Der Sinn und das Absurde – Malraux, Camus, Sartre, Claudel, Péguy, Salzburg 1961

Feller, K.G., Zum Geleit (Vorwort zu Wehmeyer 1974), Regensburg 1974

Forster, Kurt W., Juan Gris' Bildarchitektur, in: Gotthard Jedlicka. Eine Gedenkschrift, hg. von Eduard Hüttinger und Hans A. Lüthy, Zürich 1974

Frisius, Rudolf, Konstruktion als chiffrierte Information, in: Musik-Konzepte 54/55, 1987

Fröhlich, Martin, Gotische Werkstücke aus Beton, in: Archithese 4/1983

Gassner, Hubertus, Joan Miró, Köln 1994

Gauthier, Maximilien, Le Corbusier ou l'architecture au service de l'homme, Paris 1944

Ghyka, Matila C., Esthetique des Proportions dans la nature et dans les arts, Paris 1927

Ders., Le nombre d'Or, Rites et Rythmes Phytagoriens dans la développement de la civilisation occidental (Vorwort von Paul Valéry), Paris 1931

Ders., Essai sur le rythme, Paris 1938

Ders., The Geometry of Art and Life (1946), New York und Dover 1977

Ders., Philosophie et mystique du nombre, Paris 1952

Giedion, Sigfried, Le Corbusier und die architektonischen Ausdrucksmittel dieser Zeit, in: Katalog der Ausstellung ‚Le Corbusier: Architektur, Malerei, Plastik, Wandteppiche', Frankfurt am Main 1958

Goethe, Johann Wolfgang, Dichtung und Wahrheit (1833), In: Goethes Werke (Hamburger Ausgabe), Bd.IX, Autobiographische Schriften I, textkritisch durchgesehen von Lieselotte Blumenthal, kommentiert von Erich Trunz, München (C.H.Beck) ^{9}1981

Grassi, Ernesto, Die Theorie des Schönen in der Antike, Köln 1962

Gresleri, Giuliano, Le Mundaneum, Lecture du projet, in: Le Corbusier à Genève 1922 – 1933, Projets et Réalisations, Lausanne 1987

Ders., Le Corbusier – Reise nach dem Orient, Zürich 1991

Günther, Helmut, Geschichtlicher Abriß der deutschen Rhythmusbewegung; in: Grundlagen und Perspektiven ästhetischer und rhythmischer Bewegungserziehung, Stuttgart 1990

Günther, Hubertus, Deutsche Architekturtheorie zwischen Gotik und Renaissance, Darmstadt 1988

Haase, Rudolf, Hans Kayser. Ein Leben für die Harmonik, Basel 1968

Hahl-Koch, Jelena (Hg.), Kandinsky und Schönberg; in: Briefe, Bilder und Dokumente einer außergewöhnlichen Begegnung, München 1983

Handschin, Jacques, Der Toncharakter, Eine Einführung in die Tonpsychologie (1948), Darmstadt 1995

Hesse, Hermann, Das Glasperlenspiel, Frankfurt am Main 1943

Hindemith, Paul, Unterweisung im Tonsatz, Mainz 1937

Hughes, Thomas P., Appel aux Industriels, in: Stanislaus von Moos (Hg.), Esprit nouveau. Le Corbusier und die Industrie, Zürich und Berlin 1987

Humpert, Hans Ulrich, Elektronische Musik, Mainz 1987

Huse, Norbert, Le Corbusier, Reinbek bei Hamburg 1976

Jaques-Dalcroze, Emile, Vorschläge zur Verbesserung des Musikunterrichtes an den Schulen, in: Rhythmus, Musik und Erziehung (1905), Seelze-Velber 1988

Jeanneret, Albert, La rythmique, in: Esprit Nouveau No. 2/3, 1920

Ders., Le sacre du printemps, in: Esprit Nouveau No. 4, 1920

Ders., Parade, in: Esprit Nouveau No. 4, 1921

Ders., L'intelligence dans l'œuvre musicale, in: Esprit Nouveau No. 7, 1921

Ders., Socrate, Eric Satie; in: Esprit Nouveau No. 9, 1921

Ders., Le crépuscule des virtuoses, in: Esprit Nouveau No. 19, 1923

Ders., Musique, in: Esprit Nouveau No. 23, 1924

Jeanneret, M., Charles L'Eplattenier, Neuenburg 1933

Kandinsky, Wassily, Über Bühnenkomposition (1912), in: Jelena Hahl-Koch (Hg.), Kandinsky und Schönberg, München 1983

Kaufmann Emil, Von Ledoux bis Le Corbusier. Ursprung und Entwicklung der autonomen Architektur (1933), Stuttgart 1985

Kayser, Hans, Der harmonikal-architektonische Teilungskanon des Villard de Honnecourt, in: Im Anfang war der Klang, Schriften über Harmonik Nr.16, Bern 1986

Ders., Lehrbuch der Harmonik, Zürich 1950

Ders., Paestum – Die Harmonik des Poseidontempels, in: Schriften über Harmonik Nr.16 (Auszug aus dem vergriffenen Buch ‚Paestum' 1958), Bern 1986

Ders., Der hörende Mensch (1932), Stuttgart 1993

Kemp, Wolfgang, John Ruskin, Leben und Werk, München und Wien 1983

Kepler, Johannes, Weltharmonik (1619), München 1990

Kirchner, Ludwig, Der Tanz, Ausstellungskatalog, Davos 1993

Knappich, Wilhelm, Geschichte der Astrologie, Frankfurt am Main 1967

Kramer, Jonathan, The Fibonacci Series in Twentieth-Century Music, in: Journal of Music Theory, Volume 17, 1973

Krustrup, Mogens, Porte émail. Le Corbusier, Palais de l'assemblée de Chandigarh, Kopenhagen 1991

Kurth, Ernst, Grundlagen des linearen Kontrapunktes, Bern 1916

Le Corbusier, La salle, cathédrale de l'avenir? Bericht über Hellerau für die Feuille d'avis de La Chaux-de-Fonds vom 4. Juli 1913 (in: Appia 1986), La Chaux-de-Fonds 1913

Ders., L'Art Décoratif d'Aujourd'hui, Paris 1925

Ders., Un projet de centre mondial à Genève, in: Cahiers d'Art, 7/1928

Ders., Quand les Cathédrales étaient blanches, Paris 1937

Ders., Ronchamp, Stuttgart 1957

Ders., Ausblick auf eine Architektur, Bauwelt Fundamente, Bd. 2, Berlin, Frankfurt, Wien 1963

Ders., Le voyage d'orient, Paris 1966

Ders., Vom Sinn und Unsinn der Städte, Gedanken zur Städteplanung, Zürich und Köln 1974

Ders., Le modulor. Essai sur une mesure harmonique à l'échelle humaine applicable universellement à l'architecture et à las mécanique, Paris 1983

Ders., Der Modulor. Darstellung eines in Architektur und Technik allgemein anwendbaren harmonischen Maßes im menschlichen Maßstab, Stuttgart 1985

Ders., L'Iliade Dessins, hg. von Mogens Krustrup, Kopenhagen 1986

Ders., Feststellungen zu Architektur und Städtebau, Bauwelt Fundamente, Bd. 12, Braunschweig 1987

Ders., Modulor 2, Das Wort haben die Benützer, Stuttgart 1990

Ders., Les voyages d'Allemagne, 4 Carnets (Skizzen- und Reisetagebücher aus den Jahren 1910/11), hg. von Giuliano Gresleri, München 1994

Ders., Vers une architecture (Französische Erstausgabe 1923), Paris 1995

Le Corbusier/Ozenfant, Purisme, in: Esprit Nouveau No. 4, 1921

Dies., Nature et creation, in: Esprit Nouveau No. 19, 1923

Dies., Vers le cristal, in: Esprit Nouveau No. 25, 1925

Ligner, Michael, Der Ursprung des Gesamtkunstwerkes aus der Unmöglichkeit ‚absoluter Kunst'; in: Der Hang zum Gesamtkunstwerk, Ausstellungskatalog, Zürich 1983

Lohner, Henning, Explosion und Klangfarbe in *Mestaseis* und *Akea*, in: Musik-Konzepte 54/55, 1987

Ders., Das Upic: Eine Erfindung von Iannis Xenakis, in: Musik-Konzepte 54/55, 1987

Ders., Xenakis: Chronologisches Werkverzeichnis, in: Musik-Konzepte 54/55, 1987

Lootsma, Bart, Poème électronique: Le Corbusier, Xenakis, Varèse, in: Le Corbusier – Synthèse des Arts, Aspekte des Spätwerks 1945 – 1965, Karlsruhe 1986

Mackworth, C., Apollinaire und die Kubisten, Bonn 1963

Marinetti, F.T., La Danse Futuriste, in: Esprit Nouveau No. 3, 1920

Matossian, Nouritza, Xenakis, London 1990

Matteoni, Dario, Modulor, in: Le Corbusier, Synthèse des Arts, Aspekte des Spätwerks 1945 – 1965, Karlsruhe 1986

Ders., Mundaneum, in: Le Corbusier – une encyclopédie, Paris 1987

Messiaen, Olivier, Vortrag in Brüssel, gehalten an der Weltausstellung 1958; in: Musik-Konzepte Nr.28, 1982

Meylan, Pierre, Albert Jeanneret et les bruits humanisées, in: Revue Musicale de Suisse Romande, 1971

Michels, Karen, Le Corbusier: Poème électronique, in: Idea, Jahrbuch der Hamburger Kunsthalle, Hamburg 1985

Migot, Georges, Essai pour une esthétique musicale, in: Esprit Nouveau No. 5/8, Paris 1921

Milhaud, Darius, Les ressources nouvelles de la musique, in: Esprit Nouveau No. 25, Paris 1925

Moore, Richard A., Le Corbusier, Myth and Meta Architecture, Ausstellungskatalog, Georgia 1977

Moos von, Stanislaus, Le Corbusier, Elemente einer Synthese, Stuttgart 1968

Ders., Le Corbusier als Maler, in: Gotthard Jedlicka. Eine Gedenkschrift, hg. von Eduard Hüttinger und Hans A. Lüthy, Zürich 1974

Ders. (Hg.), Esprit nouveau, Le Corbusier und die Industrie, Zürich und Berlin 1987

Ders., Der Fall Le Corbusier. Kreuzbestäubungen, Allergien, Infektionen, in: Moderne Architektur in Deutschland 1900 bis 1950. Expressionismus und Neue Sachlichkeit, hg. von Vittorio Magnago Lampagnani und Romana Schneider, Stuttgart 1994

Naredi-Rainer, Paul, Architektur und Harmonie, Zahl, Ma_ und Proportion in der abendländischen Baukunst, Köln 1982

Oechslin, Werner (Hg.), Le Corbusier & Pierre Jeanneret. Das Wettbewerbsprojekt für den Völkerbundspalast in Genf 1927, Zürich 1988

Ouellette, Fernand, Edgard Varèse, Paris 1966

Ozenfant, Amedée, Mémoires 1886–1962, Paris 1968

Pearson, Christopher, Le Corbusier and the Acoustical Trope, in: JSAH (Journal of the Society of Architectural Historians), Vol.56:2, June 1997

Petit, Jean, Le poème électronique, Le Corbusier, Paris 1958

Ders., Le Corbusier, Genf 1970

Prouniers, Henry, La musique Polonaise, in: Esprit Nouveau No. 1, 1920

Riehn, Rainer, Daten zur Vita Varèse, in: Musik-Konzepte 6, München 1983

Riemann, Hugo, Elemente der musikalischen Ästhetik, Berlin 1900

Rüegg, Arthur, Le Corbusiers Polychromie Architecturale und seine Farbklaviaturen 1931 und 1959, in: Le Corbusier, Synthèse des Arts, Aspekte des Spätwerks 1945 – 1965, Karlsruhe 1986

Ders. (Hg.), Le Corbusier – Polychromie architecturale. Le Corbusiers Farbklaviaturen von 1931 bis 1959, Basel 1997

Ruhnke, Michael, Joachim Burmeister. Ein Beitrag zur Musiklehre um 1600, Kassel 1955

Salzmann, Alexander, Licht, Belichtung und Beleuchtung. Bemerkungen zur Beleuchtungsanlage des großen Saales der Dalcroze-Schule, in: Appia 1986, Bern 1986

Satie, Erik, Cahiers d'une mammifère, in: Esprit Nouveau No. 7, 1921

Ders., Schriften, hg. von Ornella Volta, Hofheim 1990

Schneider, Camille, Eduard Schuré. Seine Lebensbegegnungen mit Rudolf Steiner und Richard Wagner, Freiburg im Breisgau 1971

Schubert, Giselher, Paul Hindemith, Reinbek bei Hamburg 1981

Schuré, Edouard, Die großen Eingeweihten (1909), Bern 1989

Sekler, Mary Patricia, The Early Drawings of Charles Edouard Jeanneret 1902 – 1908, Harvard 1973

Dies., Un mouvement d'art à La Chaux-de-Fonds et Jeanneret; in: La Chaux-de-Fonds et Jeanneret, La Chaux-de-Fonds 1983

Spaeth, Richard, Der harmonische Raum. Von der Tonordnung zum strukturalen Klangraum, Dissertation, Stuttgart 1992

Steckner, Cornelius, Die Musikpädagogin Getrud Grunow als Meisterin der Formlehre am Weimarer Bauhaus: Designtheorie und produktive Wahrnehmungsgestalt, in: Das frühe Bauhaus und Johannes Itten, Ausstellungskatalog, Bern und Berlin 1994

Stockhausen, Karlheinz, Texte Band 1 – 4, Köln 1963, 1964, 1971, 1978

Stössel, Rudolf, Harmonikale Faszination, Bern 1986

Strawn, John, Raum und Klangmasse in Varèses ‚Intégrales‘, in: Melos, neue Zeitschrift für Musik 6/1975

Stuckenschmidt, Hans-Heinz, Schöpfer der neuen Musik, Frankfurt am Main 1974

Ders., Neue Musik, Berlin 1981

Tauscher, Hildegard, Jaques-Dalcroze, Lexikon-Artikel in Musik in Geschichte und Gegenwart, Kassel/Basel 1963

Tscherv, Joseph, William Ritter. Enfance et jeunesse 1867–1889, Melide 1958

Treib, Mark, Space Calculated in Seconds – The Philips Pavilion, Le Corbusier, Edgard Varèse, Princeton 1996

Turner, Paul Venable, The Education of Le Corbusier, New York/London 1977

Varèse, Edgard, Erinnerungen und Gedanken, in: Darmstädter Beiträge zur Neuen Musik 3, 1960

Ders., Die Befreiung des Klanges (Auszüge aus Vorlesungen Varèses, zusammengestellt, herausgegeben und mit Anmerkungen versehen von Chou Wen-chung), in: Musik-Konzepte 6, 1983

Varèse, Louise, A Looking-Glass Diary, London 1972

Varga, Balint Andras, Gespräche mit Iannis Xenakis, Zürich und Mainz 1995

Vogt, Adolf Max, Le Corbusier. Der edle Wilde, Braunschweig/Wiesbaden 1996

Volta, Ornella, Erik Satie, Saterik, Frankfurt am Main 1984

Vuillermoz, Emile, La presse musicale, in: Esprit Nouveau No. 8, 1921

Wehmeyer, Grete, Erik Satie, Regensburg 1974

Dies., Edgard Varèse, Regensburg 1977

Dies., Erik Satie, München 1992

Weissmann, Adolf, La jeune musique allemande et Paul Hindemith, in: Esprit Nouveau No. 20/22, 1924

Wen-chung, Chou, Ionisation, in: Musik-Konzepte 6, 1983

Winckelmann, Johann Joachim, Geschichte der Kunst des Altertums, Wien 1934

Wittkower, Rudolf, Grundlagen der Architektur im Zeitalter des Humanismus, München 1969

Xenakis, Iannis, Metastaseis, Vorwort zur Partitur, New York 1967

Ders., Musique/Architecture, Paris 1971

Zelinsky, Hartmut, Der ‚Weg' der ‚blaue Reiter'. Zu Schönbergs Widmung an Kandinsky in der Harmonielehre, in: Schönberg und Kandinsky (Hg. Jelena Hahl-Koch), München 1983

Bildquellen

1	Fond Le Corbusier, Bibliotheque de la Ville, La Chaux-de-Fonds
2	Fond William Ritter, Schweizerisches Literaturarchiv, Bern
3, 4	aus: Appia, Adolphe, Oeuvres Completes in 3 Bänden; Edition élaborée et commentée par Marie L. Bablet-Hahn, Bern 1986
5, 6	Schweizerische Theatersammlung, Bern
8, 9	Foto: Philips, aus: Treib, Mark, Space Calculated in Seconds – The Philips Pavilion, Le Corbusier, Edgard Varèse, Princeton 1996
10	aus: Lohner, Henning, Explosion und Klangfarbe in *Metasteis* und *Akea*, in: Musik-Konzepte 54/55, 1987
11	aus: Treib, Mark, Space Calculated in Seconds – The Philips Pavilion, Le Corbusier, Edgard Varèse, Princeton 1996
13, 14	aus: Krustrup, Mogens, Pone émail. Le Corbusier, Palais de l'assemblée de Chandigarh, Kopenhagen 1991

Bauwelt Fundamente
(lieferbare Titel)

1 Ulrich Conrads (Hg.), Programme und Manifeste zur Architektur des 20. Jahrhunderts
2 Le Corbusier, 1922 – Ausblick auf eine Architektur
3 Werner Hegemann, 1930 – Das steinerne Berlin
4 Jane Jacobs, Tod und Leben großer amerikanischer Städte
12 Le Corbusier, 1929 – Feststellungen
14 El Lissitzky, 1929 – Rußland: Architektur für eine Weltrevolution
16 Kevin Lynch, Das Bild der Stadt
50 Robert Venturi, Komplexität und Widerspruch in der Architektur
51 Rudolf Schwarz, Wegweisung der Technik und andere Schriften zum Neuen Bauen 1926 – 1961
53 Robert Venturi, Denise Scott Brown und Steven Izenour, Lernen von Las Vegas
56 Thilo Hilpert (Hg.), Le Corbusiers „Charta von Athen". Texte und Dokumente. Kritische Neuausgabe
58 Heinz Quitzsch, Gottfried Semper – Praktische Ästhetik und politischer Kampf
70 Hernry-Russell Hitchcock und Philip Johnson, Der Internationale Stil – 1932
71 Lars Lerup, Das Unfertige bauen
72 Alexander Tzonis und Liane Lefaivre, Das Klassische in der Architektur
73 Elisabeth Blum, Le Corbusiers Wege
74 Walter Schönwandt, Denkfallen beim Planen
77 Turnorský, Die Poetik des Mauervorsprungs
79 Christoph Hackelsberger, Beton: Stein der Weisen?
82 Klaus Jan Philipp (Hg.), Revolutionsarchitektur
83 Christoph Feldtkeller, Der architektonische Raum: eine Fiktion
85 Ulrich Pfammatter, Moderne und Macht
89 Reyner Banham, Theorie und Gestaltung im Ersten Maschinenzeitalter
90 Gert Kähler (Hg.), Dekonstruktion? Dekonstruktivismus?
91 Christoph Hackelsberger, Hundert Jahre deutsche Wohnmisere – und kein Ende?
92 Adolf Max Vogt, Russische und französische Revolutionsarchitektur 1917·1789

97 Gert Kähler (Hg.), Schräge Architektur und aufrechter Gang
99 Kristiana Hartmann (Hg.), trotzdem modern
100 Magdalena Droste, Winfried Nerdinger, Hilde Strohl, Ulrich Conrads (Hg.), Die Bauhaus-Debatte 1953
101 Ulf Jonak, Kopfbauten. Ansichten und Abrisse gegenwärtiger Architektur
102 Gerhard Fehl, Kleinstadt, Steildach, Volksgemeinschaft
103 Franziska Bollerey (Hg.), Zwischen de Stijl und CIAM (in Vorbereitung)
104 Gert Kähler (Hg.), Einfach schwierig
105 Sima Ingberman, ABC. Internationale Konstruktivistische Architektur 1922 – 1939
106 Martin Pawley, Theorie und Gestaltung im Zweiten Maschinenzeitalter
107 Gerhard Boeddinghaus (Hg.), Gesellschaft durch Dichte
108 Dieter Hoffmann-Axthelm, Die Rettung der Architektur vor sich selbst
109 Françoise Choay, Das architektonische Erbe, eine Allegorie
110 Gerd de Bruyn, Die Diktatur der Philanthropen
111 Alison und Peter Smithson, Italienische Gedanken
112 Gerda Breuer (Hg.), Ästhetik der schönen Genügsamkeit oder *Arts & Crafts* als Lebensform
113 Rolf Sachsse, Bild und Bau
114 Rudolf Stegers, Rudolf Schwarz (in Vorbereitung)
115 Niels Gutschow, Ordnungswahn (in Vorbereitung)
116 Christian Kühn, Stilverzicht
117 Gerd Albers, Zur Entwicklung der Stadtplanung in Europa
118 Thomas Sieverts, ZWISCHENSTADT
119 Beate und Hartmut Dieterich (Hg.), Boden. Wem nützt er? Wen stützt er?
120 Bienz, Le Corbusier und die Musik

Bauwelt Fundamente
Herausgegeben von Ulrich Conrads und Peter Neitzke

Le Corbusier
1922. Ausblick auf eine Architektur
Übers. von Hans Hildebrandt.
Neu bearb. von Eva Gärtner.
4. Aufl. 1982. 215 S. (Bd. 2) Br.
ISBN 3-528-18602-X

Le Corbusier
1929. Feststellungen zu Architektur und Städtebau
Mit einem amerikanischen Prolog
und einem brasilianischen Zusatz
gefolgt von „Pariser Klima" und „Moskauer Atmosphäre"
2. Aufl. 1987. 247 S. mit zahlr. Abb. (Bd. 12) Br.
ISBN 3-528-18612-7

Thilo Hilpert (Hrsg.)
Le Corbusiers „Charta von Athen".
Texte und Dokumente
Kritische Neuausgabe
Mit einem Nachwort zur zweiten Auflage.
2. Aufl. 1988. 242 S. (Bd. 56) Br.
ISBN 3-528-18756-5

Elisabeth Blum
Le Corbusiers Wege
Wie das Zauberwerk in Gang gesetzt wird
2., durchges. Aufl. 1991. 162 S. mit 83 Abb. (Bd. 73) Br.
ISBN 3-528-18773-5

Bei Fragen zur Produktsicherheit wenden Sie sich bitte an:
If you have any questions regarding product safety,
please contact:

Birkhäuser Verlag GmbH
Im Westfeld 8
4055 Basel, Schweiz
productsafety@degruyterbrill.com